广东金融学院优秀青年博士科
"虚拟治理成本法的民事司法运

U0500151

法|学|研|究|文|丛

——环境法学——

虚拟治理成本法的
司法运用研究

刘　畅 ◉著

知识产权出版社

全国百佳图书出版单位

——北京——

图书在版编目（CIP）数据

虚拟治理成本法的司法运用研究／刘畅著 . —北京：知识产权出版社，2023.6
ISBN 978 - 7 - 5130 - 8769 - 8

Ⅰ.①虚… Ⅱ.①刘… Ⅲ.①生态环境—环境保护法—研究—中国
Ⅳ.①D922.684

中国国家版本馆 CIP 数据核字（2023）第 095470 号

责任编辑：彭小华　　　　　　　　责任校对：谷　洋
封面设计：智兴设计室　　　　　　责任印制：孙婷婷

虚拟治理成本法的司法运用研究

刘畅　著

出版发行：知识产权出版社 有限责任公司　网　　址：http://www.ipph.cn
社　　址：北京市海淀区气象路50号院　邮　　编：100081
责编电话：010 - 82000860 转 8115　　责编邮箱：huapxh@ sina.com
发行电话：010 - 82000860 转 8101/8102　发行传真：010 - 82000893/82005070/82000270
印　　刷：北京中献拓方科技发展有限公司　经　　销：新华书店、各大网上书店及相关专业书店
开　　本：880mm×1230mm　1/32　　印　　张：8.375
版　　次：2023 年 6 月第 1 版　　　　印　　次：2023 年 6 月第 1 次印刷
字　　数：200 千字　　　　　　　　定　　价：68.00 元
ISBN 978 - 7 - 5130 - 8769 - 8

前　言

　　虚拟治理成本法源于可持续发展观的提出，产生于我国绿色国民经济核算的研究和实践之中，具有简洁明了、容易理解、可操作性强的优点；在生态文明建设的时代背景下，已经发展成为我国环境损害鉴定评估实务中一种重要的生态环境损害鉴定评估方法，为我国环境司法实践中开展环境民事公益诉讼、进行环境刑事犯罪审判，以及建立生态环境损害赔偿制度提供了重要的技术支撑，在环境司法实践中得到了广泛运用。

　　虚拟治理成本法在环境司法实践中运用时，产生了一些问题和争议，阻碍了生态环境损害司法救济的实现。为此，本书以"虚拟治理成本法的司法运用"为研究对象，对虚拟治理成本法的一般原理、在司法实践中的运用以及存在的问题进行了分析，并提出了完善虚拟治理成本法司法运用法律支撑制度的建议。全书共分为四章，各章的主要内容概况如下：

　　第一章为"虚拟治理成本法运用的一般原理"。首先，介绍了虚拟治理成本法的产生以及发展；其次，对与虚拟治理成本法司法运用相关的概念，"环境损害"与"生态环境损害"、"环境修复"与"生态恢复"，从技术规范与法律规范两个维度进行了概念辨析，发现其中存在的问题；最后，对虚拟治理成本法适用的三种情形进行了分析，结合概念辨析的内容，将虚拟治理成本法鉴定评估的生态环境损害类型界定为"不可修复生态环境损害"，并对其概念特征进行了探析。

第二章为"虚拟治理成本法在民事司法实践中的运用"。首先，对我国生态环境损害民事法律制度的沿革进行了分析；其次，通过对两起典型案例的比较，发现类似案件采取不同的生态环境损害鉴定评估方法，生态环境损害赔偿数额差异巨大。由此提出问题：法官如何对虚拟治理成本进行裁判？最后，对134起以虚拟治理成本法鉴定评估的民事案件进行了实证分析，从要素分布、地域分布、时间分布、原告分布、定性分布等多个角度描绘了虚拟治理成本法民事运用的概况。

第三章为"虚拟治理成本法在刑事司法实践中的运用"。首先，对我国生态环境损害刑事法律制度的沿革进行了分析；其次，通过对两起以"生态环境损害"定罪量刑的案例进行比较，发现被告均对定罪量刑的标准问题提出质疑与抗辩。从而提出问题，如何界定虚拟治理成本的法律属性，并以其作为生态环境损害行为人定罪量刑的依据？最后，对127起以虚拟治理成本法鉴定评估的刑事案件进行了实证分析，从要素分布、地域分布、时间分布、采纳情况、定性分布等多个角度描绘了虚拟治理成本法刑事运用的概况。

第四章为"虚拟治理成本法司法运用的修正与展望"。首先，对虚拟治理成本法司法运用中存在的问题进行了分析，主要包括对虚拟治理成本的定性分歧严重，虚拟治理成本法的适用范围扩大化等；其次，对虚拟治理成本法司法运用的法律规则进行了分析，研究了造成虚拟治理成本法司法运用问题的原因及完善思路；最后，对虚拟治理成本法司法运用的法理进行了分析，并分别对《最高人民法院关于审理环境民事公益诉讼案件适用法律若干问题的解释》（法释〔2015〕1 号）、《最高人民法院关于审理生态环境损害赔偿案件的若干规定（试行）》（法释〔2019〕8 号）、《最高人民法院和最高人民检察院关于办理环境污染刑事案件适用法律若干问题的解释》（法释〔2016〕29 号）提出了修改建议。

图表公式索引

简称与全称对照表

简称	全称
《环境保护法（试行）》	《中华人民共和国环境保护法（试行）》
《环境保护法》	《中华人民共和国环境保护法》
《海洋环境保护法》	《中华人民共和国海洋环境保护法》
《民事诉讼法》	《中华人民共和国民事诉讼法》
《环境民事公益诉讼司法解释》	《最高人民法院关于审理环境民事公益诉讼案件适用法律若干问题的解释》（法释〔2015〕1号）
《环境侵权责任纠纷司法解释》	《最高人民法院关于审理环境侵权责任纠纷案件适用法律若干问题的解释》（法释〔2015〕12号）
《海洋环境损害赔偿规定》	《最高人民法院关于审理海洋自然资源与生态环境损害赔偿纠纷案件若干问题的规定》（法释〔2017〕23号）
《环境污染刑事案件司法解释》（2016）	《最高人民法院、最高人民检察院关于办理环境污染刑事案件适用法律若干问题的解释》（法释〔2016〕29号）
《环境污染刑事案件司法解释》（2013）	《最高人民法院、最高人民检察院关于办理环境污染刑事案件适用法律若干问题的解释》（法释〔2013〕15号）

续表

简称	全称
《试点方案》	《生态环境损害赔偿制度改革试点方案》
《改革方案》	《生态环境损害赔偿制度改革方案》
《民法总则》	《中华人民共和国民法总则》
《侵权责任法》	《中华人民共和国侵权责任法》
《民法典》	《中华人民共和国民法典》
《生态环境损害赔偿案件若干规定》	《最高人民法院关于审理生态环境损害赔偿案件的若干规定（试行）》（法释〔2019〕8 号）
《江苏省环境污染刑事案件审理指南（一）》	《江苏省高级人民法院关于环境污染刑事案件的审理指南（一）》
《环境污染刑事案件座谈会纪要》	《关于办理环境污染刑事案件有关问题座谈会纪要》
《为新时代生态环境保护提供司法服务和保障的意见》	《最高人民法院关于深入学习贯彻习近平生态文明思想为新时代生态环境保护提供司法服务和保障的意见》
《推荐方法（第 I 版）》	《环境污染损害数额计算推荐方法（第 I 版）》
《海洋生态损害评估指南》	《海洋生态损害评估技术指南（试行）》
《推荐方法（第 II 版）》	《环境损害鉴定评估推荐方法（第 II 版）》
《突发环境损害评估推荐方法》	《突发环境事件应急处置阶段环境损害评估推荐方法》
《技术指南（总纲）》	《生态环境损害鉴定评估技术指南　总纲和关键环节　第 1 部分：总纲》（GB/T 39791.1—2020）

续表

简称	全称
《技术指南（损害调查）》	《生态环境损害鉴定评估技术指南　总纲和关键环节　第 2 部分：损害调查》（GB/T 39791. 2—2020）
《技术指南（土壤与地下水）》	《生态环境损害鉴定评估技术指南　环境要素　第 1 部分：土壤和地下水》（GB/T 39792. 1—2020）
《技术指南（地表水和沉积物）》	《生态环境损害鉴定评估技术指南　环境要素　第 2 部分：地表水和沉积物》（GB/T 39792. 2—2020）
《技术指南（大气污染虚拟治理成本法）》	《生态环境损害鉴定评估技术指南 基础方法 第 1 部分：大气污染虚拟治理成本法》（GB/T 39793. 1—2020）
《技术指南（水污染虚拟治理成本法）》	《生态环境损害鉴定评估技术指南 基础方法 第 2 部分：水污染虚拟治理成本法》（GB/T 39793. 2—2020）
《关于虚拟治理成本法的复函》	《关于生态环境损害鉴定评估虚拟治理成本法运用有关问题的复函》
《关于虚拟治理成本法的说明》	《关于虚拟治理成本法适用情形与计算方法的说明》
《绿色 GDP 核算报告（2004）》	《中国绿色国民经济核算研究报告 2004（公众版）》

目
录

CONTENTS

绪　论

The law, always behind the times, requires elaborate stitching and fitting to adapt it to this newly perceived aspect of the commons.

—— Garrett Hardin❶

法律总是落后于时代，需要精心的修订方能适应"公地"带来的新影响。——加勒特·哈丁

　　环境损害行为在造成人身损失、财产损失等传统环境侵权损害之时，也会破坏生态环境，导致环境要素受损、生态系统功能退化等不利后果。两类损害之间，生态环境损害通常是环境侵权损害的先决条件，环境损害行为发生后，即使未出现传统环境侵权损害，也不意味着没有产生生态环境损害。

　　环境损害行为导致的生态环境损害，有些在现有科技水平下可以通过修复措施降低环境风险进而实现生态恢复，有些生态环境损害却难以通过现有科

❶　HARDIN G. The Tragedy of the Commons [J]. Science, New Series, 1968 (162): 1243 – 1248.

技手段进行修复❶。对于可原位修复的生态环境损害，借助已有的环境民事公益诉讼、环境污染刑事责任追究、生态环境损害赔偿等法律制度设计尚有保护和重现绿水青山的可能；对于无法实施原位修复的生态环境损害，如果不能提供适当救济，降低其发生概率，隐藏其后的环境风险会日渐积累并造成严重的环境后果；长此以往，将会破坏人民对美好生活的期盼甚至消减人类永续发展的可能。

一、研究背景及意义

（一）生态文明建设的时代背景

亚里士多德有言："无论何物，只要它属于最大多数的人共有，它所受到的照料也就最少。"❷ 就"最大多数的人共有"而言，提供生态功能的诸多环境要素，如大气、水等都符合这一标准。《查士丁尼法学阶梯》（*The Institutes of Justinian*）中就规定："根据自然的法律，这些东西——空气、流动的水、海洋以及海岸——属于人类共有。"❸ 不幸被亚里士多德言中，在生态文明之前，人类已经历的所有文明类型中❹，生态环境作为最大多数人的共有物，受到的"照料"都是最少的。这一境况在环境法制演进脉络中的早期表现为：当环境损害出现时，法律规制的初始关注

---

❶ 例如，2018 年 3 月 19 日，地球上最后一头雄性北方白犀牛"苏丹"因健康原因被实施安乐死，全世界仅存两只雌性北方白犀牛，此结果意味着北方白犀牛这一亚种等同灭绝。生态环境损害的后果之一是生物多样性的破坏，每一种因人类行为而灭绝的生物都不可能重现世间。

❷❸ 丹尼尔·H. 科尔. 污染与财产权：环境保护的所有权制度比较研究 [M]. 严厚福，王社坤，译. 北京：北京大学出版社，2009：1 - 2.

❹ "人类发展的实践表明，生态文明是有别于任何一种文明的崭新文明形态，其产生和发展具有必然的历史演进轨迹，即人类原始文明→农耕文明→工业文明→（后工业文明）→生态文明。"见姜春云. 跨入生态文明新时代——关于生态文明建设若干问题的探讨 [J]. 求是，2008（21）：19 - 24.

点仅集中于人类自身的人身和财产利益，进而衍生出如何通过法律途径获取赔偿的问题，所采取的法律设计最终都归入"财产权""人身权"❶，生态环境自身的损害难以得到有效的法律保护。

我国在改革开放前期着重发展经济，同样也忽视了生态环境损害救济的法律需要。以环境保护基本法为例，1979 年《环境保护法（试行）》❷ 第六章"奖励和惩罚"（法律责任）第 32 条❸，1989 年《环境保护法》第五章"法律责任"第 41 条第 1 款❹、第 43 条❺、第 44 条❻，都没有规定造成生态环境损害应当承担的法律责任。1982 年《海洋环境保护法》第九章"法律责任"第 76 条❼虽然规定了破坏海洋生态系统的法律责任，但实际惩罚力度远

---

❶ 刘卫先. 自然资源权体系及实施机制研究 [M]. 北京：法律出版社，2016：15 – 16.

❷ 为行文表述的流畅，本书中涉及的规范文件均以简称表述，简称与全称对照信息请见文前"简称与全称对照表"，行文时不再作具体说明。

❸ 1979 年《环境保护法（试行）》第 32 条规定："对违反本法和其他环境保护的条例、规定，污染和破坏环境，危害人民健康的单位，各级环境保护机构要分别情况，报经同级人民政府批准，予以批评、警告、罚款，或者责令赔偿损失、停产治理。对严重污染和破坏环境，引起人员伤亡或者造成农、林、牧、副、渔业重大损失的单位的领导人员、直接责任人员或者其他公民，要追究行政责任、经济责任，直至依法追究刑事责任。"

❹ 1989 年《环境保护法》第 41 条第 1 款规定："造成环境污染危害的，有责任排除危害，并对直接受到损害的单位或个人赔偿损失。"

❺ 1989 年《环境保护法》第 43 条规定："违反本法规定，造成重大环境污染事故，导致公私财产重大损失或者人身伤亡的严重后果的，对直接责任人员依法追究刑事责任。"

❻ 1989 年《环境保护法》第 44 条规定："违反本法规定，造成土地、森林、草原、水、矿产、渔业、野生动植物等资源的破坏的，依照有关法律的规定承担法律责任。"

❼ 1982 年《海洋环境保护法》第 76 条规定："违反本法规定，造成珊瑚礁、红树林等海洋生态系统及海洋水产资源、海洋保护区破坏的，由依照本法规定行使海洋环境监督管理权的部门责令限期改正和采取补救措施，并处一万元以上十万元以下的罚款；有违法所得的，没收其违法所得。"

低于受损生态利益，并未起到保护海洋生态环境的作用。据统计，1976 年至 1996 年的 20 年间，我国沿海共发生船舶溢油事故 2 242 起，溢油量超过 50 吨的重大溢油事故 44 起，44 起事故中仅赔偿了 17 起；平均每起事故赔偿 407.4 万元，平均每吨溢油仅赔偿 0.26 万元，远不足以填补生态环境损害。❶ 为此，《海洋环境保护法》在 1999 年修订时，增加了海洋生态环境损害赔偿的相关条款；❷ 但是，由于相关条款定义不甚明确，在司法适用环节过于依赖法官释法，导致法律适用的不稳定性，从而使得海洋生态环境损害在司法实践中并未得到有效救济❸。

21 世纪以来，改革开放早期某些地方过于重视经济发展而忽视生态环境保护的恶果开始逐步显现。❹ 环境问题的集中爆发，促使环境法治发展；生态环境损害开始进入公众视野，并且成为环境法治发展过程中必须面对和解决的重要问题。其中，"塔斯曼海"油轮油污案，是广受公众与学界关注的生态环境损害案件。

2002 年 11 月 23 日凌晨，马耳他籍"塔斯曼海"油轮在天津大沽口发生碰撞事故，造成附近海域原油污染。2002 年 12 月 26 日，

---

❶ 宋家慧，刘红. 建立中国船舶油污损害. 赔偿机制的对策［J］. 交通环保，1999，20（5）：1-6.

❷ 1999 年《海洋环境保护法》第九章"法律责任"第 90 条第 2 款规定："对破坏海洋生态、海洋水产资源、海洋保护区，给国家造成重大损失的，由依照本法规定行使海洋环境监督管理权的部门代表国家对责任者提出损害赔偿要求。"

❸ 竺效. 生态损害的社会化填补法理研究（修订版）［M］. 北京：中国政法大学出版社，2017：16.

❹ "大气、水、土壤等主要环境要素污染严重，环境质量日趋下降，生态系统功能退化加速，资源保障能力严重不足，所有环境问题开始集中爆发，污染致害不断增多、群体事件频繁发生，环境问题已经成为影响我国社会和谐稳定的重要原因之一。"见汪劲. 环境法学［M］. 3 版. 北京：北京大学出版社，2014：51.

天津市海洋局起诉"塔斯曼海"油轮船东（英费尼特航运有限公司）和该油轮油污责任担保机构（伦敦汽船互保协会），提出海洋生态环境损害赔偿❶，表明我国开始重视海洋生态环境损害救济❷。

2004 年 12 月 25 日，天津海事法院作出一审判决，判令英费尼特航运有限公司和伦敦汽船互保协会连带赔偿原告天津市海洋局海洋生态损失近千万元❸，由于缺乏认定生态环境损害的评估、鉴定方法，相关证据证明力不足，天津市海洋局主张的生态服务功能损失赔偿未获法院支持❹。令人扼腕的是，此案二审调解结案后，被告就其他关联案件向最高人民法院提起再审，最终涉案各方庭外和解，而天津市海洋局仅获得 300 万元的和解补偿，具体补偿项目不清，连已投入的成本都无法收回。❺ 关联诉讼原告获得的赔偿较一审判决也大幅缩水，被告最终仅需支付赔偿金约 330 万美元❻。生态环境损害未能得到公平救济。

---

❶ 陈杰．天津：污染海洋生态环境涉外索赔第一案［EB/OL］．http：//www.people. com. cn/GB/shehui/1061/3090473. html.

❷ "塔斯曼海"油轮油污案是中国首例海洋生态环境损害索赔个案。参见李树华，田庆林．"塔斯曼海"溢油事故索赔案及其深远意义［J］．交通环保，2004，25（4）：45－48.

❸ 本案中，天津市海洋局主张的海洋生态损失包括：海洋环境容量损失 3 600 万元、海洋生态服务功能损失 738. 17 万元、海洋沉积物恢复费用 2 614 万元、潮滩生物环境恢复费用 1 306 万元、浮游植物恢复费用 60. 84 万元、游泳动物恢复费用 938. 09 万元、生物治理研究费用和监测评估费等 5 798 307 元，共计 98 369 307 元；最终法院判决被告仅承担海洋环境容量损失 750. 58 万元，调查、监测、评估费及生物修复研究经费 245. 23 万元，共计 995. 81 万元。参见天津海事法院（2003）津海法事初字第 183 号民事判决书。

❹ "鉴于海洋生态服务功能损失的鉴定，没有实际的原始监测数据和法定计算标准，本院不予确认。"参见天津海事法院（2003）津海法事初字第 183 号民事判决书。

❺ 竺效．生态损害综合预防和救济法律机制研究［M］．北京：法律出版社，2016：3.

❻ 二审裁判文书及相关资料未公开，相关赔偿数据信息参见夏军．海上溢油事件考验中国环境法律［EB/OL］．https：//www.chinadialogue. net/article/show/single/ch/4433－Losses－at－sea.

"塔斯曼海"轮油污案中，虽然生态环境损害最终未获公平救济，但得幸于 1999 年《海洋环境保护法》中列入的生态环境保护条款，作为我国生态环境损害赔偿第一案，海洋生态环境损害尚能够进入司法环节，并在一审判决中得到部分确认。松花江水污染事件则没有如此"幸运"，为生态环境损害在我国司法中的实践提供了相反例证。

2005 年 11 月 13 日，中石油吉林石化公司发生爆炸事故，事故造成对人体健康有危害的有机污染物流入松花江，流域生态环境被严重破坏，酿成松花江重大水污染事件。11 月 23 日零点起，哈尔滨市政府关闭松花江哈尔滨段取水口，停止向市区供水，哈尔滨市内各大超市出现抢购饮用水情况。❶

2005 年 12 月 7 日，北京大学法学院师生以自然物为共同原告，向黑龙江省高级人民法院提起国内第一起环境民事公益诉讼，具状要求法院判决污染者赔偿 100 亿元，并设立松花江流域污染治理基金❷。然而，黑龙江省高级人民法院立案庭在未直接阅读诉状的情况下，口头拒绝受理此案。❸ 最终，松花江重大水污染事件肇事公司中石油吉林石化公司仅被环境保护部门罚款 100 万元，并向吉林"捐赠"500 万元；而为治理松花江流域生态环境，截至

---

❶ 丁莞歆. 中国水污染事件纪实 [J]. 环境保护，2007 (14)：83 – 85.

❷ 用于恢复松花江流域的生态平衡，保障鲟鳇鱼的生存权利、松花江和太阳岛的环境清洁的权利以及自然人原告旅游、欣赏美景和美好想象的权利。

❸ 法院拒绝的理由是："本案与你们无关、目前本案不属于人民法院的受案范围以及一切听从国务院决定。"在提交诉状之前，北大法学院六位师生已经意识到本案的共同原告（自然物）与《民事诉讼法》规定不符，存在着原告主体不适格的法律障碍和最终可能出现法院裁定不予受理的结果；但他们没有想到，案件最终未被受理并非因为原告资格问题，而是被政治化的思维和处理方式拒之门外。参见甘培忠，汪劲. 鲟鳇鱼、松花江和太阳岛：你们是否有权控诉人类行为对你们的侵害？[EB/OL]. http：//pkulaw.cn/CLI. A. 031828，2005.

2011 年 5 月，国家已累计投入治污资金 78.4 亿元❶。生态环境损害修复费用与污染者实际支付的费用之间的巨大差额，被转嫁给了政府和全体纳税人。

面对严峻的生态环境损害局面，为扭转改革开放初期忽视生态环境保护的错误认识，2007 年 10 月 15 日，党的十七大报告提出了建设生态文明的要求，并强调要完善保护生态环境的法律和政策，促进生态修复。❷ 2012 年 11 月 8 日，党的十八大报告以专章论述了建设生态文明的重要性，并强调要加强生态文明制度建设。❸ 在此时代背景之下，生态环境损害问题开始被重视，并在司法实践中获得确实的救济。

2014 年 12 月 29 日，备受关注的江苏泰州 1.6 亿天价环保公益诉讼案尘埃落定。本案在对原告资格认定时，适用了《民事诉讼

---

❶ 受法律法规所限，造成重大经济损失的罚款"最高不得超过 100 万元"，例如，2004 年四川沱江重大水污染事件，造成直接损失 3 亿元，肇事企业川化集团仅被罚 100 万元。2008 年《水污染防治法》修订后，在第 83 条第 2 款规定："对造成一般或者较大水污染事故的，按照水污染事故造成的直接损失的百分之二十计算罚款；对造成重大或者特大水污染事故的，按照水污染事故造成的直接损失的百分之三十计算罚款。"但是，由于"直接损失"的计算存在极大模糊性，因此在实践中仍难以公平救济生态环境损害。例如，2010 年紫金矿业污水渗漏事件，肇事企业紫金矿业被判处罚金 3 000 万元，但与其造成的生态环境损害相比，仍有极大差距。参见何勇. 污染善后不能让企业"肇事逃逸". 人民日报，2011 - 06 - 10 (9).

❷ "建设生态文明，基本形成节约能源资源和保护生态环境的产业结构、增长方式、消费模式。循环经济形成较大规模，可再生能源比重显著上升。主要污染物排放得到有效控制，生态环境质量明显改善。生态文明观念在全社会牢固树立。""要完善有利于节约能源资源和保护生态环境的法律和政策，加快形成可持续发展体制机制。""加强水利、林业、草原建设，加强荒漠化石漠化治理，促进生态修复。"见胡锦涛：《高举中国特色社会主义伟大旗帜 为夺取全面建设小康社会新胜利而奋斗》. 人民日报，2007 - 10 - 25 (1 - 4).

❸ "保护生态环境必须依靠制度。""加强环境监管，健全生态环境保护责任追究制度和环境损害赔偿制度。"见胡锦涛. 坚定不移沿着中国特色社会主义道路前进 为全面建成小康社会而奋斗. 人民日报，2012 - 11 - 18 (1 - 4).

法》第 55 条的规定，❶ 表明本案救济的是环境公益（生态环境损害），而非救济私益的传统环境侵权损害。江苏省高级人民法院就江苏省泰州市环保联合会诉江苏常隆农化有限公司等 6 家企业倾倒废盐酸、废硫酸等危险废物造成环境污染的环境公益诉讼案的上诉作出二审判决，由 6 家污染肇事企业承担按份赔偿责任，赔偿环境修复费用合计 160 666 745.11 元。

本案的主要争议点之一是生态环境损害事实是否存在？由于河流具有的自净能力，倾倒点水质已自然恢复，无须再通过人工干预措施进行修复，因此被告 6 家公司认为环境损害计算无事实依据。一审法院认为"水体、水生物、河床等水生态环境受到了严重的损害"，在"污染修复费用难以计算的情况下"，采用虚拟治理成本法计算环境污染损害赔偿；❷ 二审判决维持了一审判决对赔偿性质以及赔偿数额的认定，泰兴锦汇化工有限公司后就二审判决向最高人民法院提起再审申请，最高人民法院最终裁定驳回。本案中，倾倒废酸导致的生态环境损害事实明显存在，但是却无法实施环境修复措施❸，损害是否存在以及损害数额的确定性一度引起被告人的质疑。本案的审判结果表明，即使在利益的衡量上

---

❶ "对污染环境、侵害众多消费者合法权益等损害社会公共利益的行为，法律规定的机关和有关组织可以向人民法院提起诉讼。"见最高人民法院（2015）民申字第 1366 号民事裁定书。

❷ 参见江苏省高级人民法院民事判决书（2014）苏环公民终字第 00001 号。

❸ 本书认为，"无须修复"并不意味着没有生态环境损害，而是生态环境损害处于无法采取修复措施的"不可修复"状态。本案中，专家辅助人东南大学能源与环境学院吕锡武教授认为："向水体倾倒危险废物的行为直接造成了区域生态环境功能和自然资源的破坏，无论是对长江内河水生态环境资源造成的损害进行修复，还是将污染引发的风险降至可接受水平的人工干预措施所需费用，均将远远超过污染物直接处理的费用；由于河水的流动和自我净化，即使倾倒点水质得到恢复，也不能因此否认对水生态环境曾经造成的损害。"参见最高人民法院（2015）民申字第 1366 号民事裁定书。

仍有一定的不确定性，但生态环境损害已经在环境司法实践中得
到了确认和救济。

2017 年 10 月 18 日，党的十九大报告明确"加快生态文明体
制改革，建设美丽中国"，提出了"推进绿色发展""着力解决突
出环境问题""加大生态系统保护力度""改革生态环境监管体
制"的要求，❶ 对我国的环境法治的建设与发展提出了更高的要
求。❷ 为弥补改革开放前期法律对生态环境"照料"不足的问题，
立法和司法都作出了及时响应，生态环境损害救济的相关法律制
度构建进入了快车道，最高人民法院和最高人民检察院也出台了
一系列相关司法解释，为实现生态环境损害的司法救济奠定了制
度基础。

在生态文明建设的时代背景和要求下❸，能否完善我国环境法
律制度，实现生态环境损害的有效司法救济，是关乎生态文明法
治能否顺利实现的重要法律问题。"法律的生命力在于实施，法律
的权威也在于实施"❹，保护生态环境的司法理念如果不能在环境
司法实践中得到贯彻，不但不利于生态环境保护目标的实现，甚

---

❶ 习近平. 决胜全面建成小康社会 夺取新时代中国特色社会主义伟大胜利. 人民日
　报，2017 – 10 – 19（1 – 3）.
❷ "生态文明建设的价值目标导向，拓展了我国环境法学的规范对象，拓宽了环境法
　学的研究视野，并对我国环境法制建设提出了更高的要求。"见柯坚，刘志坚. 我
　国环境法学研究十年（2008—2017 年）：热议题与冷思考［J］. 南京工业大学学
　报（社会科学版）. 2018，17（1）：52 – 70.
❸ "用最严格制度最严密法治保护生态环境。保护生态环境必须依靠制度、依靠法
　治。我国生态环境保护中存在的突出问题大多同体制不健全、制度不严格、法治
　不严密、执行不到位、惩处不得力有关。要加快制度创新，增加制度供给，完善
　制度配套，强化制度执行，让制度成为刚性的约束和不可触碰的高压线。"习近
　平. 推动我国生态文明建设迈上新台阶. 求是，2019（3）.
❹ 中共中央关于全面推进依法治国若干重大问题的决定［EB/OL］. http：//
　www. gov. cn/zhengce/2014 – 10/28/content_2771946. htm，2014，10，28.

至会对环境法治产生不利影响。就生态环境损害的司法救济而言，以虚拟治理成本法司法运用为代表的实践问题，已经成为我国生态文明建设必须面对的问题。❶ 为此，立足我国环境司法实践，为生态环境损害司法救济中的难点问题提供解决方案，是本书研究的现实意义和实践价值所在。

（二）环境法学研究的旨趣朝向

对于生态环境损害问题，环境法学界很早就开始关注。20 世纪 80 年代，在讨论环境民事侵权责任时，马骧聪先生就提出环境侵害的客体包括国家、集体的公共财产。❷ 金瑞林先生则提出环境侵权的形式除了排放污染物外，还应当包括其他损害环境的行为，如对环境要素造成的非经济性损害。❸ 从这些讨论中，可以发现我国早期的环境法学者在研究中已经注意到生态环境损害事实的存在，只是尚未将其作为一种专门的损害类型进行界定和研究。

从 20 世纪 90 年代中期至 21 世纪初，在环境法学界围绕"环境侵权"展开的系列研究中，越来越多的环境法学者开始将生态环境损害作为环境侵权行为与人身财产损失后果之间的媒介纳入讨论之中。陈泉生教授在定义环境侵权行为时，注意到存在"生态环境遭受破坏和污染"的事实。❹ 李艳芳教授从公民环境权的角度指出环境侵权行为的客体"由自然环境扩大到包括自然环境和

---

❶ 不可修复的生态环境损害已被《改革方案》明确为应当纳入生态环境损害赔偿范围的主要损害类型之一。《改革方案》明确的生态环境损害赔偿范围包括"清除污染费用、生态环境修复费用、生态环境修复期间服务功能的损失、生态环境功能永久性损害造成的损失以及生态环境损害赔偿调查、鉴定评估等合理费用"。

❷ 当事人除赔偿损失外还应当负责清除和治理其所造成的污染和损害，或者负担清除污染和治理损害的全部或部分费用。参见马骧聪. 环境保护法基本问题 [M]. 北京：中国社会科学出版社，1983：85.

❸ 金瑞林. 环境法：大自然的护卫者 [M]. 北京：时事出版社，1985：98 – 99.

❹ 陈泉生. 论环境侵权的诉讼时效 [J]. 环境导报，1996 (2)：12 – 13.

人为环境的环境整体"。❶ 汪劲教授将环境侵权的对象范围扩大到
"对生态效益或者生态价值的侵害"。❷ 曹明德教授指出导致环境侵
权（财产权、人身权）的原因包括"环境污染、生态破坏"。❸ 周
珂教授指出环境损害应当包括"环境享受损害"，其表现之一为
"对环境要素造成非财产性损害，降低环境要素的功能或价值"。❹
王树义教授对俄罗斯生态环境损害范围的界定进行了评析。❺ 王明
远教授指出环境侵权事实中包括"自然环境的污染或破坏"，将环
境侵权的客体范围扩大到生态环境受损带来的潜在风险。❻ 在此期
间，关于环境法是否可以调整人与自然关系的一系列学界讨论文
章中，也隐含了对生态环境损害进行法律规制的关切。❼

　　而将"生态环境损害"作为一种损害类型提出并进行法理上
的专门讨论，直至晚近才在学界出现。为探索"生态环境损害"
在学界的研究变化，本书以"生态环境损害"为主题词，对中国

---

❶　李艳芳. 环境损害赔偿 [M]. 北京：中国经济出版社，1997：33.
❷　汪劲. 中国环境法原理 [M]. 北京：北京大学出版社，2000：350.
❸　曹明德. 环境侵权法 [M]. 北京：法律出版社，2000：9.
❹　周珂. 环境法 [M]. 北京：中国人民大学出版社，2000：60.
❺　王树义. 俄罗斯生态法 [M]. 武汉：武汉大学出版社，2001：424 - 426.
❻　王明远. 环境侵权救济法律制度 [M]. 北京：中国法制出版社，2001：13.
❼　例如，李挚萍. 试论法对人与自然关系的调整 [J]. 中山大学学报（社会科学版），
　　2001，41（2）：100 - 108；蔡守秋. 人与自然关系中的环境资源法 [J]. 现代法
　　学，2002，24（3）：45 - 60；李艳芳. 关于环境法调整对象的新思考:对"人与
　　自然关系法律调整论"的质疑 [J]. 法学家，2002（3）：81 - 87；李爱年. 环境
　　保护法不能直接调整人与自然的关系 [J]. 法学评论. 2002（3）：74 - 78；周训
　　芳. 对"人与自然关系"进行法律定位的若干思考 [J]. 华东政法学院学报，
　　2004（3）：54 - 60. 此外，2003 年 12 月 14 日上午，福州大学法学院邀请国内部
　　分环境法学和法理学专家学者，以"人与自然的关系能否成为法律的调整对象"
　　为题，在"福州大学第二届东南法学论坛"上与蔡守秋教授展开了一场学术讨
　　论，相关研究以专栏形式发表在《东南学术》2004 年第 5 期，本书不再赘述。
　　虽然在环境法是否可以调整人与自然关系的问题上存在分歧，但参与讨论的学者
　　大多同意，现有法律对生态系统的关注不够。

知网已有相关文献进行了检索，获得文献3 014篇。为研究学术趋势，本书以论文年度发表数量作为"生态环境损害"学术关注度指标，对全部文献进行了统计分析，获得结果如图1所示。

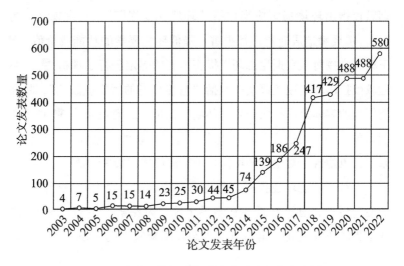

图1 "生态环境损害"学术关注度变化示意图

如图1所示，与"生态环境损害"相关的研究，2006年超过10篇，2014年超过50篇；从2014年开始，相关研究进入快速增长阶段。近年来，"生态环境损害"已经成为学界持续关注的热点议题。本书对图1的索引文献及相关文献作了阅读和分析，发现法学学者2003年就开始对"生态环境损害"展开持续讨论。沈木珠教授围绕WTO提出的可持续发展目标，讨论了我国环境法律制度中存在的若干问题，明确环境损害的范围除人身伤害和财产损害外，还应当包括对环境本身的损害。❶ 徐以祥教授围绕生态环境损害的特征讨论了传统民事侵权制度的局限性，提出了生态环境损

---

❶ 沈木珠. WTO环境规则与我国环境法律制度的完善及创新思考［J］. 法律科学（西北政法学院学报），2003（4）：104－116.

害补偿体系的制度构想。❶

　　受"塔斯曼海"轮油污案影响，案件发生后的数年内，学界围绕海洋生态环境损害展开对生态环境损害相关问题的讨论❷，生态环境损害的法律问题也开始进入环境法学研究视野。其间，竺效教授以"塔斯曼海"轮油污案为切入点，指出生态环境损害已非人身或财产损害所能涵盖，其赔偿亦超出作为传统民事侵权法特别法的环境侵权法所能解决的范围。❸此外，竺效教授和梅宏博士在各自的博士论文中，都提出将生态环境损害纳入法律救济范围，并分别针对生态环境损害的填补❹和预防❺作了法理上的探究。曹明德教授则提出，生态损害的范围包括财产损失、人身损害、精神损害以及生态权益的损害。❻虽然学界对生态环境损害的概念和表述存有争议，但环境损害救济除了包括对人身权利和财产权利的损害之外，还应当涵盖对生态环境的损害，该观点已基本成

❶　徐以祥. 论生态环境损害的补偿体系 ［J］. 西南政法大学学报，2003，4（2）：67－69.

❷　例如，韩立新. 船舶污染造成的海洋环境损害赔偿范围研究 ［J］. 中国海商法年刊，2005，16（1）：214－230；牟彩霞. 船舶油污事故中海洋生态环境损害赔偿范围 ［J］. 珠江水运，2007（1）：44－47；刘卫先. "塔斯曼海"轮溢油污染案一审判决引发的思考 ［J］. 海洋开发与管理，2008（5）：62－70；朱晓燕，秦宁. 论我国海洋生态损害刑事责任 ［J］. 法学论坛，2009，24（6）：98－103；刘翠，刘卫先.《国际油污损害民事责任公约》和《设立国际油污损害赔偿基金公约》体系下环境损害赔偿的局限性分析：生态保护的视角 ［J］. 海洋开发与管理，2010，27（1）：41－46；刘家沂. 论油污环境损害法律制度框架中的海洋生态公共利益诉求 ［J］. 中国软科学，2011（5）：183－192.

❸　竺效. 论在"国际油污民事责任公约"和"国际油污基金公约"框架下的生态损害赔偿 ［J］. 政治与法律，2006（2）：93－99.

❹　知网未收录竺效教授的博士论文，本书依据的资料来源为竺效教授在其博士论文基础上出版的专著. 竺效. 生态损害的社会化填补法理研究（修订版）［M］. 北京：中国政法大学出版社，2017：259－262.

❺　梅宏. 生态损害预防的法理 ［D］. 大连：中国海洋大学. 2007：3－4.

❻　曹明德. 生态法新探 ［M］. 北京：人民出版社，2007：342.

为环境法学界的共识。

以《侵权责任法》的颁布和施行为契机，环境法学界对生态环境损害的研究问题关注也发生转变，开始从《侵权责任法》"环境污染责任"及相关条款出发，探讨生态环境损害的法律责任问题。王树义教授和刘海鸥教授围绕《侵权责任法》"环境污染责任"的立法特点讨论了相关配套机制的建设，认为立法已经将生态环境自身的损害作为环境污染责任的调整范围，应当构建区别于传统损害赔偿诉讼的配套机制，以落实生态环境损害责任。❶ 张梓太教授和王岚博士依法律解释的整体解释规则，认为自然资源生态利益尚难认为已经被纳入《侵权责任法》保护范围。❷ 陈红梅教授认为生态环境损害兼具公、私属性，应当包括在《侵权责任法》第 65 条❸的"损害"范围内。❹ 柯坚教授从渤海湾康菲溢油污染事件暴露出的《侵权责任法》等民事法律对生态环境损害救济无力问题出发，针对突发性环境事故造成的生态环境损害，提出我国应当建立生态环境损害多元化的法律救济机制。❺ 童光法博士认为，应当对《侵权责任法》第 65 条进行扩大解释，将生态环境损害纳入《侵权责任法》的救济范围。❻

---

❶ 王树义，刘海鸥．"环境污染责任"的立法特点及配套机制之完善 [J]．湘潭大学学报（哲学社会科学版）．2011，35（3）：60 – 63.

❷ 张梓太，王岚．我国自然资源生态损害私法救济的不足及对策 [J]．法学杂志，2012，33（2）：64 – 70.

❸ 《侵权责任法》第 65 条规定："因污染环境造成损害的，污染者应当承担侵权责任。"

❹ 陈红梅．生态损害的私法救济 [J]．中州学刊，2013（1）：55 – 61.

❺ 柯坚．建立我国生态环境损害多元化法律救济机制：以康菲溢油污染事件为背景 [J]．甘肃政法学院学报，2012（1）：101 – 107.

❻ 将环境侵权界定为"因人的活动而污染或破坏生态环境，从而导致损害或可能损害他人的人身权、财产权或环境权益等的行为"。参见童光法．环境侵害的归责原则 [J]．东方法学，2015（3）：27 – 38.

随着环境法学界对生态环境损害法律问题研究的深入，生态环境损害的救济方式引起了众多学者的关注。李挚萍教授针对传统法律制度应对生态环境损害缺乏有效应对措施的问题，提出应当构建环境修复法律制度，其意义不仅在于修复受损生态环境，还修复已经恶化的人与自然、人与人之间的关系。❶ 张新宝教授和庄超博士以立法和相关司法解释为基础，依侵权责任法理，研究了扩张和强化环境侵权责任的可能路径；在讨论"恢复原状"的环境侵权责任时，提出应使其向生态修复责任转变，以应对生态环境损害。❷ 胡卫教授以重金属环境污染为例，提出对恢复原状责任承担方式进行调适，确立独立化的环境修复责任，作为独立的环境民事责任承担方式。❸ 孙佑海教授提出从"对造成生态环境损害的责任者严格实行赔偿制度；依法追究刑事责任；进一步完善环境行政处罚制度"三个方面健全完善生态环境损害责任追究制度。❹ 王灿发教授对生态文明建设法律保障体系的构建提出建议，在救济性法律制度中提出构建生态补偿制度、生态修复制度以及环境公益诉讼制度以应对生态环境损害。❺ 吕忠梅教授则从生态文明法治建设的角度，指出生态环境损害救济除诉讼方式外，还可以通过谈判、调解、斡旋、仲裁等多种方式实现。❻

《环境保护法》的修订以及相关司法解释的出台，使生态环境

❶ 李挚萍. 环境修复法律制度探析 [J]. 法学评论, 2013 (2)：103-109.
❷ 张新宝, 庄超. 扩张与强化：环境侵权责任的综合适用 [J]. 中国社会科学, 2014, 219 (3)：127-143, 209.
❸ 胡卫. 环境污染侵权与恢复原状的调适 [J]. 理论界, 2014 (12)：111-120.
❹ 孙佑海. 健全完善生态环境损害责任追究制度的实现路径 [J]. 环境保护, 2014, 42 (7)：10-13.
❺ 王灿发. 论生态文明建设法律保障体系的构建 [J]. 中国法学, 2014 (3)：34-53.
❻ 吕忠梅. 生态文明建设的法治思考 [J]. 法学杂志, 2014 (5)：10-21.

损害得以进入司法实践并产生新的问题，环境法学界对司法实践中的生态环境损害责任进行了探讨。吕忠梅教授对泰州环境公益诉讼案件作了深入评析，从学理上明确了环境修复费用指向的是生态环境损害，并肯定了本案中环境修复费用的评估方法——虚拟治理成本法。❶ 竺效教授指出，环境民事公益诉讼救济的主要实体性公益，应当指向影响人类环境公共利益的无主的或非私人所有的环境要素、自然资源、生态系统的损害。❷ 胡静教授认为我国的环境公益诉讼制度应当完善行政公益诉讼制度，或者增加通知行政机关的诉前条件，并增加违法性为生态环境损害的责任要件。❸ 李挚萍教授从域外法律规定的环境修复目标出发，结合我国司法实践中的修复责任进行分析，指出我国司法判例中的环境修复体现了修复环境生态功能和价值的深层次要求，而实践中的修复目标是一种技术目标，如何更好地协调法律价值目标与现实技术目标，是环境修复法律实践中的一个重大课题。❹ 吕忠梅教授和窦海阳博士以整体主义环境哲学为基础，提出"生态恢复论"作为环境侵权的专业救济理论，认为应当将生态环境整体作为调整对象，并且以修复为"对环境的损害"主要救济方式。❺

《试点方案》和《改革方案》的先后出台，在我国确立了生态环境损害赔偿制度，促使环境法学界对生态环境损害问题投入了

---

❶ 吕忠梅. 环境司法理性不能止于"天价"赔偿：泰州环境公益诉讼案评析 [J]. 中国法学, 2016 (3)：244 – 264.

❷ 竺效. 论环境民事公益诉讼救济的实体公益 [J]. 中国人民大学学报, 2016, 30 (2)：23 – 31.

❸ 胡静. 环保组织提起的公益诉讼之功能定位：兼评我国环境公益诉讼的司法解释 [J]. 法学评论, 2016, 34 (4)：168 – 176.

❹ 李挚萍. 环境修复目标的法律分析 [J]. 法学杂志, 2016 (3)：1 – 7.

❺ 吕忠梅, 窦海阳. 以"生态恢复论"重构环境侵权救济体系 [J]. 中国社会科学, 2020 (2)：118 – 140, 206 – 207.

更多关注。❶ 程多威博士和王灿发教授认为，生态环境损害赔偿制度与环境公益诉讼制度的法律目的一致但理论基础不同，❷ 起诉主体的顺位是两项制度衔接的关键❸ 黄锡生教授和韩英夫博士认为，生态环境损害赔偿磋商制度实质上是行政机关通过参与协商过程以维护环境公益的行政权行使机制，其实施过程应综合平衡行政赋权与行政控权，并做好与环境公益诉讼制度的衔接。❹ 张宝教授指出，生态环境损害政府索赔制度与行政机关可以责令消除、修复环境并适用代履行的规定存在矛盾，建议将政府索赔范围限制为生态环境无法修复的情形。❺ 吕忠梅教授指出生态环境损害不能完全纳入《侵权责任法》范畴，应在法律上创制专门的环境侵害责任。❻ 何燕博士和李爱年教授则认为生态环境损害赔偿责任本质上是一种民事责任。❼

随着生态环境损害在民事法律中的逐步确认❽并在司法实践中

---

❶ 如第 12 页图 1 所示，2015 年知网收录论文数量相较 2014 年的增长率为 164%。

❷ 程多威，王灿发. 生态环境损害赔偿制度的体系定位与完善路径 [J]. 国家行政学院学报，2016 (5)：81–85，143.

❸ 程多威，王灿发. 论生态环境损害赔偿制度与环境公益诉讼的衔接 [J]. 环境保护，2016 (2)：39–42.

❹ 黄锡生，韩英夫. 生态损害赔偿磋商制度的解释论分析 [J]. 政法论丛，2017 (1)：14–21.

❺ 张宝. 生态环境损害政府索赔权与监管权的适用关系辨析 [J]. 法学论坛，2017，32 (3)：14–21.

❻ 生态环境损害赔偿责任是一种危险或风险防御责任，不同于损害赔偿和恢复原状。参见吕忠梅. "生态环境损害赔偿"的法律辨析 [J]. 法学论坛，2017，32 (3)：5–13.

❼ 在提起生态环境损害赔偿诉讼时，应按"符合条件的社会组织、赔偿权利人及其指定的部门、人民检察院"的顺序设置起诉主体顺位。参见何燕，李爱年. 生态环境损害担责之民事责任认定 [J]. 河北法学，2019，37 (1)：171–180.

❽ 除前文所述法律变化外，民法典草案一审稿也将"环境污染责任"整体扩张为"生态环境损害责任"。参见张新宝. 侵权责任编起草的主要问题探讨 [J]. 中国法律评论，2019 (1)：133–144.

获得救济，环境法学界对生态环境损害的刑事司法实践也进行了专门研究。焦艳鹏教授以生态法益为议题，对包括生态环境损害刑事责任在内的环境刑事责任作了深入研究。❶ 李挚萍教授和田雯娟博士以 1 906 件刑事案件为样本展开实证研究，指出在环境刑事司法实践中运用恢复性措施，督促犯罪人主动承担环境修复责任的做法，符合当代多元刑事司法的趋势以及绿色环境司法理念。❷

在大部分环境法学者将目光投向生态环境损害赔偿以及修复责任时，也有环境法学者开始关注受损生态环境无法修复时的法律责任问题。张梓太教授和李晨光博士认为司法实践中的替代性恢复不属于恢复责任。❸ 曾娜博士和吴满昌教授针对实践中存在的生态环境损害多重责任问题，提出针对生态环境损害难以修复甚至不能修复的情形，不应处以行政罚款，而是通过生态环境损害赔偿，将获得的修复费用专款用于替代性修复和环境治理等活动。❹ 王小钢教授基于生态环境恢复目标，以《美国石油污染法》和《欧盟环境责任指令》为参照，指出我国可能存在替代性修复司法实践偏离生态环境恢复目标的问题。❺

---

❶ 焦艳鹏. 论刑法生态法益的概念及对生态犯罪的界定 [J]. 刑法论丛，2011，28 (4)：30 – 46；焦艳鹏. 生态文明视野下生态法益的刑事法律保护 [J]. 法学评论，2013 (3)：90 – 97；焦艳鹏. 生态文明保障的刑法机制 [J]. 中国社会科学，2017 (11)：75 – 98.

❷ 李挚萍，田雯娟. 恢复性措施在环境刑事司法实践中的应用分析 [J]. 法学杂志，2018，39 (12)：109 – 121.

❸ 生态环境损害赔偿最主要的责任承担方式是恢复责任，而适用恢复责任的前提是受损生态环境可以恢复. 参见张梓太，李晨光. 生态环境损害赔偿中的恢复责任分析：从技术到法律 [J]. 南京大学学报（哲学·人文科学·社会科学），2018 (4)：47 – 54，158.

❹ 曾娜，吴满昌. 生态环境损害赔偿中的多重责任之比例审查探讨 [J]. 武汉理工大学学报（社会科学版），2019，32 (1)：110 – 115.

❺ 王小钢. 生态环境修复和替代性修复的概念辨正：基于生态环境恢复的目标 [J]. 南京工业大学学报（社会科学版）. 2019，18 (1)：35 – 43，111.

　　在《民法典》的编纂过程中，环境法学者也积极参与，吕忠梅教授课题组就"绿色原则"在《民法典》中的贯彻问题进行了讨论，提出在《民法典》侵权责任编中应当对环境侵权的原因行为进行厘清和类型化，并扩大环境侵权的救济范围，增加与环境公益诉讼制度和生态损害赔偿制度的衔接机制。❶ 孙佑海教授等认为《民法典》侵权责任编在进行绿色规制时应有限度，建议专章规范环境侵权责任，增设与规制生态环境损害责任的法律相衔接的条款。❷ 在学界和实务部门的共同推动下，生态环境损害责任被纳入《民法典》侵权责任编❸。

　　随着《民法典》的颁布与实施，学者对《民法典》中生态环境损害责任进行了深入探讨。徐以祥教授认为生态环境损害责任应以生态环境修复责任这一行为责任为中心，《民法典》虽然提供了实体法基础，但仍需要通过单行法构建综合性的生态环境损害

---

❶ 吕忠梅，竺效，巩固，等 ."绿色原则"在民法典中的贯彻论纲 [J]. 中国法学，2018（1）：5 - 27.

❷ 孙佑海，王倩 . 民法典侵权责任编的绿色规制限度研究："公私划分"视野下对生态环境损害责任纳入民法典的异见 [J]. 甘肃政法学院学报 . 2019（5）：62 - 69.

❸ 《民法典》第 1234 条规定，违反国家规定造成生态环境损害，生态环境能够修复的，国家规定的机关或者法律规定的组织有权请求侵权人在合理期限内承担修复责任。侵权人在期限内未修复的，国家规定的机关或者法律规定的组织可以自行或者委托他人进行修复，所需费用由侵权人负担。

《民法典》第 1235 条规定，违反国家规定造成生态环境损害的，国家规定的机关或者法律规定的组织有权请求侵权人赔偿下列损失和费用：

（一）生态环境受到损害至修复完成期间服务功能丧失导致的损失；

（二）生态环境功能永久性损害造成的损失；

（三）生态环境损害调查、鉴定评估等费用；

（四）清除污染、修复生态环境费用；

（五）防止损害的发生和扩大所支出的合理费用。

救济体系。● 巩固教授则提出,《民法典》中的生态环境损害赔偿条款并非私法规范,而是基于特殊原因规定在《民法典》中的公法规范,是针对整个环境损害赔偿制度体系的基础规范;应当结合具体情形作不同解读,通过环境立法进行明确、细化和补充。●

从对环境法学的研究脉络的梳理可见,生态环境损害的研究旨趣始终在我国环境法学界的视野之内,可以说是一个"老"问题;21 世纪以来,生态环境损害的相关问题研究在学界得到持续展开,关注度逐年增加,已经成为环境法领域的热点问题。在对生态环境损害进行了较为长期的探讨后,环境法学界在概念、法律属性等基本问题的理解上已经逐渐形成共识。随着生态文明建设的推进,环境法治对生态环境损害的研究提出了越来越多的"新"要求。"已经构建出的生态环境损害相关法律制度在司法实践中的实施状况如何?是否可以实现生态环境损害救济的目标"就成了回应生态文明法治要求,拓展生态环境损害研究领域的"新"问题。

对既有研究的综述显示,学界较多关注生态环境损害赔偿或生态环境修复的责任承担方式,对于在环境实务中已经出现的虚拟治理成本法的司法运用问题则关注不多。相关的学理研究的暂付阙如,导致以虚拟治理成本法鉴定评估对象为代表的不可修复生态环境损害在环境司法实践及环境保护实务中仍存在较大的不确定性,成为其获得有效司法救济的阻碍因素。通过对虚拟治理成本法的司法运用状况进行实证分析和学理探讨,为生态环境损害的相关法理研究提供参考,是本书研究的理论意义所在。

● 徐以祥.《民法典》中生态环境损害责任的规范解释 [J]. 法学评论, 2021, 39
  (2): 144 –154.
● 巩固. 公法视野下的《民法典》生态损害赔偿条款解析 [J]. 行政法学研究,
  2022 (6): 41 –58.

二、研究方法和思路

（一）研究方法

以虚拟治理成本法鉴定评估的生态环境损害是环境法学的研究对象，研究过程中既有对我国现有相关法律制度得失的检讨，也有对相关理论的反思与创新。在检讨法律制度得失的过程中，本书以虚拟治理成本法的司法运用为中心，注重从本土司法实践中发现真实的问题，并以此进行学理上的探析。同时，由于对虚拟治理成本法的理解与环境科学联系甚密，❶ 本书研究也涉及对环境科学技术的考察，并注重不同研究范式间的比较与转换。因此，多学科交叉、诸方法综合的研究需求和研究特色，成为本书研究方法选择的题中之义。本书的主要研究方法包括：

1. 实证分析

本书以发现我国司法实践中存在的真实问题为基本立场，通过中国裁判文书网（http：//wenshu. court. gov. cn）以及北大法宝·司法案例（http：//www. pkulaw. cn/Case/）、威科先行·法律信息库（https：//law. wkinfo. com. cn）、OpenLaw（http：//openlaw. cn）等多个法律数据库的检索比对，收集整理已公开的应用虚拟治理成本法鉴定评估生态环境损害的司法文书，为本书研究提供了近乎全样本的实证研究材料。通过对实证材料中蕴藏数据的挖掘和分析，全面了解虚拟治理成本法的司法运用状况，以发现其中存在的问题及成因。

2. 案例分析

本书通过对以虚拟治理成本法鉴定评估的典型个案进行分析，

---

❶ 在环境法学领域，科学技术的发展在各个方面都影响着环境法学的法学积累的生成及涵养，这其中自然也包括对生态环境损害相关问题的研究。参见张璐. 环境法学的法学消减与增进. 法学评论，2019（1）：148－162.

从原被告的对抗主张、法官的裁判逻辑、虚拟治理成本的法律定性、法律责任承担形式等多个方面进行个案研究，以此比对描绘由于传统环境损害责任机制的不足，致使对不可修复生态环境损害的司法救济难以周全的境况，并通过对个案的聚焦分析发现现行生态环境损害法律制度中的关键问题。

3. 比较分析

本书在研究过程中运用了纵向比较与横向比较的分析方法。通过梳理我国生态环境损害责任相关的法律、司法解释以及政策的历史演进脉络，进行纵向的比较与研究；同时注重域外经验的借鉴意义，对在我国生态环境损害法律制度和域外生态环境损害法律制度之间进行了横向比较与研究❶。通过比较分析，探究我国生态环境法律责任机制的不足之处。

（二）研究思路

1. 以虚拟治理成本法为切入点

对于生态环境损害无法修复的情形，由于没有确定的修复方案，因此难以确定损害数额。为解决这一问题，环境保护部❷在《推荐方法（第Ⅱ版）》附录 A 第 A.2.3 条中专门规定了虚拟治理成本法，并且明确该方法"适用于环境污染所致生态环境损害无法通过恢复工程完全恢复、恢复成本远远大于其收益或缺乏生态环境损害恢复评价指标的情形"；换言之，虚拟治理成本法主要适

---

❶ 基于注重本土环境法治经验的研究立场，本书对域外生态环境损害法律制度不设专题介绍，而是融合在具体问题的讨论之中。

❷ 2018 年 3 月 17 日，第十三届全国人民代表大会（以下简称全国人大）第一次会议批准了国务院机构改革方案，成立生态环境部，取消环境保护部。受此影响，本书引用的政策文件发文单位名称不统一，为保证行文逻辑的顺畅，在不影响理解的前提下，本书以"环境保护部""生态环境部""国家环境保护部门"混用的方式表述政策文件印发单位。

用于生态环境损害不可修复时损害数额的鉴定评估,在生态环境
损害鉴定评估中得到了广泛运用。也是在环境司法实践中已经得
到较为广泛运用的环境损害鉴定评估方法❶,可以为本书的实证研
究提供充足的样本素材❷。

　　由于虚拟治理成本法的广泛运用,在实务中产生了适用条件
不够明确、治理成本不确定性等问题;为此,环境保护部办公厅
专门就江苏省环保厅的请示进行了公开答复,发布了《关于虚拟
治理成本法的复函》,并专门编制了附件《关于虚拟治理成本法的
说明》,进一步修订和补充说明了虚拟治理成本法的适用范围❸。
由此可推想,虚拟治理成本法在环境司法实践中运用时也会存在
相关问题,有待学者们厘清和加以研究。

　　因此,本书以生态环境损害为研究对象,以虚拟治理成本法
为研究的切入点,就司法实践中运用虚拟治理成本法进行生态环
境损害鉴定评估的案件展开实证分析,从中发现问题并进行学理

---

❶　例如,2017 年 3 月 7 日,最高人民法院公布的 10 起环境公益诉讼典型案例中,
　　就有 4 起运用了虚拟治理成本法计算生态环境损害数额。参见刘婧. 最高法发布
　　十件环境公益诉讼典型案例 [EB/OL]. https://www.chinacourt.org/article/
　　detail/2017/03/id/2573898.shtml,2017 - 03 - 08.

❷　由于现行法律规范中对生态环境损害的规定较为笼统,尚未将"不可修复生态环
　　境损害"作为一种单独的生态环境损害类型加以救济,法官在判决时亦不会强调
　　此点,因此司法实践中涉及"不可修复生态环境损害"的案例可能会隐藏在未
　　公开的环境损害鉴定评估报告中。以"虚拟治理成本法"及相关关键词作为搜
　　索条件,则可以较为准确地筛选出相关案例。

❸　《关于虚拟治理成本法的说明》将"缺乏生态环境损害恢复评价指标"规定为
　　"排放污染物的事实存在,由于生态环境损害观测或应急监测不及时等原因导致
　　损害事实不明确或生态环境已自然恢复",参见关于生态环境损害鉴定评估虚拟
　　治理成本法运用有关问题的复函. http://www.mee.gov.cn/gkml/hbb/bgth/
　　201709/t20170928_422701.htm,2017,09,15。本书认为,将"生态环境已自然
　　恢复"纳入虚拟治理成本法鉴定评估范围的做法,在司法实践中引起了一些争
　　议,但争议本身就反映了现行生态环境损害法律规范对实务回应不足的问题,相
　　关讨论将在后续章节详细展开。

探析，并提出相应的解决方案。

2. 以虚拟治理成本法的司法运用为中心

实践是检验真理的唯一标准。我国已构建起的生态环境损害法律制度能否满足生态文明建设的要求？是否可以实现生态环境损害的救济？对这些问题的回答，都需要对生态环境损害法律规范的司法实践状况进行考察。

本书以"关注司法实践，回应法治需求"为研究理念，以虚拟治理成本法的司法运用为中心展开实证分析，从中发现生态环境损害法律规范中不合理之处，并提出完善建议。具体研究路径如图2所示。

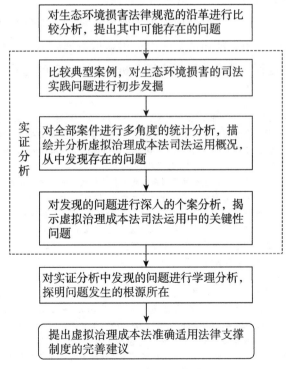

图2 研究路径示意图

三、基本命题与研究内容

（一）基本命题

基于前述环境法治实践与理论变迁的双重背景，本书以"虚拟治理成本法的司法运用"为研究对象，并将主命题预设为"以虚拟治理成本法鉴定评估的生态环境损害具有不可修复的特征，该特征决定了'虚拟治理成本法'的司法运用需有特殊设计"。❶

具体论证时，待证主命题可进一步分解为下列分命题：

什么是虚拟治理成本法，其运用的一般规则是什么？以其鉴定评估的生态环境损害有何特征？虚拟治理成本法的司法运用是否存在问题？如果存在，有哪些问题？如何完善虚拟治理成本法的司法运用，使生态环境损害获得公平的救济？

（二）研究内容

为论证预设主命题，本书根据分命题的逻辑顺序，将本书分为四章。第一章研究虚拟治理成本法运用的一般原理；第二章研究虚拟治理成本法在环境民事司法实践中的运用；第三章研究虚拟治理成本法在环境刑事司法实践中的运用；第四章对虚拟治理成本法的司法运用提出修正和展望。具体内容如下：

绪论包括研究背景、研究意义、研究方法、研究思路、基本命题和研究内容。

第一章分析了虚拟治理成本法的一般原理，共分三节：第一节对虚拟治理成本法以及和虚拟治理成本法相关的概念进行了辨析；第二节对虚拟治理成本法产生的背景进行了比较分析；第三

---

❶ 本书研究以虚拟治理成本法的司法运用为中心，因此将讨论范围限定于民事、刑事法律责任，但并不意味着虚拟治理成本法在判定行政法律责任时不起作用。

节对虚拟治理成本法运用的一般规则进行了归纳分析。第四节对本章内容进行了总结。

第二章对虚拟治理成本法在民事司法实践中的运用进行了实证分析，共分四节：第一节对生态环境损害民事法律规范的沿革进行了考察，并比较了两起有一定影响力的典型案件；第二节对环境民事司法实践中虚拟治理成本法的运用进行了统计分析；第三节对环境民事司法实践中法官对虚拟治理成本的裁判逻辑进行了个案分析，并进行了类型化分析；第四节总结了对虚拟治理成本法在民事司法实践中运用状况的实证分析结果以及发现的问题。

第三章对虚拟治理成本法在刑事司法实践中的运用进行了实证分析，共分四节：第一节对生态环境损害刑事法律规范的沿革进行了考察，并比较了两起以"生态环境损害"定罪量刑的案件；第二节对环境刑事司法实践中虚拟治理成本法的运用进行了统计分析；第三节对环境刑事司法实践中法官对虚拟治理成本的裁判逻辑进行了个案分析；第四节总结了对虚拟治理成本法在刑事司法实践中运用状况的实证分析结果以及发现的问题。

第四章讨论了对虚拟治理成本法司法运用的修正与展望，共分四节：第一节对虚拟治理成本法在环境民事、刑事司法实践中存在的共性问题进行了总结；第二节对虚拟治理成本法司法运用的法律规则进行了分析；第三节对虚拟治理成本法司法运用进行了学理分析并提出法律支撑制度的完善建议。第四节对本章内容进行了总结。

结论回顾了本书的主要结论、主要创新点以及不足之处。

第一章

虚拟治理成本法运用的一般原理

为使生态法益从立法走向司法，避免生态法益精神化，生态环境损害的可测量化是重要的控制机制。[1] 生态环境损害"量"的判断，涉及社会共享性利益的整体把握，除了对具体利益进行量化统计之外，还需要以此为基础对整体系统的退化情况进行综合衡量，既是法律问题，也是科学技术问题。[2] 环境保护部在《推荐方法（第Ⅱ版）》中制定了生态环境损害评估方法，为环境司法实践中计算生态环境损害赔偿金额提供了技术支撑，虚拟治理成本法是《推荐方法（第Ⅱ版）》中一种重要的生态环境损害鉴定评估方法，主要针对生态环境损害不可修复的情形，在环境司法实践中已经得到广泛的运用。

---

[1] 焦艳鹏. 生态文明保障的刑法机制 [J]. 中国社会科学，2017 (11)：75 – 98.

[2] 吕忠梅，窦海阳. 修复生态环境责任的实证解析 [J]. 法学研究. 2017 (3)：125 – 142.

本书认为，正确理解虚拟治理成本法的一般原理，是展开其司法运用研究的前提条件。本章主要就虚拟治理成本法产生的背景、相关概念以及运用的一般规则进行分析，为后续章节的研究奠定基础。

第一节　虚拟治理成本法的产生背景

一、虚拟治理成本法的产生与发展

虚拟治理成本法源于可持续发展观的提出，产生于我国绿色国民经济核算的研究和实践之中；并在生态文明建设的背景下，被广泛运用于生态环境损害鉴定评估实践，为我国环境司法实践中开展环境民事公益诉讼、进行环境刑事犯罪审判以及建立生态环境损害赔偿制度提供了重要的技术支撑。

（一）绿色国民经济核算：虚拟治理成本法的产生

1972 年 6 月，联合国在瑞典首都斯德哥尔摩召开了人类环境会议，第一次在世界范围内关注环境问题，环境保护、可持续发展开始受到关注。1983 年 12 月，受联合国第 38 届大会秘书长委托，挪威首相布伦特兰夫人组织并领导了一个临时性的独立机构"世界环境与发展委员会"（World Commission on Environment and Development，以下简称 WCED），由来自 21 个国家的社会活动家和科学家组成。[1] 1987 年，WCED 出版报告《我们共同的未来》，

---

[1] WCED 的主要任务是：审查世界环境和发展的关键问题，创造性地提出解决这些问题的现实行动建议，提高个人、团体、企业界、研究机构和各国政府对环境与发展的认识水平。

正式提出"可持续发展"要求，认为人类有能力实现持续发展，在满足当代人需要的同时不危及后代人的需要。❶

在可持续发展观的影响下，1992 年 6 月，联合国环境与发展大会发表了《21 世纪议程》，提出要建立综合环境和经济核算体系，加强各国间现有的技术合作机制，实行环境经济核算方面的经验交流，向各成员国提供必要的技术支持，以确保综合环境和经济账户的应用。此后，联合国统计署先后发布了《综合环境与经济核算体系》❷（System of Integrated Environmental and Economic Accounting，简称 SEEA）及其多个修订版本。❸ 为了树立和落实可持续发展观，建设资源节约型和环境友好型社会，我国于 2004 年 3 月启动了《中国绿色国民经济核算研究》项目，并于 2006 年发布了《绿色 GDP 核算报告（2004）》❹，这是我国最早提出虚拟治理成本法的官方文件。

《绿色 GDP 核算报告（2004）》在进行价值量核算❺时，采用了污染治理成本法与污染损失法两种方法。其中，污染治理成本

---

❶ 世界环境与发展委员会. 我们共同的未来［M］. 王之佳，柯金良，等，译. 长春：吉林人民出版社，1997：10 - 11.

❷ United Nations. Integrated Environmental and Economic Accounting 2003［EB/OL］. https：//unstats. un. org/unsd/environment/seea2003. pdf，2019 - 12 - 21.

❸ 李金华. 联合国环境经济核算体系的发展脉络与历史贡献［J］. 国外社会科学. 2015（3）：30 - 38.

❹ 生态环境部环境规划院. 中国绿色国民经济核算研究报告 2004（公众版）［EB/OL］. http：//www. caep. org. cn/yclm/hjjjhs _ lsgdp/tx _ 21977/200609/ W020180921435930059839. pdf，2019 - 12 - 21.

❺ 价值量核算是在实物量核算的基础上，估算各种环境污染和生态破坏造成的货币价值损失；实物量核算，则是指在国民经济核算框架基础上，运用实物单位（物理量单位）建立不同层次的实物量账户，描述与经济活动对应的各类污染物的产生量、去除量（处理量）、排放量等。

法包括实际治理成本和虚拟治理成本。❶ 具体到虚拟治理成本法，《绿色 GDP 核算报告（2004）》的假设为，如果排放到环境中的所有污染物都得到治理，则不会发生环境退化；❷ 因此，可以用治理所有污染物所需的成本来计算已经发生的环境退化的经济价值。

《绿色 GDP 核算报告（2004）》还对治理成本法的优缺点进行了评析，认为其具有价值核算过程简洁、容易理解和实际操作性较强的优点；但是，由于虚拟治理成本是环境退化价值的一种下限核算❸，因此并不能准确地反映环境退化的真实经济价值。

（二）环境损害鉴定评估：虚拟治理成本法的发展

2007 年 10 月，党的十七大报告将"建设生态文明"作为全面建设小康社会的新要求，明确提出要使主要污染物排放得到有效控制，生态环境质量明显改善。在生态文明建设的总体要求下，为应对环境挑战、促进经济发展方式转变、优化环境行政管理方式、推进环境司法深入开展，环境保护部于 2011 年开展了环境污染损害鉴定评估试点工作，发布了《推荐方法（第 I 版）》，并将虚拟治理成本法作为"污染修复费用"的鉴定评估方法纳入其中。

2012 年 11 月，党的十八大报告提出"加强生态文明制度建设"，要求"加强环境监管，健全生态环境保护责任追究制度和环境损害赔偿制度"；2013 年 11 月召开的党的十八届三中全会，作出《关于全面深化改革若干重大问题的决定》，进一步提出要建立

---

❶ 治理成本法的思路来自 SEEA 框架中基于成本的估价方法，从"防护"的角度，计算为避免环境污染所支付的成本。参见王金南，於方，曹东. 中国绿色国民经济核算研究报告 2004 [J]. 中国人口·资源与环境. 2006, 16（6）: 11 – 17.

❷ 在此假设下，《绿色 GDP 核算报告（2004）》将虚拟治理成本定义为"目前排放到环境中的污染物按照现行的治理技术和水平全部治理所需要的支出"。

❸ 未经排放到环境中的污染物造成的损害（环境退化），会比所需要的治理费用高，因此治理费用只能是环境损害（退化）的下限值。

系统完整的生态文明制度体系，实行最严格的损害赔偿制度、责任追究制度，建立生态环境损害责任终身追究制，对造成生态环境损害的责任者严格实行赔偿制度，依法追究刑事责任，用制度保护生态环境。❶ 此后，作为生态文明制度的重要组成部分，环境损害鉴定评估技术规范的制定工作得以快速展开。

　　随着虚拟治理成本法被《海洋生态损害评估指南》❷《推荐方法（第Ⅱ版）》《突发环境损害评估推荐方法》《关于虚拟治理成本法的说明》《技术指南（总纲）》《技术指南（损害调查）》《技术指南（土壤与地下水）》《技术指南（地表水和沉积物）》❸《技术指南（大气污染虚拟治理成本法）》《技术指南（水污染虚拟治理成本法）》等环境损害鉴定评估技术规范确认，在生态环境损害

---

❶ 中共中央关于全面深化改革若干重大问题的决定［N］. 人民日报，2013 - 11 - 16（1 - 3）.

❷ 《海洋生态损害评估指南》虽然没有直接表述"虚拟治理成本法"，但是"8.4.1 海洋环境容量的损失价值计算"中规定"对于非直接向海域排放污染物质的生态损害事件导致的海洋环境容量损失，按照当地城镇污水处理厂的综合污水处理成本计算"，其含义和《推荐方法（第Ⅱ版）》中"虚拟治理成本是按照现行的治理技术和水平治理排放到环境中的污染物所需要的支出"一致。

❸ 2016 年至 2020 年，国家环境保护部门先后发布了《生态环境损害鉴定评估技术指南 总纲》《生态环境损害鉴定评估技术指南 损害调查》（环办政法〔2016〕67号）、《生态环境损害鉴定评估技术指南 土壤与地下水》（环办法规〔2018〕46号）以及《生态环境损害鉴定评估技术指南 地表水与沉积物》（环办法规〔2020〕290号）等旧版文件；2021年，在前期实践的基础上，生态环境部正式实施了《生态环境损害鉴定评估技术指南 总纲和关键环节 第1部分：总纲》（GB - T 39791.1—2020）、《生态环境损害鉴定评估技术指南 总纲和关键环节 第2部分：损害调查》（GB - T 39791.2—2020）、《生态环境损害鉴定评估技术指南 环境要素 第1部分：土壤和地下水》（GB - T 39792.1—2020）、《生态环境损害鉴定评估技术指南 环境要素 第2部分：地表水和沉积物》（GB - T 39792.2—2020）等系列标准文件，并规定实施之前发生的生态环境损害的鉴定评估，参照旧版文件执行，该损害持续至本标准实施的除外。如无特别说明，本书中的简写均指2021年实施的系列标准文件，具体对应见附录二"简称与全称对照"。

鉴定评估工作中得到广泛运用，发展成为环境实务中用以鉴定评估生态环境损害的重要方法❶，为我国开展环境民事公益诉讼、进行环境刑事犯罪审判以及建立生态环境损害赔偿制度提供了重要的技术支撑。

二、生态环境损害评估方法体系中的虚拟治理成本法

生态环境损害鉴定评估技术方法为生态环境司法提供了重要的技术支撑作用，是维护生态环境司法公正的必要保障。❷ 从《推荐方法（第Ⅰ版）》将"生态环境资源损害"纳入环境污染损害评估范围开始，我国的生态环境损害鉴定评估技术方法体系就在不断的建立和完善之中。理解虚拟治理成本法的概念，需要在生态环境损害鉴定评估技术方法体系下展开比较。

生态环境损害鉴定评估方法体系的建立与完善，影响到生态环境损害责任追究制度的实施。❸ 为此，国家环境保护部门先

---

❶ 例如，最高人民法院 2020 年 1 月发布的 8 起生态环境损害赔偿和环境民事公益诉讼指导案例中（指导案例 129 - 136 号），有 6 起都采用了虚拟治理成本法鉴定评估生态环境损害（指导案例 130 - 135 号）。参见最高人民法院. 关于发布第 24 批指导性案例的通知（法〔2019〕297 号）[N]. 人民法院报，2020 - 01 - 16（4 - 8）.

❷ 生态环境部. 生态环境部法规与标准司、环境规划院负责人就《生态环境损害鉴定评估技术指南 土壤与地下水》有关问题答记者问 [EB/OL]. http：//www. mee. gov. cn/xxgk2018/xxgk/xxgk15/201812/t20181226_686051. html，2018 - 12 - 26.

❸ 例如，在《生态环境损害赔偿制度改革试点方案》和《生态环境损害赔偿制度改革方案》中，都提出了"规范生态环境损害鉴定评估""国家建立健全统一的生态环境损害鉴定评估技术标准体系。环境保护部负责制定完善生态环境损害鉴定评估技术标准体系框架和技术总纲；会同相关部门出台或修订生态环境损害鉴定评估的专项技术规范；会同相关部门建立服务于生态环境损害鉴定评估的数据平台。相关部门针对基线确定、因果关系判定、损害数额量化等损害鉴定关键环节，组织加强关键技术与标准研究"等要求。

后印发了《推荐方法（第Ⅰ版）》《海洋生态损害评估指南》《推荐方法（第Ⅱ版）》《突发环境损害评估推荐方法》《技术指南（总纲）》《技术指南（损害调查）》《技术指南（土壤与地下水）》《技术指南（地表水和沉积物）》《技术指南（大气污染虚拟治理成本法）》《技术指南（水污染虚拟治理成本法）》等一系列科学技术规范文件，为生态环境损害的鉴定评估以及责任追究提供了依据，在环境司法实践中得到了大量运用❶。

目前，我国环境实务中使用的生态环境损害鉴定评估技术方法体系由《推荐方法（第Ⅱ版）》建立，并被《技术指南（总纲）》沿用，其体系框架如图3所示。

如图3所示，我国生态环境损害评估方法技术体系由（替代）等值分析方法❷和环境价值评估方法两大类构成。在选择生态环境损害评估方法时，《推荐方法（第Ⅱ版）》建议应当优先选择（替代）等值分析方法中的资源等值分析方法和服务等值分析方法。❸

生态环境损害实务中的大量案例表明，如何确定生态环境基线以及鉴定因果关系，是生态环境损害鉴定评估的重难点问题，❹

---

❶ 以"生态环境损害评估"为关键词，在 OpenLaw 开放法律联盟数据库可检索到裁判文书 1 612 份，检索时间为 2019 年 2 月 7 日。

❷ 替代等值分析方法建立在受损生态环境可以实施恢复行动的基础上。其中，资源等值分析方法主要用来评估以提供资源为主的生态环境受损；而服务等值分析方法主要用来评估如果以提供生态系统服务为主，或兼具资源与生态系统服务的生态环境受损。

❸ 《推荐方法（第Ⅱ版）》还规定，采用资源等值分析方法或服务等值分析方法应满足两个基本条件：恢复的环境及其生态系统服务与受损的环境及其生态系统服务具有同等或可比的类型和质量，以及恢复行动符合成本有效性原则。在这两个基本条件不能满足的情况下，可以考虑采用价值等值分析方法；而在价值等值分析方法中，价值—价值法由于可以将恢复行动产生的单位效益货币化，因此要优先于价值—成本法。

❹ 於方，张衍燊，徐伟攀.《技术指南（总纲）》解读 [J]. 环境保护. 2016，44（20）：11 - 13.

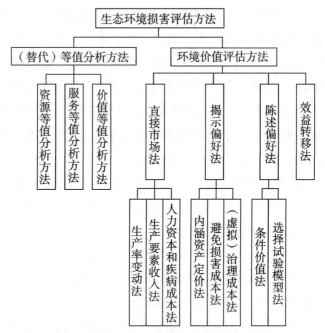

图3　生态环境损害鉴定评估技术方法体系❶

这一情况在一定程度上阻碍了替代等值分析方法在生态环境损害鉴定评估实务中的运用。替代等值分析方法不可行时，则考虑采用环境价值评估方法。❷ 根据方法的不确定性从小到大，《推荐方

❶ 《技术指南（总纲）》是我国生态环境损害鉴定评估技术体系的纲领性文件，其生态环境损害评估方法体系继承自《推荐方法（第Ⅱ版）》；其中，《推荐方法（第Ⅱ版）》中的"虚拟治理成本法"表述被"治理成本法"取代，"替代等值分析方法"被"等值分析方法"取代，但定义未变。考虑到司法实践中大量案件采用了《推荐方法（第Ⅱ版）》中的表述，因此本书采用"虚拟治理成本法""替代等值分析方法"的表达方式。

❷ 《推荐方法（第Ⅱ版）》8.3.1.3.3 列出了推荐采用环境价值评估方法的三种情况：当评估生物资源时，选择生物体内污染物浓度或对照区的发病率作为基线水平评价指标，在生态恢复过程中难以对其进行衡量；由于某些限制原因，环境不能通过修复或恢复工程完全恢复，环境受到永久性损害；如果修复或恢复工程的成本大于预期收益。

法（第Ⅱ版）》建议依次采用直接市场价值法、揭示偏好法和陈述偏好法，条件允许时可以采用效益转移法。虚拟治理成本法则属于环境价值评估方法中的揭示偏好法。由于虚拟治理成本法简明直接的理念和计算方法，在环境实务中被广泛运用。❶ 生态环境部就虚拟治理成本法在大气污染和水污染中的应用，专门出台了《技术指南（大气污染虚拟治理成本法）》《技术指南（水污染虚拟治理成本法）》。虚拟治理成本法也因此在环境司法实践中被广泛采用。

需要特别指出说明的是，《环境民事公益诉讼司法解释》第21条"生态环境受到损害至恢复原状期间服务功能损失"，即《推荐方法（第Ⅱ版）》中规定的"期间损害"。根据《推荐方法（第Ⅱ版）》"B.1 量化期间损害"的规定，"期间损害"的鉴定评估方法只能采用替代等值分析方法，并不包括虚拟治理成本法；而在《技术指南（总纲）》"8.1 价值量化方法选择原则"中，明确规定"采用虚拟治理成本法量化生态环境损害价值，不再计算期间损害"。因此，在环境司法实践中，法官将虚拟治理成本定性为"期间服务功能损失"的做法，与环境科学要求不符。

第二节　虚拟治理成本法及相关概念辨析

生态环境损害问题涉及社会共享性利益的整体把握，除了对具体利益进行量化统计之外，还需要以此为基础对整体系统的退

---

❶ 王玮．收费标准法适用对象是谁？——专访生态环境部环境规划院环境风险与损害鉴定评估研究中心主任於方［N］．中国环境报，2019－3－25（8）．

化情况进行综合衡量，既是法律问题，也是科学技术问题❶。因此，本书在对虚拟治理成本法的相关概念进行辨析时，通过既有技术规范和法律规范的比较，从科学和法学两种范式展开比较分析，作为后续讨论的基础。

一、虚拟治理成本法

如上节所述，虚拟治理成本法由于简明直接、容易理解、实际操作性强等优点，是被环境司法实践广泛采用的方法。❷ 其基本计算公式为：

$$虚拟治理成本 = \sum（污染物排放量 \times 单位治理成本）$$

式 1　虚拟治理成本法基本计算公式❸

如式 1 所示，虚拟治理成本法是基于污染治理成本提出的环境价值评估方法，由于其假设所有的污染物在排放前都得到了有效治理，因此是对环境退化价值的下限核算。换言之，虚拟治理成本是"环境损害的最低限值"，并未完全反映生态环境的真实受损程度。❹

本书提及的生态环境损害实务中，采用虚拟治理成本法鉴定评估的生态环境损害事件，污染物都是未经治理便排放了，因此

---

❶ 吕忠梅，窦海阳．修复生态环境责任的实证解析［J］．法学研究，2017（3）：125 – 142．

❷ 根据《推荐方法（第Ⅱ版）》"A. 2. 3 虚拟治理成本法"的规定，虚拟治理成本是按照现行的治理技术和水平治理排放到环境中的污染物所需要的支出，主要适用于环境污染所致生态环境损害无法通过恢复工程完全恢复、恢复成本远远大于其收益或缺乏生态环境损害恢复评价指标的情形。

❸ 於方，张红振，牛坤玉，等．我国的环境损害评估范围界定与评估方法［J］．环境保护，2012（5）：25 – 29．

❹ 王金南，於方，曹东．中国绿色国民经济核算研究报告 2004［J］．中国人口·资源与环境．2006，16（6）：11 – 17．

对生态环境造成了不利影响。由于其造成的生态环境损害远超治理成本，因此，环境保护部在《突发环境损害评估推荐方法》中，采用环境敏感系数对虚拟治理成本进行了调整。其基本假设为，向环境排放等量的污染物，生态服务功能越高的区域恢复原有生态功能的难度越高，因此受到的损害程度越高；据此，《突发环境损害评估推荐方法》以受污染影响区域的环境功能区划确定环境敏感系数，环境功能区类别越高，环境敏感系数越高。经此调整后的虚拟治理成本法计算公式为：

虚拟治理成本 = 环境敏感系数 × ∑（污染物排放量 × 单位治理成本）

式2　虚拟治理成本法计算公式

引入环境敏感系数后，虚拟治理成本可以更好地反映生态环境损害的真实程度，并且仍具有简洁明了的优点。但是，单位治理成本的确定以及环境敏感系数的选择❶，都会直接影响评估结果，使用错误的话有可能导致评估结果数量级的差别，在环境司法实践中也引起了较多争议。为此，环境保护部在《关于虚拟治理成本法的说明》中对《突发环境损害评估推荐方法》进行了优化，主要包括：推荐了单位治理成本的确定方法以及优先次序❷；不再设环境敏感系数区间值，并且明确在使用虚拟治理成本法鉴定评估时，只判断生态环境损害事实，不对排放、倾倒、泄漏等

---

❶ 《突发环境损害评估推荐方法》中规定的环境敏感系数存在区间值，同一类型的环境功能区可以取区间上的不同环境敏感系数进行计算。

❷ 《关于虚拟治理成本法的说明》推荐采用实际调查法、收费标准法、成本函数法三种方法，来获取不同类型污染物的单位治理成本。有收费标准的，优先适用收费标准法，使用时需要对收费标准的合理性进行判断；没有收费标准的，优先适用实际调查法；当调查样本量足够大时，可采用成本函数法。

主观恶意、故意性因素进行判断❶。随着虚拟治理成本法在生态环境保护实务以及环境司法中的展开，生态环境部针对大气污染和水污染专门出台了《技术指南（大气污染虚拟治理成本法）》《技术指南（水污染虚拟治理成本法）》两份标准文件，细化了"单位治理成本""排放数量""调整系数"等术语和定义，❷ 并进一步明确了虚拟治理成本法适用于损害事实不明确或者无法以合理成本确认生态环境损害的情形，❸ 规范了虚拟治理成本法在大气污染和水污染实务中的适用。

《技术指南（总纲）》规定，"当受损生态环境及其服务功能不可恢复，或只能部分恢复，或无法补偿期间损害时"，选择包括虚拟治理成本法在内的环境价值评估方法量化"未恢复部分的生态环境损害价值"，根据《技术指南（总纲）》中"永久性损害"的

---

❶ 《关于虚拟治理成本法的说明》在取消环境功能区敏感系数区间值的同时，还规定了可以对环境功能区敏感系数酌情进行调整的三种情形，在环境鉴定评估实务中仍然存在一定程度的不确定性。

❷ "单位治理成本"的定义中，明确包括能源消耗、设备维修、人员工资、管理费、药剂费等处理设施运行费用、固定资产折旧费用及治理过程中产生的废物处置等有关费用，并且将固体废物综合利用产生的效益排除在治理成本之外。"污染物数量"的定义中，明确规定无排放标准污染物，污染物的排放总量即污染物数量。"调整系数"的定义中，根据大气污染物和水污染物的不同特点进行了不同规定，大气污染物的调整系数取值与大气污染物的危害性、周边环境敏感点、污染物超标情况、影响区域环境功能类别相关，而水污染物的调整系数取值仅与污染物的危害性以及地表水环境功能相关。

❸ 《技术指南（大气污染虚拟治理成本法）》规定："本标准适用于污染物排放事实明确，但损害事实不明确或无法以合理的成本确定大气生态环境损害范围、程度和损害数额的情形。本标准不适用于突发环境事件中实际发生的应急处置费用或治理费用明确、通过调查和评估可以确定的生态环境损害的鉴定评估。"《技术指南（水污染虚拟治理成本法）》规定："本标准适用于非法排放或倾倒废水或固体废物（包括危险废物）等排放行为事实明确，但损害事实不明确或无法以合理的成本确定地表水生态环境损害范围、程度和损害数额的情形。本标准不适用于突发环境事件中实际发生的应急处置费用或治理费用明确、通过调查和评估可以确定的生态环境损害的鉴定评估。"

定义,❶ 以虚拟治理成本法鉴定的生态环境损害与永久性损害有显著重叠但并非完全一致。在环境司法实践中如何定性和适用虚拟治理成本,仍有赖于法官对鉴定评估方法和结果的解释。既有研究表明,法官在对虚拟治理成本进行定性时,由于缺少法律概念的指引,存在较大的不确定性。❷

二、生态环境功能永久性损害

《民法典》第1235条对生态环境损害的赔偿范围进行了规定,明确其包括"生态环境功能永久性损害造成的损失",但并没有界定生态环境功能永久性损害的法律概念。正确界定生态环境功能永久性损害的法律概念,是厘清虚拟治理成本法鉴定评估的生态环境损害类型,保障虚拟治理成本法在环境司法实践中顺利适用的前提。由于生态环境损害问题涉及社会共享性利益的整体把握,除了对具体利益进行量化统计之外,还需要以此为基础对整体系统的退化情况进行综合衡量,这既是法律问题,也是科学技术问题。❸ 本书在梳理既有技术规范和法律规范的基础上,对生态环境功能永久性损害的法律概念进行了分析界定。

（一）环境损害与生态环境损害之辨

1. 技术规范中的环境损害与生态环境损害

环境科学研究的环境,是以人类为中心和主体的外部世界,即人类生存、繁衍所必需的、相适应的物质条件的综合体。生态

---

❶ 《技术指南（总纲）》3.10规定,永久性损害是指"受损生态环境及其他生态服务功能难以恢复,其向人类或其他生态系统提供服务的能力完全丧失"。

❷ 李挚萍, 刘畅. 虚拟治理成本法在环境刑事司法实践中的运用 [J]. 中州学刊. 2019（2）：86–91.

❸ 吕忠梅, 窦海阳. 修复生态环境责任的实证解析 [J]. 法学研究. 2017（3）：125–142.

系统则指的是生物群落与其周围非生物环境的综合体。依现代生态学的观点，生态系统是生命系统和环境系统在特定空间的组合。❶ 在此概念体系下，环境保护的目的是维持人类社会发展的外部条件，强调的是为人类奠定生存基础；而生态保护的目的则强调人类的发展应当符合生态系统平衡的自然规律。❷ 显然，在环境科学的研究范式下，生态系统是比环境更为宽泛的概念，并且强调系统的整体性以及动态平衡的特点。具体到规范层面对环境损害与生态环境损害的理解，环境科学是否依然坚持这样的认识呢？本书对国家环境保护部门出台的一系列环境损害、生态环境损害鉴定评估的技术规范文件进行了梳理，结果如表1所示。

表1　技术规范文件中的生态环境损害相关概念一览表

文件名称（文号）	名称	内容
《环境污染损害数额计算推荐方法（第Ⅰ版）》（环发〔2011〕60号）	环境污染损害	指环境污染事故和事件造成的各类损害，包括环境污染行为直接造成的区域生态环境功能和自然资源破坏、人身伤亡和财产损毁及其减少的实际价值，也包括为防止污染扩大、污染修复和/或恢复受损生态环境而采取的必要的、合理的措施而发生的费用，在正常情况下可以获得利益的丧失，污染环境部分或完全恢复前生态环境服务功能的期间损害

---

❶ 何强，井文涌，王翊亭. 环境学导论 [M]. 3版. 北京：清华大学出版社，2004：1，28.

❷ 汪劲. 环境法学 [M]. 3版. 北京：北京大学出版社，2014：5.

续表

文件名称（文号）	名称	内容
	环境污染损害范围	全面完整的环境污染损害评估范围包括：人身损害、财产损害、生态环境资源损害、应急处置费用、调查评估费用、污染修复费用、事故影响损害和其他应当纳入评估范围内的损害；近期可操作的环境污染损害评估范围包括：人身损害、财产损害、应急处置费用、调查评估费用和污染修复费用，此五类损害的评估适用本《方法》
《海洋生态损害评估技术指南（试行）》（国海环字〔2013〕583号）	海洋生态损害事件	由于人类活动直接、间接改变海域自然条件或者向海域排入污染物质、能量，而造成的对海洋生态系统及其生物因子、非生物因子有害影响的事件。海洋生态损害事件主要包括溢油、危险品化学品泄漏、围填海、排污、海洋倾废以及海洋矿产资源开发等类型
《环境损害鉴定评估推荐方法（第Ⅱ版）》（环发〔2014〕90号）	环境损害	指因污染环境或破坏生态行为导致人体健康、财产价值或生态环境及其生态系统服务的可观察的或可测量的不利改变
	生态环境损害	指由于污染环境或破坏生态行为直接或间接地导致生态环境的物理、化学或生物特性的可观察的或可测量的不利改变，以及提供生态系统服务能力的破坏或损伤
	永久性损害	指受损生态环境及其服务难以恢复，其向公众或其他生态系统提供服务能力的完全丧失

续表

文件名称（文号）	名称	内容
《突发环境事件应急处置阶段环境损害评估推荐方法》（环办〔2014〕118号）	生态环境损害	指由于突发环境事件直接或间接地导致生态环境的物理、化学或生物特性的可观察的或可测量的不利改变，以及提供生态系统服务能力的破坏或损伤
《生态环境损害鉴定评估技术指南 总纲和关键环节　第1部分：总纲》（GB/T 39791.1—2020）	生态环境损害	因污染环境、破坏生态造成环境空气、地表水、沉积物、土壤、地下水、海水等环境要素和植物、动物、微生物等生物要素的不利改变及上述要素构成的生态系统的功能退化和服务减少
	永久损害	受损生态环境及其生态服务功能难以恢复，其向人类或其他生态系统提供服务的能力完全丧失

如表1所示，《推荐方法（第Ⅰ版）》❶虽然将"生态环境资源损害"列入了环境污染损害的评估范围之内，但是却将生态环境损害排除在方法的适用范围之外。❷造成这一情况的原因，一方面是受评估方法成熟程度的制约，另一方面也受到其时关于环境

---

❶ 《推荐方法（第Ⅰ版）》虽已废止，但作为最早提出"生态环境资源损害"的技术规范文件，在环境司法实践中发挥了重要作用，本书在梳理时仍保留了对其内容的讨论。

❷ 以生态环境损害的重要评估方法"虚拟治理成本法"为例，《推荐方法（第Ⅰ版）》将其界定为"污染修复费用"，而非生态环境损害。

损害评估与赔偿的法规条例仅涉及人身和财产等传统损害的影响。❶

在《海洋生态损害评估指南》中，国家环境保护部门以"事件"对海洋生态环境损害的概念进行了界定，损害行为的客体指向"海洋生态系统""生物因子""非生物因子"，并以列举的方式明确了海洋生态环境损害的行为方式。

在《推荐方法（第Ⅱ版）》和《突发环境损害评估推荐方法》中，将生态环境损害定义为"生态环境的物理、化学或生物特性的可观察的或可测量的不利改变，以及提供生态系统服务能力的破坏或损伤"。强调了"可观察""可测量"的要求，❷ 同时将"服务能力的破坏或损伤"纳入了评估范围。

在《技术指南（总纲）》中，生态环境损害的定义为"因污染环境、破坏生态造成环境空气、地表水、沉积物、土壤、地下水、海水等环境要素和植物、动物、微生物等生物要素的不利改变，及上述要素构成的生态系统的功能退化和服务减少"。去除了"可观察""可测量"的要求，同时以列举的方式明确了环境要素以及生物要素的范围。

对生态环境功能永久性损害的概念内涵及外延，《推荐方法（第Ⅱ版）》和《技术指南（总纲）》也作了界定。比较可知，在语义指向上，二者均强调了与"永久性"相对应的"难以恢复"

---

❶　於方，张红振，牛坤玉，等. 我国的环境损害评估范围界定与评估方法 [J]. 环境保护，2012（5）：25 - 29.

❷　这两个要求在生态环境损害责任的司法实践中也产生了争议，仍以泰州市环保联合会诉江苏常隆农化有限公司、泰兴锦汇化工有限公司等水污染案为例，泰兴锦汇化工有限公司申请再审认为"《推荐方法（第Ⅱ版）》中规定了环境修复和生态恢复两种方式，都是以自然环境损害为前提，但本案并未有自然环境的损害，不应进行修复"。参见最高人民法院（2015）民申字第 1366 号民事裁定书。

"完全丧失";而《技术指南（总纲）》进一步明确了"生态服务功能"，并将"公众"扩大为"人类"。在《推荐方法（第Ⅱ版）》"8.3.3 生态环境功能永久性损害的评估"中，则采用了"既无法将受损的环境恢复至基线，也没有可行的补偿性恢复方案弥补期间损害，或只能恢复部分受损的环境"这一界定，进一步明确了"生态环境功能永久性损害"的概念外延，将"部分受损"也纳入了"永久性"的范围；并要求"采用环境价值评估方法对受损环境或未得以恢复的环境进行价值评估"，明确了生态环境功能永久性损害的鉴定评估方法。

通过对国家环境保护部门颁布的系列技术规范文件进行梳理，可以发现技术规范对生态环境损害概念内涵及外延的界定经历了"排除→模糊→明确"的过程。现行技术规范中，"生态环境损害"是居于"环境损害"的下位概念，与人身损害、财产损害等并列。此外，现行技术规范对生态环境功能永久性损害的概念进行了界定，并通过具体的评估方法确定了其涵摄范围。

2. 法律规范中的环境损害与生态环境损害

科学研究的成果，为生态环境损害在司法实践中的定位及求偿奠定了科学基础。但是，环境科学对环境问题的认知，仍然需要在环境法学的研究方式下，遵循法律逻辑、运用法律语言，以法律思维将其转变为法律制度。❶ 然而，就现行立法而言，"环境损害"与"生态环境损害"作为生态环境功能永久性损害责任的基础性概念，并未得到统一和系统化的规定。本书对我国现行法律、政策中的相关条目进行了梳理，结果如表2所示。

---

❶ 汪劲 . 环境法学的中国现象：由来与前程：源自环境法和法学学科发展史的考察 [J]. 清华法学，2018，12（5）：24－35.

表2 法律政策文件中的生态环境损害相关概念一览表

文件名称（文号）	条目内容	规定方式
《海洋环境保护法》	第94条第（1）项海洋环境污染损害，是指直接或者间接地把物质或者能量引入海洋环境，产生损害海洋生物资源、危害人体健康、妨害渔业和海上其他合法活动、损害海水使用素质和减损环境质量等有害影响	在"环境污染损害"概念中，以列举方式涵盖生态环境损害内容
《最高人民法院 最高人民检察院关于办理环境污染刑事案件适用法律若干问题的解释》（法释〔2016〕29号）	第17条第5款本解释所称"生态环境损害"，包括生态环境修复费用，生态环境修复期间服务功能的损失和生态环境功能永久性损害造成的损失，以及其他必要合理费用	以损害范围代替概念界定
《最高人民法院关于审理海洋自然资源与生态环境损害赔偿纠纷案件若干问题的规定》（法释〔2017〕23号）	第7条海洋自然资源与生态环境损失赔偿范围包括： （一）预防措施费用，即为减轻或者防止海洋环境污染、生态恶化、自然资源减少所采取合理应急处置措施而发生的费用； （二）恢复费用，即采取或者将要采取措施恢复或者部分恢复受损害海洋自然资源与生态环境功能所需费用； （三）恢复期间损失，即受损害的海洋自然资源与生态环境功能部分或者完全恢复前的海洋自然资源损失、生态环境服务功能损失； （四）调查评估费用，即调查、勘查、监测污染区域和评估污染等损害风险与实际损害所发生的费用	以赔偿范围代替概念界定

续表

文件名称（文号）	条目内容	规定方式
《生态环境损害赔偿制度改革方案》（中办发〔2017〕68号）	本方案所称生态环境损害，是指因污染环境、破坏生态造成大气、地表水、地下水、土壤、森林等环境要素和植物、动物、微生物等生物要素的不利改变，以及上述要素构成的生态系统功能退化	以列举方式分开规定环境要素和生物要素的涵摄范围，除单个要素的不利改变外，还列入生态系统功能退化
	生态环境损害赔偿范围包括清除污染费用、生态环境修复费用、生态环境修复期间服务功能的损失、生态环境功能永久性损害造成的损失以及生态环境损害赔偿调查、鉴定评估等合理费用	赔偿范围单独界定
《民法典》	第1235条违反国家规定造成生态环境损害的，国家规定的机关或者法律规定的组织有权请求侵权人赔偿下列损失和费用： （一）生态环境受到损害至修复完成期间服务功能丧失导致的损失； （二）生态环境功能永久性损害造成的损失； （三）生态环境损害调查、鉴定评估等费用； （四）清除污染、修复生态环境费用； （五）防止损害的发生和扩大所支出的合理费用	以赔偿范围代替概念界定

如表2所示，我国环境立法中尚未对"环境损害""生态环境损害""生态环境功能永久性损害"的概念进行界定。虽然《海洋

环境保护法》很早就列入了生态环境损害的内容,❶ 但只是简单列举了"海洋生物资源""海水使用素质""环境质量"三项海洋环境本身损害,在司法实践中存在较大的不确定性,难以满足对生态环境损害救济的需要。❷

现有法律规范中对"生态环境损害"进行界定的有《环境污染刑事案件司法解释(2016)》《海洋生态损害评估指南》,但也并非直接定义概念,而是通过明确损害范围或赔偿范围的方式框定生态环境损害的司法适用范围。在司法实践中,由于存在赔偿标准不明确等问题,并未得到有效运用。

《改革方案》延续了《试点方案》对生态环境损害的定义,将生态环境损害行为的客体分为"环境要素"与"生物要素"并通过列举方式分别表述,损害后果定义为要素的"不利改变",并将"生态系统功能退化"列入生态环境损害的概念范围。《试点方案》与《改革方案》对生态环境损害赔偿范围作出的界定,被《环境污染刑事案件司法解释(2016)》吸收采纳。

值得商榷的是,在《改革方案》的定义中,"环境要素"和"生物要素"显示为并列关系。但是,在科学研究范式下,二者分属于不同位阶的概念范畴,"环境要素"包括"生物要素";❸ 在

---

❶ 表2中所列条款在1982年《海洋环境保护法》制定时就已列入〔第45条第(1)项〕并沿用至今。

❷ "这些仅为理论上的'可能性',在司法实践中转变为现实,却由于现行法有关'海洋环境污染损害'的定义不够明确,进而只能依赖于法官的释法意愿和技术,甚至更大程度上有赖于法官是否具有生态(环境)本身价值的保护立场和觉悟。"见竺效. 生态损害综合预防和救济法律机制研究 [M]. 北京:法律出版社,2016:42.

❸ 环境要素分为自然环境要素与人工环境要素,自然环境要素通常指水、大气、生物、阳光、岩石、土壤等。见何强,井文涌,王翊亭. 环境学导论 [M]. 3版. 北京:清华大学出版社,2004:3.

《环境保护法》中，"生物"也是"环境"的下位概念。❶ 此外，《改革方案》采取的"森林"表述依现有法规，实际上限缩了生态环境涵摄的范围❷；而对"动物"的表述则过于宽泛❸。这些问题的存在，均表明《改革方案》的文本中存在混淆概念位阶、范围界定不清晰的问题。

现行法律规范及政策中，虽然没有出现"生态环境功能永久性损害"的概念。但与其相关的内容并不鲜见。如表 2 所示，《海洋环境保护法》中的"减损环境质量"、《环境污染刑事案件司法解释（2016）》中的"生态环境功能永久性损害"、《海洋环境损害赔偿规定》中的"部分恢复受损害海洋自然资源与生态环境功能"、《改革方案》以及《民法典》中的"生态环境功能永久性损害"，都间接或直接地点明了生态环境功能永久性损害。但是，和科学研究范式下的"生态环境功能永久性损害"内容相比，法学研究范式下的概念内涵和外延仍不明确。如何将科学研究范式下的生态环境功能永久性损害转换为法学研究范式下的概念？本书

---

❶ 《环境保护法》第 2 条规定："本法所称环境，是指影响人类生存和发展的各种天然的和经过人工改造的自然因素的总体，包括大气、水、海洋、土地、矿藏、森林、草原、湿地、野生生物、自然遗迹、人文遗迹、自然保护区、风景名胜区、城市和乡村等。"

❷ 《森林法实施条例》第 2 条规定："森林资源，包括森林、林木、林地以及依托森林、林木、林地生存的野生动物、植物和微生物。森林，包括乔木林和竹林。林木，包括树木和竹子。林地，包括郁闭度 0.2 以上的乔木林地以及竹林地、灌木林地、疏林地、采伐迹地、火烧迹地、未成林造林地、苗圃地和县级以上人民政府规划的宜林地。"显然，和"森林"相比，"森林资源"更接近生态环境的概念内核。

❸ 如果污染环境、破坏生态行为导致人类饲养的"动物"死亡，此种情形下造成的是财产损失，而非生态环境损害。在我国环境法律体系中，与生态环境相关的概念应当是"野生动物"。《野生动物保护法》第 2 条第 2 款规定："本法规定保护的野生动物，是指珍贵、濒危的陆生、水生野生动物和有重要生态、科学、社会价值的陆生野生动物。"

认为，转换的关键点在于厘清"修复"与"恢复"的概念，以此为基础明晰"生态环境功能永久性损害"的概念内涵与外延。

（二）"修复"与"恢复"概念边界的框定

《推荐方法（第 II 版）》和《技术指南（总纲）》中，生态环境功能永久性损害的定义中均包含"难以恢复"，由此，如果受损生态环境属于"生态环境功能永久性损害"，那么就不存在"恢复"的可能。但是，在对司法实践中涉及生态环境功能永久性损害的案件进行考察时，发现存在已经认定受损生态环境难以恢复的情况下，仍然判处赔偿生态环境受到损害至恢复原状期间服务功能损失费用并用于环境修复的情况。❶从中可以看出，对"修复"与"恢复"概念的理解与区分，是生态环境功能永久性损害概念界定以及司法适用的关键问题。

1. 技术规范中的"修复"与"恢复"

在环境科学中，"修复"与"恢复"是两个不同的概念，"修复"对应 remediation，带有"补救"的含义，其行为指向将污染源从环境介质中移除或控制，使其对人类的危害风险降至可接受水平；而"恢复"则对应 restoration，带有"填补"的含义，强调良好生态环境状态的"复原"。如图 4 所示，从生态环境恢复技术的角度考察，环境修复与生态恢复分属于不同的处置阶段，生态

---

❶　例如，以虚拟治理成本法鉴定评估的生态环境损害属于"难以恢复"的情形，但在司法实践中，有多起案件的法官将虚拟治理成本定性为"期间服务功能损失"。广东省广州市中级人民法院（2017）粤 01 民初 223 号民事判决书、广东省广州市中级人民法院（2017）粤 01 民初 201 号民事判决书、湖北省汉江中级人民法院（2016）鄂 96 民初 18 号民事判决书、湖北省十堰市中级人民法院（2018）鄂 03 民初 6 号民事判决书、江西省上栗县人民法院（2018）赣 0322 刑初 199 号刑事附带民事判决书、浙江省开化县人民法院（2017）浙 0824 民初 3843 号民事判决书、江西省高级人民法院（2018）赣民终 189 号民事判决书、云南省昆明市中级人民法院（2018）云 01 民初 32 号民事判决书。

恢复通常发生在环境修复之后。

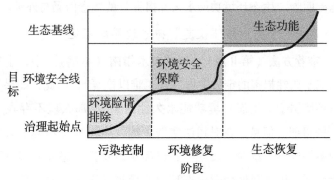

图 4　生态环境恢复的阶段划分❶

国家环境保护部门制定的系列环境损害、生态环境损害鉴定评估技术规范文件，对"修复""恢复"进行了详细的界定。本书对其进行了梳理，结果如表 3 所示。

表 3　技术规范文件中的"修复"与"恢复"

文件名称（文号）	修复	恢复
《环境污染损害数额计算推荐方法（第Ⅰ版）》（环发〔2011〕60号）	2.5 污染修复 指出现污染物泄漏或有害物质向环境排放产生风险时采取的降低环境中污染物浓度、稳定或固定环境中污染物质，或对污染区域实施隔离措施，将污染引发的风险降至可接受水平，恢复或部分恢复受污染区域环境功能的人工措施	2.6 生态恢复 指使受损害的生态环境恢复到或好于基线状态所采取的人工恢复措施

❶　"实践中，污染控制、环境修复和生态恢复三者密不可分，甚或合二为一或合三为一。"见於方，张衍燊，赵丹，等. 环境损害鉴定评估技术研究综述［J］. 中国司法鉴定，2017（5）：18-29.

续表

文件名称（文号）	修复	恢复
《海洋生态损害评估技术指南（试行）》（国海环字〔2013〕583号）	3.3 海洋生态修复 通过人工措施的辅助作用，使受损海洋生态系统恢复至原有或与原来相近的结构和功能状态	
《环境损害鉴定评估推荐方法（第Ⅱ版）》（环发〔2014〕90号）	4.10 环境修复 指生态环境损害发生后，为防止污染物扩散迁移、降低环境中污染物浓度，将环境污染导致的人体健康风险或生态风险降至可接受风险水平而开展的必要的、合理的行动或措施	4.11 生态恢复 指生态环境损害发生后，为将生态环境的物理、化学或生物特性及其提供的生态系统服务恢复至基线状态，同时补偿期间损害而采取的各项必要的、合理的措施
《突发环境事件应急处置阶段环境损害评估推荐方法》（环办〔2014〕118号）	3.8 环境修复 为防止污染物扩散迁移、降低生态环境中污染物浓度、将突发环境事件导致的人体健康风险或生态风险降至可接受风险水平而开展的必要的、合理的行动或措施	

文件名称（文号）	修复	恢复
《生态环境损害鉴定评估技术指南 总纲和关键环节 第 1 部分：总 纲》（GB/T 39791.1—2020）	3.8 环境修复 污染清除完成后，为进一步降低环境中的污染物浓度，采用工程和管理手段将环境污染导致的人体健康或生态风险降至可接受风险水平的过程	3.9 生态环境恢复 采取必要、合理的措施将受损生态环境及其服务功能恢复至基线并补偿期间损害的过程，包括环境修复和生态服务功能的恢复。按照恢复目标和阶段不同，生态环境恢复可分为基本恢复、补偿性恢复和补充性恢复
		3.10 基本恢复 采取必要、合理的自然或人工措施将受损的生态环境及其服务功能恢复至基线的过程
		3.11 补偿性恢复 采取必要、合理的措施补偿生态环境期间损害的过程
		3.12 补充性恢复 基本恢复无法完全恢复受损的生态环境及其服务功能，或补偿性恢复无法补偿期间损害时，采取额外的、弥补性的措施进一步恢复受损的生态环境及其服务功能并补偿期间损害的过程

如表3所示,《推荐方法(第Ⅰ版)》中,在"污染修复"的定义中出现了"恢复"字样,并以"恢复或部分恢复受污染区域环境功能"为修复的目标之一;与其并列的"生态恢复",则是以"恢复到或好于基线状态"作为受损生态环境恢复的标准。然而,《推荐方法(第Ⅰ版)》并未明确"环境功能"是否包括生态服务功能,而是在"2.7 期间损害"❶中作出"生态环境和/或服务"以及"为其他自然资源或公众提供服务"的表述,将"生态恢复"定位为"污染修复"的子目标。本书认为,《推荐方法(第Ⅰ版)》的表述,模糊了"修复"与"恢复"的界限,不利于生态环境功能永久性损害的概念界定。此外,《海洋生态损害评估指南》定义了"海洋生态修复",但在概念界定上使用了"恢复至原有或与原来相近的结构和功能状态"的表述,实际指向的是"生态恢复",混淆了"修复"与"恢复"的概念。

《推荐方法(第Ⅱ版)》以"环境修复"代替了《推荐方法(第Ⅰ版)》中的"污染修复",在内容表述时去掉了"恢复",并且加入了风险预防以及成本效益分析的考量要求❷;而在"生态恢复"的定义中,恢复目标定为将受损生态环境的物理、化学或生物特性及其提供的生态系统服务恢复至基线状态,去掉了《推荐方法(第Ⅰ版)》中"好于基线状态"的要求❸,并且将期间损害的补偿措施也列入生态恢复的内容。但是,《推荐方法(第Ⅱ版)》

---

❶ 《推荐方法(第Ⅰ版)》指出,期间损害"指从环境污染事故和事件发生到受损害的生态环境和/或服务恢复到基线状态期间,受影响区域不能完全发挥其生态功能,或为其他自然资源或公众提供服务而引起的损害"。

❷ 定义中"将环境污染导致的人体健康风险或生态风险降至可接受风险水平"体现了风险预防的要求,"必要的、合理的行动或措施"体现了成本效益分析的要求。

❸ 生态恢复是连续变化的过程,即使出现"好于基线状态"的情况,也必然经过"达到基线"的状态。本书认为,以"基线"状态为目标更合乎"恢复"本义,《推荐方法(第Ⅱ版)》的定义更符合科学要求。

"8.3.2 基于恢复目标的生态环境损害评估步骤"第 1 款❶，在确定"修复或恢复的目标"时，用词上混用了"修复"与"恢复"，将包含有"修复至可接受风险水平"的过程统一称为"恢复"。

《突发环境损害评估推荐方法》基本沿用了《推荐方法（第Ⅱ版）》对"环境修复"的定义，但没有定义"生态恢复"的内容。在"9.4.2 生态环境损害量化计算方法"中，明确了"修复"与"恢复"的区别；并规定"如果环境介质（水、空气、土壤、沉积物等）中的污染物浓度在两周内恢复至基线水平，环境介质中的生物种类和丰度未观测到明显改变"，则应用虚拟治理成本法计算生态环境损害，并作为生态环境损害赔偿的依据。本书认为，此项规定中的"恢复"并非"生态恢复"，实际指向的是污染物浓度的"回归"。值得注意的是，污染物浓度的"回归"并不意味着生态环境已恢复，真实情况可能是污染物扩散至更大范围的生态系统或通过生化反应降解（同时破坏生态环境）❷，生态环境损害实际处于受损且难以恢复的状态❸。

《技术指南（总纲）》将"生态恢复"更名为"生态环境恢

---

❶ 《推荐方法（第Ⅱ版）》"8.3.2 基于恢复目标的生态环境损害评估步骤"第 1 款规定："基于恢复目标的生态环境损害评估，应首先确定修复或恢复的目标，即将受损的生态环境恢复至基线状态，或修复至可接受风险水平，或先修复至可接受风险水平再恢复至基线状态，或在修复至可接受风险水平的同时恢复至基线状态。对于部分工业污染场地，可根据再利用目的将受损生态环境修复至可接受风险水平。以下将该过程统一称为恢复。"

❷ 例如，江苏省人民政府诉安徽海德化工科技有限公司水污染案中，一审法官认为"水体自净作用只是水体中的污染物在水体向下游的流动中浓度自然得到降低，但不能因此否认污染物对水体已经造成的损害。甚至由于水体的流动，污染面更大，后果更严重"。参见江苏省泰州市中级人民法院（2017）苏 12 民初 51 号民事判决书。

❸ 例如，泰州市环保联合会诉江苏常隆农化有限公司、泰兴锦汇化工有限公司等水污染案中，泰州市环保联合会主张："当地政府发布的环境公告中对水质的检测项目仅仅是对水质常规项目的检测，并不能全面覆盖水质的整体状况，被倾倒水域的水质检测情况并不能说明污染对河流造成的损害情况。"参见最高人民法院（2015）民申字第 1366 号民事裁定书。

复"，根据恢复目标的不同，将生态环境恢复明确划分为"基本恢复""补偿性恢复""补充性恢复"三种。❶ 值得注意的是，《技术指南（总纲）》将"环境修复"并入"生态环境恢复"的过程中，并对"环境修复"和"生态服务功能的恢复"进行了区分，修正了《推荐方法（第Ⅱ版）》在确定恢复目标时"修复""恢复"混用的不当表述，更加符合"修复""恢复"的科学含义。

综上，经过生态环境鉴定评估实务的长期探索，"修复"与"恢复"的概念在科学研究范式下已有清晰界限。在此基础上，对生态环境功能永久性损害也界定得较为清晰，除表1所列"永久性损害"的定义之外，《推荐方法（第Ⅱ版）》在"8.3.3 生态环境功能永久性损害的评估"中，❷ 将"永久性"指向"无法恢复至基线，也没有可行的补偿性恢复方案补偿期间损害""只能恢复部分受损环境"，界定了生态环境功能永久性损害的两种情形。

2. 法律规范中的"修复"与"恢复"

由上述分析，科学研究范式下的"恢复"强调的是回归到生态环境基线水平，与"生态环境功能永久性损害"相联系的是"无法完全恢复"。在法学研究范式下，与"恢复"较为接近的是"恢复原状"责任，但是通过考察可以发现，司法实践中的"恢复原状"与环境科学中的"恢复"含义有明显区别，其实质是"环境修复"。❸ 如古希

---

❶ 《推荐方法（第Ⅱ版）》"8.3.2 基于恢复目标的生态环境损害评估步骤"已经规定："按恢复目的的不同，可将恢复划分为基本恢复、补偿性恢复和补充性恢复。"但没有在"术语和定义"中单独列明。

❷ 《推荐方法（第Ⅱ版）》8.3.3 规定："在进行生态环境损害评估时，如果既无法将受损的环境恢复至基线，也没有可行的补偿性恢复方案弥补期间损害，或只能恢复部分受损的环境，则应采用环境价值评估方法对受损环境或未得以恢复的环境进行价值评估。"

❸ 田雯娟. 刑事附带环境民事公益诉讼的实践与反思 [J]. 兰州学刊，2019（9）：110－125.

腊哲学家赫拉克利特所言,"人不能两次踏进同一条河流"❶。万物
皆处于流变之中,生态环境每时每刻都在发生变化,人类活动对
生态环境产生的影响不可能"恢复原状"。生态恢复论亦认为,就
生态环境损害而言,不存在民法意义上的"恢复原状",损害救济
应以修复为先;对生态环境的修复应当尽可能恢复生态系统原初
的平衡状态。❷ 由此产生的问题是,在法学研究范式下,"恢复"
和"修复"间的界限,是否和科学研究范式下一样明确?本书认
为,要探究法学研究范式下生态环境功能永久性损害的概念,厘
清"修复""恢复"在法律规范中的界定与使用是关键。为此,本
书对既有法律规范进行了梳理,结果如表4所示。

表4 法律规范中的"修复"与"恢复"❸

文件名称（文号）	修复	恢复
《环境保护法》	第32条国家加强对大气、水、土壤等的保护,建立和完善相应的调查、监测、评估和修复制度	第30条第1款开发利用自然资源,应当合理开发,保护生物多样性,保障生态安全,依法制定有关生态保护和恢复治理方案并予以实施

---

❶ 罗素. 西方哲学史（上卷）[M]. 何兆武,李约瑟,译. 北京:商务印书馆,
  1963:73 - 74.
❷ 吕忠梅,窦海阳. 以"生态恢复论"重构环境侵权救济体系[J]. 中国社会科
  学,2020（2）:118 - 140,206 - 207.
❸ 表中横跨"修复""恢复"两列的单元格,表示该条法律规范同时包含有"修
  复""恢复"内容。

续表

文件名称（文号）	修复	恢复
		第61条建设单位未依法提交建设项目环境影响评价文件或者环境影响评价文件未经批准，擅自开工建设的，由负有环境保护监督管理职责的部门责令停止建设，处以罚款，并可以责令恢复原状
《海洋环境保护法》	第20条第2款对具有重要经济、社会价值的已遭到破坏的海洋生态，应当进行整治和恢复	
		第22条第（1）项典型的海洋自然地理区域、有代表性的自然生态区域，以及遭受破坏但经保护能恢复的海洋自然生态区域
		第82条第1款违反本法第四十七条第一款的规定，进行海洋工程建设项目的，由海洋行政主管部门责令其停止施工，根据违法情节和危害后果，处建设项目总投资额百分之一以上百分之五以下的罚款，并可以责令恢复原状

续表

文件名称（文号）	修复	恢复
《最高人民法院关于审理环境民事公益诉讼案件适用法律若干问题的解释》（法释〔2015〕1号，以下简称"《环境民事公益诉讼司法解释》"）	第20条原告请求恢复原状的，人民法院可以依法判决被告将生态环境修复到损害发生之前的状态和功能。无法完全修复的，可以准许采用替代性修复方式；人民法院可以在判决被告修复生态环境的同时，确定被告不履行修复义务时应承担的生态环境修复费用；也可以直接判决被告承担生态环境修复费用	
	第24条第1款人民法院判决被告承担的生态环境修复费用、生态环境受到损害至恢复原状期间服务功能损失等款项，应当用于修复被损害的生态环境	第21条原告请求被告赔偿生态环境受到损害至恢复原状期间服务功能损失的，人民法院可以依法予以支持
《最高人民法院关于审理环境侵权责任纠纷案件适用法律若干问题的解释》（法释〔2015〕12号，以下简称"《环境侵权责任纠纷司法解释》"）	第14条第1款被侵权人请求恢复原状的，人民法院可以依法裁判污染者承担环境修复责任，并同时确定被告不履行环境修复义务时应当承担的环境修复费用	
《最高人民法院、最高人民检察院关于办理环境污染刑事案件适用法律若干问题的解释》（法释〔2016〕29号）	第17条第4款本解释所称"公私财产损失"，包括实施刑法第三百三十八条、第三百三十九条规定的行为直接造成财产损毁、减少的实际价值，为防止污染扩大、消除污染而采取必要合理措施所产生的费用，以及处置突发环境事件的应急监测费用	第17条第5款本解释所称"生态环境损害"，包括生态环境修复费用，生态环境修复期间服务功能的损失和生态环境功能永久性损害造成的损失，以及其他必要合理费用

续表

文件名称（文号）	修复	恢复
《最高人民法院关于审理海洋自然资源与生态环境损害赔偿纠纷案件若干问题的规定》（法释〔2017〕23号）	第8条第1款恢复费用，限于现实修复实际发生和未来修复必然发生的合理费用，包括制定和实施修复方案和监测、监管产生的费用	第7条第（2）项恢复费用，即采取或者将要采取措施恢复或者部分恢复受损害海洋自然资源与生态环境功能所需费用；第7条第（3）项恢复期间损失，即受损害的海洋自然资源与生态环境功能部分或者完全恢复前的海洋自然资源损失、生态环境服务功能损失
《生态环境损害赔偿制度改革方案》（中办发〔2017〕68号）	第2条第2款环境有价，损害担责。体现环境资源生态功能价值，促使赔偿义务人对受损的生态环境进行修复。生态环境损害无法修复的，实施货币赔偿，用于替代修复。赔偿义务人因同一生态环境损害行为需承担行政责任或刑事责任的，不影响其依法承担生态环境损害赔偿责任	
《最高人民法院关于审理生态环境损害赔偿案件的若干规定（试行）》（法释〔2019〕8号）	第13条受损生态环境无法修复或者无法完全修复，原告请求被告赔偿生态环境功能永久性损害造成的损失的，人民法院根据具体案情予以判决	
《民法典》	第1234条违反国家规定造成生态环境损害，生态环境能够修复的，国家规定的机关或者法律规定的组织有权请求侵权人在合理期限内承担修复责任。侵权人在期限内未修复的，国家规定的机关或者法律规定的组织可以自行或者委托他人进行修复，所需费用由侵权人负担	

《环境保护法》中虽然有涉及"修复制度""恢复治理",但都是原则性规定,并未涉及"修复"与"恢复"的差异。《海洋环境保护法》没有使用"修复"的表述,但第20条第2款中的"整治"与"恢复"并列,隐含"修复"之意;第22条以"建立海洋自然保护区"的方式规定了生态"自然恢复"。此外,《环境保护法》和《海洋环境保护法》虽然规定了"责令恢复原状",但都以缺少建设项目环境影响评价文件为前提,因此"恢复原状"应指恢复至建设项目未施工前状态,并非特指生态环境。

《环境民事公益诉讼司法解释》第20条将"恢复原状"责任界定为"将生态环境修复到损害发生之前的状态和功能",将其与科学研究范式下的"修复""恢复"的目标❶进行比较可以发现,这里的"修复"实际上对应环境科学中的"恢复";而且,第20条对"状态与功能"也语焉不详,与其相比,科学研究范式下"基线"的定义则更为清晰。❷ 由此,理应认为第20条中的"无法完全修复"对应的是生态环境"无法完全恢复"的生态环境功能永久性损害。此外,《环境民事公益诉讼司法解释》第20条规定的"期间损失"在《推荐方法(第Ⅱ版)》中也属于生态恢复的内容。第24条第1款中规定的"生态环境修复费用""期间损失",用于修复被损害的生态环境❸。

《环境侵权责任纠纷司法解释》第14条将"恢复原状"责任

---

❶ 环境科学中,"修复"的目标是"将环境污染引发的人体健康或生态风险降至可接受风险水平","恢复"的目标是"将生态环境及其生态系统服务恢复至基线水平"。参见方方,张衍燊,赵丹,等. 环境损害鉴定评估技术研究综述[J]. 中国司法鉴定. 2017(5):18-29.

❷ 《推荐方法(第Ⅱ版)》4.9规定:"基线指污染环境或破坏生态行为未发生时,受影响区域内人体健康、财产和生态环境及其生态系统服务的状态。"

❸ 此处的修复,不能简单地理解为科学研究范式下的"修复"或"恢复",而是"修复"与"恢复"措施的综合运用。

指向"环境修复"责任，依文义解释，其责任形式应为《推荐方法（第Ⅱ版）》中的以风险预防为目标的修复措施。司法实践中，法官以此条款裁判的责任承担形式也属于科学研究范式下的"修复"，而非"生态恢复"责任。❶

《环境污染刑事案件司法解释（2016）》"生态环境损害"的定义中，"生态环境修复费用"的字面意思是"修复"，但如果注意到第17条第4款"公私财产损失"定义中"为防止污染扩大、消除污染而采取必要合理措施所产生的费用"实际指向科学研究范式下的"环境修复"费用，便可猜想"生态修复费用"应当有较大可能指向"生态恢复"费用；此外，"生态环境修复期间服务功能的损失"属于"恢复"的内容；至于"生态环境功能永久性损害造成的损失"，在已有的技术规范文件中尚未界定其归属，有必要进行学理上的探究。

《海洋环境损害赔偿规定》第7条第（2）项将"恢复费用"定性为"恢复或者部分恢复"受损海洋生态环境，依此定义似乎对应环境科学中的"恢复"含义，然而，第8条第1款却又规定"恢复费用，限于现实修复实际发生和未来修复必然发生的合理费用"，用"修复"框定"恢复费用"的范围。第7条第（3）项的"恢复期间损失"则属于"生态恢复"费用。

《改革方案》《生态环境损害赔偿案件若干规定》和《民法

---

❶　例如，中铁十六局集团有限公司与重庆市江津区水鲜阁水产养殖股份合作社环境污染责任纠纷案中，一、二审法院都判决被告中铁十六局集团有限公司承担"清除淤泥"的环境修复责任。参见重庆铁路运输法院（2016）渝8601民初162号民事判决书、成都铁路运输中级法院（2017）川71民终11号民事判决书。
中华环保联合会与谭某洪、方某双环境污染责任纠纷案中，一、二审法院同样判决被告承担修复鱼塘（清除倾倒的污泥，并将底泥挖起清运，同时对池塘内被污染塘水进行处理，达到农用水标准）的环境修复责任。参见广东省广州市中级人民法院（2015）穗中法民一终字第3804号民事判决书。

典》中都没有使用"恢复",而是统一使用了"修复"的表述。《改革方案》第 2 条第 2 款中"无法修复的,实施货币赔偿,用于替代修复"的含义,如果秉承《环境民事公益诉讼司法解释》中"无法完全修复的,可以准许采用替代性修复方式"的概念内涵,那么该"修复"仍为"恢复"之实;进而言之,即使因为《改革方案》中没有提及"修复"目标,无法直接下此结论,也可以根据图 1,注意到科学研究范式下"修复"是"恢复"的前置阶段,"无法完全修复"的后果当然包括生态环境"无法完全恢复"。此外,根据《改革方案》第 4 条第 (1) 项规定,生态环境赔偿的范围包括"清除污染费用、生态环境修复费用、生态环境修复期间服务功能的损失、生态环境功能永久性损害造成的损失以及生态环境损害赔偿调查、鉴定评估等合理费用",其中"生态环境修复期间服务功能的损失"属于《推荐方法(第 II 版)》与《技术指南(总纲)》规定的"生态恢复"的范畴。由此可见,《改革方案》中实际包含了"生态恢复"的要求。如前文分析,《生态环境损害赔偿案件若干规定》中"无法修复""无法完全修复"的表述,以及《民法典》中的"能够修复",其中"修复"的含义同样指向"生态恢复"的要求。

综上,既有法律规范尚未将"生态环境功能永久性损害"作为一种特殊的损害类型进行概念界定,但已经通过"无法完全修复""生态环境功能永久性损害""部分恢复""无法修复"等文本确认了生态环境功能永久性损害在法律规范中的存在,并提供了救济的可能性。但是,从上述对"修复"与"恢复"的立法术语分析中可以发现,法学研究范式下的"修复"与"恢复"的概念边界较为模糊,立法文本中使用"修复"多于"恢复",❶ 但在

---

❶ 立法文本中的这一现象,或许有与"恢复原状"相区分之考量。在环境法学研究中,环境法学者也多采用"修复"这一用词来讨论生态环境损害责任问题。

"修复"中又或多或少隐含科学研究范式下的"恢复"含义；二者未能得到有效区分。本书认为，在对生态环境功能永久性损害进行界定时，理应遵循科学逻辑，明晰"修复""恢复"的概念边界。

（三）生态环境功能永久性损害的法律概念

综合前述比较分析，本书将"生态环境功能永久性损害"的法律概念界定为："因污染环境或破坏生态行为造成的生态环境损害无法恢复至基线水平，或恢复至基线水平的成本过高，导致受损生态环境向公众和其他生态系统提供服务的能力部分或完全丧失。"其概念特征如下：

对既有法律规范中"修复""恢复"概念边界模糊的状况作出调整，严格遵循科学研究范式下的"恢复""修复"含义，以"能否完全恢复"作为"生态环境功能永久性损害"的概念内核。如此，立法文本及司法实践中"生态环境损害修复"责任的边界也将更为清晰，即科学研究范式下的"修复至基于风险的目标值"，并且为"生态环境功能永久性损害"的救济铺平了道路❶。

确认"生态环境功能永久性损害"是"生态环境损害"的下位概念。虽然既有法律规范对"生态环境损害"的定义有值得商榷之处，但为免适用时可能产生的冲突，本书在定义时不对"生态环境损害"概念进行详细界定。即使"生态环境损害"概念未来作出调整，也无碍于本书对"生态环境功能永久性损害"概念的界定。

采用"基线"❷作为衡量"生态环境功能永久性损害"的划分标准，以"无法恢复至基线水平""或恢复至基线水平的成本过

---

❶ 如前文所述，"修复"为"恢复"的前置阶段，因此受损生态环境即使无法完全恢复，仍然可以通过修复（部分恢复）达到可接受的风险水平，并且修复后的生态环境与生态环境基线之间的损失可以通过量化定责。

❷ 《技术指南（总纲）》将"基线"界定为"污染环境或破坏生态未发生时评估区生态环境及其服务功能的状态"。

高"作为《推荐方法（第Ⅱ版）》《技术指南（总纲）》中"永久性损害"定义中的"难以恢复"情形，以此框定"生态环境功能永久性损害"的概念边界；并将"永久性损害"定义中的"服务的能力完全丧失"扩张为"服务的能力部分或完全丧失"❶。

从法律规范的概念逻辑一致性要求考虑，本书没有在"生态环境功能永久性损害"定义中明确"期间损害"的表述。《推荐方法（第Ⅱ版）》"8.3.3 生态环境功能永久性损害的评估"中规定，如果有"可行的补偿性恢复方案弥补期间损害"则不适用生态环境功能永久性损害评估方法。本书认为，补偿性恢复采取的替代恢复方案，仍然建立在受损生态环境可以"自然恢复"的前提之下。根据《推荐方法（第Ⅱ版）》"4.12 期间损害"定义，"受损生态环境从损害发生到其恢复至基线状态期间提供生态系统服务的损失量"，依规范的文义解释，其存在的前提应当是受损生态环境可以"恢复至基线状态"，该前提对于"生态环境功能永久性损害"而言并不存在。

需要说明的是，"生态环境功能永久性损害"概念对现行"期间损害"的排除并不意味着"期间损害"责任的免除；恰恰相反，由于"生态环境功能永久性损害"的"不可逆转"特性，"期间损害"责任是"生态环境功能永久性损害"法律责任机制构建中尤为重要的部分，只是其界定的前提不宜遵循"恢复至基线状态"的标准。❷ 概念中"服务的能力部分或完全丧失"也为讨论"生态

---

❶ "恢复至生态环境基线水平"即为"完全恢复"，而"无法恢复至生态环境基线水平"则包含了"部分恢复"情形，因此存在"服务的能力部分丧失"情形。

❷ 《推荐方法（第Ⅱ版）》在附录"B.1.1 资源等值分析方法或服务等值分析方法"中，将恢复至基线水平的时间假定为 100 年，以此计算"受损的环境也可能始终无法恢复到基线水平"情形的"期间损害"。本书认为，这一技术方案虽然可以暂时解决"期间损害"的计算问题，但是从法律规范角度，仍需要对现行"期间损害"的定义加以修正。

环境功能永久性损害"的"期间损害"责任留下了逻辑推演的空间。

第三节　虚拟治理成本法司法运用的一般规则

从《推荐方法（第Ⅰ版）》将虚拟治理成本法归于"环境污染损害评估"下的"污染修复费用"，到《推荐方法（第Ⅱ版）》将虚拟治理成本法调整为"生态环境损害评估方法"，虚拟治理成本法的鉴定评估对象也从"环境污染损害"明确为"生态环境损害"。2017 年 9 月，针对虚拟治理成本法在生态环境损害鉴定评估中出现的适用条件不够明确、治理成本不确定性强等问题，环境保护部办公厅组织有关单位和专家进行了研究论证，结合生态环境损害鉴定评估实践情况，编制了《关于虚拟治理成本法的说明》，明确了虚拟治理成本法的三种适用情形。[1] 2021 年 1 月 1 日，《生态环境损害鉴定评估技术指南》系列标准文件实施，对《关于虚拟治理成本法的说明》规定的适用情形进行了调整，虚拟治理成本法在生态环境损害鉴定评估中得到了广泛运用。本节就虚拟治理成本法运用的一般规则展开讨论，并对虚拟治理成本法鉴定评估的生态环境损害特征进行了归纳。

一、虚拟治理成本法的适用情形

本节将结合《关于虚拟治理成本法的说明》《生态环境损害鉴

---

[1] 《关于虚拟治理成本法的说明》规定："符合下列情形之一的，可以适用虚拟治理成本法：1. 排放污染物的事实存在，由于生态环境损害观测或应急监测不及时等原因导致损害事实不明确或生态环境已自然恢复；2. 不能通过恢复工程完全恢复的生态环境损害；3. 实施恢复工程的成本远远大于其收益的情形。"

定评估技术指南》系列标准文件,❶ 就虚拟治理成本法的适用情形
展开讨论。

（一）排放污染物事实存在，损害事实不明确或生态环境
已自然恢复

《关于虚拟治理成本法的说明》规定的第一种适用情形为"排
放污染物的事实存在，由于生态环境损害观测或应急监测不及时
等原因导致损害事实不明确或生态环境已自然恢复"。❷《技术指南
（大气污染虚拟治理成本法）》《技术指南（水污染虚拟治理成本
法）》将其归纳为，排放污染物事实明确但损害事实不明确的情
形❸；而《技术指南（地表水和沉积物）》则延续了《关于虚拟治
理成本法的说明》的规定，将地表水污染中较为普遍的自然恢复

---

❶ 生态环境损害鉴定评估实务中，《关于虚拟治理成本法的说明》并未因《生态环
境损害鉴定评估技术指南》系列标准文件的实施而失效。《技术指南（地表水和
沉积物）》《技术指南（大气污染虚拟治理成本法）》中均规定"本标准实施之
前发生的生态环境损害的鉴定评估，继续参照《关于虚拟治理成本法适用情形与
计算方法的说明》（环办政法函〔2017〕1488号）开展，但该损害持续至本标准
实施的除外"。
❷ 《推荐方法（第Ⅱ版）》"A.2.3 虚拟治理成本法"规定的适用情形中，包括"缺
乏生态环境损害恢复评价指标"，与本条存在重叠之处；但由于《推荐方法（第
Ⅱ版）》中并未界定"评价指标"的具体范围，因此难以在生态环境损害鉴定评
估实践中运用。
《突发环境损害评估推荐方法》"9.4.2 生态环境损害量化计算方法"规定，如果
环境介质中的污染物浓度在两周内恢复至基线水平，环境介质中的生物种类和丰
度未观测到明显改变，可以参考虚拟治理成本法进行计算。但是，考虑到生态环
境基线水平的确定是生态环境损害鉴定评估的重难点问题，《突发环境损害评估
推荐方法》的这一规定在实践中的操作性并不高。
❸ 《技术指南（大气污染虚拟治理成本法）》规定："本标准适用于污染物排放事实
明确，但损害事实不明确或无法以合理的成本确定大气生态环境损害范围、程度
和损害数额的情形。"
《技术指南（水污染虚拟治理成本法）》规定："本标准适用于非法排放或倾倒废
水或固体废物（包括危险废物）等排放行为事实明确，但损害事实不明确或无
法以合理的成本确定地表水生态环境损害范围、程度和损害数额的情形。"

情形也纳入了虚拟治理成本法的鉴定评估范围❶。

　　由于空气、水流的自净能力,当污染物进入大气或者流动、开阔的水体后,可能在环境中迅速扩散或者溶解、降解;而在生态环境损害实务中,行为人的偷排行为往往难以及时发现,无法开展快速有效的环境监测,导致监测到的污染物浓度并不高或者完全监测不到,此时就可以适用虚拟治理成本法。例如,在"江苏省泰州市环保联合会诉江苏常隆农化有限公司、泰兴锦汇化工有限公司等水污染民事公益诉讼案"中,被告将2万多吨副产酸倾倒入涉案水体中,依常识判断生态环境损害必然存在且后果严重,但是由于涉案水体的流动性,水质已经达标。因此,只能采用虚拟治理成本法对生态环境损害进行鉴定评估。❷此外,对于大气污染造成的生态环境损害,也有可能因为未开展快速有效的环境监测,导致监测到的污染物浓度不高甚至完全监测不到,此时同样应当采用虚拟治理成本法进行鉴定评估。❸

　　(二) 受损生态环境不能通过恢复工程完全恢复

　　《关于虚拟治理成本法的说明》规定的第二种适用情形为,"不能通过恢复工程完全恢复的生态环境损害。"与其最为接近的有《推荐方法 (第Ⅱ版)》中的"永久性损害"❹ 和《技术指南

---

❶　"对于已经自行恢复的地表水生态环境损害,利用虚拟治理成本法计算损害数额。"参见《技术指南 (地表水和沉积物)》"4 工作程序"。

❷　参见江苏省泰州市中级人民法院 (2014) 泰中环民初字第00001 号民事判决书、江苏省高级人民法院 (2014) 苏环公民终字第00001 号民事判决书、最高人民法院 (2015) 民申字第1366 号民事裁定书。

❸　王玮. 收费标准法适用对象是谁? ——专访生态环境部环境规划院环境风险与损害鉴定评估研究中心主任於方 [M]. 中国环境报, 2019 - 3 - 25 (8).

❹　《推荐方法 (第Ⅱ版)》4.13 规定,永久性损害是指"受损生态环境及其服务难以恢复,其向公众或其他生态系统提供服务能力的完全丧失"。

（总纲）》中的"永久性损害"❶。

　　需要指出分析的是，《推荐方法（第Ⅱ版）》中对"永久性损害"的界定在文本上存在前后表述不一致、语意模糊的问题。《推荐方法（第Ⅱ版）》在"4.13 永久性损害"的术语定义中，永久性损害指向的是"完全丧失"；然而，在"8.3.3 永久性生态环境损害的评估"的方法定义❷中，又包括了"部分丧失"的情形，扩大了术语定义中的边界。

　　本书认为，之所以会产生这样的理解偏差，是由术语定义和评估方法定义的出发点不同所导致。术语定义是从生态环境的整体性角度考量，"难以恢复"表示的是无法恢复至生态基线；而评估方法定义则是从损害评估和赔偿的角度考量，存在"部分的'完全丧失'"，如图4中所示，在可以修复至"环境安全线"的情况下，无法恢复至生态基线的永久性损害仍然存在，需要进行鉴定评估。❸ 例如，实务中在对土壤进行修复时，会采用改变土地利用性质的方法，将土壤修复到满足新用地类型要求即可，但对未能完全恢复原状的生态环境损害仍应计算永久性功能损失。❹ 因此，《关于虚拟治理成本法的说明》规定的第二种适用情形，"不

---

❶ 《技术指南（总纲）》3 "术语和定义"部分规定，永久性损害指"受损生态环境及其生态服务功能难以恢复，其向人类或其他生态系统提供服务的能力完全丧失"。

❷ 《推荐方法（第Ⅱ版）》8.3.3 "永久性生态环境损害的评估"规定："在进行生态环境损害评估时，既无法将受损的环境恢复至基线，也没有可行的补偿性恢复方案弥补期间损害，或只能恢复部分受损的环境，则应采用环境价值评估办法对受损环境或未得以恢复的环境进行价值评估。"

❸ 因为损害与否的判定是基于与基线水平的比对，只要没有达到基线水平，就表明损害的恢复没有完成，即损害还在持续。

❹ 调整土地利用规划后，土壤只需要修复到新的目标值是从现实风险角度考量；从损害评估和赔偿的角度，新的目标值如果松于基线水平，那么对于新的目标值与基线水平之间的永久性损害仍然需要进行评估，予以替代性恢复或赔偿。参见王玮. 收费标准法适用对象是谁？——专访生态环境部环境规划院环境风险与损害鉴定评估研究中心主任於方 [N]. 中国环境报，2019-3-25（8）.

能通过恢复工程完全恢复"是从损害评估和赔偿的角度考量，其实质为永久性生态环境损害，与《民法典》中规定的"生态环境功能永久性损害"最为接近。

（三）生态环境损害恢复工程不符合成本收益分析要求

《关于虚拟治理成本法的说明》规定的第三种适用情形为，"实施恢复工程的成本远远大于其收益的情形"，即《技术指南（大气污染虚拟治理成本法）》《技术指南（水污染虚拟治理成本法）》规定的"不能以合理的成本"确定生态环境损害范围、程度和损害数额。

从虚拟治理成本法的产生过程可知，虚拟治理成本法来自SEEA 框架中的基于成本的估价方法；自《推荐方法（第Ⅱ版）》开始，虚拟治理成本法被归于"揭示偏好法"❶，是对《推荐方法（第Ⅰ版）》没有考虑成本收益分析，仅规定了"无法得到实际修复工程费用"的纠正，符合虚拟治理成本法的环境经济学内涵。

二、虚拟治理成本法鉴定评估的生态环境损害类型

从前述对虚拟治理成本法适用情形的规定可见，现有环境技术规范和法律规范中的概念，都难以涵摄采用虚拟治理成本法鉴定评估的生态环境损害类型。"概念乃是解决法律问题所必需的和必不可少的工具。没有限定严格的专门概念，我们便不能清楚地和理性地

---

❶　"揭示偏好法"是环境经济学中"成本—收益"分析的重要方法，其背后蕴藏的经济学思想为——通过考察人们与市场相关的行为，特别是在与环境联系紧密的市场中的支付意愿，来揭示人们对环境的偏好，以此估算环境质量变化的经济价值。参见菲尔德、巴利·C，菲尔德、玛莎·K. 环境经济学 [M]. 5 版. 原毅军，陈艳莹，译. 大连：东北财经大学出版社，2010：125.

思考法律问题。"❶ 界定虚拟治理成本法鉴定评估的生态环境损害类型的概念正确性，关系到对虚拟治理成本法的司法运用进行分析的有效性。为此，本书在前述研究的基础上，对其进行了归纳。

以《关于虚拟治理成本法的说明》规定的虚拟治理成本法适用情形为例，第（1）（3）项在损害后果上具有"无法实施生态恢复措施"的共同特征；而第（2）项"永久性生态环境损害"，同样也具有"无法实施生态恢复措施"的特征。据此，以虚拟治理成本法鉴定的生态环境损害，在环境科学研究范式下，可界定为"无法实施生态恢复措施的生态环境损害"，即"不可恢复生态环境损害"。

考虑到本书的研究对象是虚拟治理成本法的司法运用，需在法学研究范式下展开；而在法学研究范式下，"环境修复"与"生态恢复"的概念边界并不像在环境科学研究范式下一样清晰，"修复"中隐含了"生态恢复"的含义，并且在现行环境法律规范的立法文本中使用"修复"要远多于"恢复"。因此，本书将在环境科学研究范式下对虚拟治理成本法鉴定评估的生态环境损害类型的界定修正为"不可修复生态环境损害"，并将其概括为："因污染环境或破坏生态行为造成的，无法恢复至生态环境基线水平，或恢复至生态环境基线水平的成本过高，或由于生态环境损害观测、应急监测不及时等原因导致损害事实不明确❷，无法对受损生

---

❶ 博登海默．法理学：法律哲学与法律方法［M］．邓正来，译．北京：中国政法大学出版社，2004：504.

❷ 与《关于虚拟治理成本法的说明》相比，本书去除了"生态环境已自然恢复"的表述。在一些水污染、大气污染案件中，由于水和大气的流动性，会导致污染物扩散至更大范围，即使在排放地检测已符合水或大气环境质量标准，也不意味着生态环境已自然恢复。实际上，正是由于污染物的更大范围扩散，才使得排放地污染水平的降低，但其后果是对受损生态环境损害的修复已经处于不能状态，这也是不可修复生态环境损害可偿的题中之义。换言之，"生态环境已自然恢复"的情形可以被"损害事实不明确"包含，无须单独表述。

态环境❶实施修复行为或措施的生态环境损害。""不可修复生态环境损害"的概念特征如下：

（一）"不可修复生态环境损害"是"生态环境损害"的下位概念

考虑到既有法律规范对"生态环境损害"的定义有值得商榷之处，为免在适用概念时可能产生的冲突，本书在定义时不对"生态环境损害"概念进行详细界定。即使"生态环境损害"的法律概念未来作出调整，也无碍于本书对"不可修复生态环境损害"概念的界定。

（二）采用"生态环境基线"作为主要划分标准

从《关于虚拟治理成本法的说明》规定的虚拟治理成本法三种适用情形可以看出，虚拟治理成本法鉴定评估的生态环境损害，具有"无法实施恢复行为或措施"的共同特征，因此其划分标准应为生态环境标准而非更低的环境风险标准。在技术规范文件中，与生态环境标准相关的定义有"基线"❷"生态环境基线"❸"基线水平"❹ 等。其中，《技术指南（总纲）》中的"生态环境基线"定义，最符合"不可修复生态环境损害"上位概念"生态环境损

---

❶ 此处"受损生态环境"作狭义理解，指生态环境损害行为发生地的生态环境。

❷ 《推荐方法（第Ⅱ版）》4.9 规定，基线指污染环境或破坏生态行为未发生时，受影响区域内人体健康、财产和生态环境及其生态系统服务的状态。《突发环境损害评估推荐方法》3.7 规定，基线指突发环境事件发生前影响区域内人群健康、财产以及生态环境等的原有状态。该定义中包含了不属于生态环境范围的"人体（群）健康、财产"，因此不宜采用。

❸ 《技术指南（总纲）》3.4 规定，生态环境基线指污染环境、破坏生态行为未发生时，评估区域内生态环境及其生态系统服务的状态。

❹ 《技术指南（土壤与地下水）》3.12 规定，基线水平指污染环境或破坏生态行为未发生时，评估区域内土壤、地下水环境质量及其生态服务功能的水平。该定义仅适用于"土壤、地下水"，因此不宜采用。

害"的内涵要求。

（三）"不可修复生态环境损害"包含"永久性生态环境损害"

概念中，"无法恢复至生态环境基线水平"的内容指向"无法完全恢复"的永久性生态环境损害，这符合科学研究范式下对"恢复""修复"的界定。对于生态环境受损后低于基线水平的情形，即使在现有科学水平可以修复达到基线水平，但如果"恢复至生态环境基线水平的成本过高"而导致实际"不可修复"时，则等同于"无法完全恢复"的永久性生态环境损害。❶

此外，《推荐方法（第Ⅱ版）》"8.3.3 永久性生态环境损害的评估"规定，如果有"可行的补偿性恢复方案弥补期间损害"则不适用永久性生态环境损害评估方法；同时在"B.2 确定补偿性恢复方案的单位效益"确定变量参数时将"受损的环境终无法恢复到基线水平"纳入评估对象范围。《技术指南（土壤与地下水）》"9.1.3 恢复方案确定"中，则规定补偿性恢复方案包括三种恢复形式，分别为：恢复具有与评估区域类似生态服务功能水平区域的异位恢复，使受损的区域具有更高生态服务功能水平的原位恢复，达到类似生态服务功能水平的替代性恢复。环境鉴定评估技术规范的这些内容表明，"永久性生态环境损害"无法涵摄所有受损生态环境损害不可修复的情形，其概念应包含在"不可修复生态环境损害"概念之中。

（四）概念边界为"是否可以实施修复行为或措施"

虽然在环境损害鉴定评估技术规范中，"修复"与"环境修

---

❶ 如第 50 页图 4 所示，生态基线比环境安全性的要求更高，当环境修复无法达到环境安全线时，则一定无法达到生态基线水平。

复"相联系，"恢复"与"生态恢复"相联系，概念之间的边界清晰；但在法律规范中，"修复"与"恢复"却表现得密不可分，甚至在使用上呈现趋同，用"修复"表示"生态恢复"。本书研究对象为虚拟治理成本法的司法运用，因此采用了法律规范中的文本表述习惯——"修复"。

生态环境损害实务中，存在有排放污染物的行为事实，但是损害事实不明确，导致无法实施修复行为或措施的情况。[1] 此类生态环境损害与永久性生态环境损害的共同点是"无法实施环境修复行为或措施"，属于"不可修复生态环境损害"的范围，应获得相应救济。

（五）将"期间损害"排除在"不可修复生态环境损害"范围之外

从技术规范的生态环境损害鉴定评估方法体系考虑，"期间损害"的鉴定评估方法只能采用替代等值分析方法，并不包括虚拟治理成本法；从法律规范的概念逻辑一致性要求考虑，依规范的文义解释，《推荐方法（第Ⅱ版）》"4.12 期间损害"[2] 存在的前提应当是受损生态环境可以"恢复至基线状态"，该前提对于"不可修复生态环境损害"而言并不存在。[3]

需要说明的是，"不可修复生态环境损害"对"期间损害"概

---

[1] 实务中，导致这种情况的成因较为复杂，有可能是因为生态环境损害观测或应急监测不及时，环境质量标准在环境要素自净的作用下已达标，导致无法准确测度损害水平；也有可能是历史基线水平不清楚，导致没有参照系。

[2] 《推荐方法（第Ⅱ版）》4.12 规定，期间损害指受损生态环境从损害发生到其恢复至基线状态期间提供生态系统服务的损失量。

[3] 《推荐方法（第Ⅱ版）》在附录 B "B.1 量化期间损害"中已明确，期间损害的量化方法仅有资源等值分析方法或服务等值分析方法（B.1.1）、价值等值分析方法（B.1.2），而不包括不可修复生态环境损害的主要鉴定评估方法，虚拟治理成本法。

念的排除，并不意味着"期间损害"法律责任的免除。由于"不可修复生态环境损害"的"不可逆转"特性，"期间损害"是"不可修复生态环境损害"法律责任的重要组成部分，只是其界定的前提与"恢复至基线状态"无关❶，并非虚拟治理成本法鉴定评估的对象，与"不可修复生态环境损害"是两种不同类型的生态环境损害，不可混同。

第四节　小　　结

本章对虚拟治理成本法的一般原理进行了讨论。

首先，介绍了虚拟治理成本法的产生以及发展。虚拟治理成本法产生于绿色经济国民核算，是一种基于成本的价值评估方法，具有简洁明了、容易理解、可操作性强的优点；在我国建设生态文明的背景下，发展成为我国环境损害鉴定评估实务中，一种重要的生态环境损害鉴定评估方法。

随后，对与虚拟治理成本法司法运用相关的概念，"环境损害"与"生态环境损害"、"环境修复"与"生态恢复"，从技术规范与法律规范两个维度进行了辨析，发现：法律规范中的"环境损害"与"生态环境损害"概念与其边界，并不完全吻合技术规范的界定，二者之间存在一定程度的混同；法学研究范式下的"环境修复"与"生态恢复"的概念边界并不像环境科学研究范式

---

❶　《推荐方法（第Ⅱ版）》在附录"B.1.1 资源等值分析方法或服务等值分析方法"中，将恢复至基线水平的时间假定为100年，以此计算"受损的环境也可能始终无法恢复到基线水平"情形的"期间损害"。本书认为，这一技术方案虽然可以暂时解决"期间损害"的计算问题，但是从法律规范角度，仍需要对现行"期间损害"的定义加以修正。

下一样清晰，并且在立法文本中使用"修复"多于"恢复"，而在
"修复"中又隐含了"生态恢复"的含义。

　　最后，对虚拟治理成本法运用的现行技术规范文件《关于虚
拟治理成本法的说明》以及《生态环境损害鉴定评估技术指南》
系列标准文件进行了分析，讨论了虚拟治理成本法的三种适用情
形；在前节讨论的基础上，将虚拟治理成本法鉴定评估的生态环
境损害类型界定为"不可修复生态环境损害"，并对其概念特征进
行了探析。

第二章

虚拟治理成本法在民事司法实践中的运用

　　由于生态环境本身具有自净功能，污染物质通过流动的环境介质不断扩散、稀释，某些情况下受损环境要素未经修复便可达到标准，但从生态环境的整体角度考量，部分环境要素达标并不意味对生态环境的损害消失，受损生态环境仍处于难以修复的境况❶。然而，在环境司法实践中，法官在判决时很少主动考虑全面修复受损生态环境，只能就原告请求事项进行裁判❷，体现不出生态环境修复的整体性特征要求。此外，任何单一环境要素的损害都会

---

❶ 如在"泰州市环保联合会诉江苏常隆农化有限公司、泰兴锦汇化工有限公司等水污染案"中，从一审、二审到三审，一个主要争议就是在受污染水体水质已经达标的情况下，是否有必要进行环境修复。最高人民法院的（2015）民申字第1366号民事裁定书最终明确"不能以部分水域的水质得到恢复为由免除污染者应当承担的环境修复责任"，体现了生态环境的整体性特征要求。

❷ 李挚萍. 环境修复目标的法律分析［J］. 法学杂志，2016（3）：1 - 7.

导致生态系统功能退化,如地表水污染会进一步导致地下水、土壤、生物种群等其他环境要素受损。对一些生态环境损害事件,要全面修复受损生态环境实际非常困难,即使可以修复也是一个相当长期的过程❶,以人类可实施的生态环境修复行为时间尺度考量,实际处于不可修复状态。

由此产生的问题是,在无法直接修复受损生态环境的情况下,司法实践中应当如何确定生态环境损害的货币赔偿金额?这一问题实际上是对生态环境损害的"量"的判断,涉及对社会共享性利益的整体把握,除了对具体利益进行量化统计,还需要以此为基础对整体系统的退化情况进行综合衡量,属于科学技术问题;❷而司法实践需要回答的问题是,如何将生态环境损害鉴定评估的结果转化为被告人应承担的法律责任?由于虚拟治理成本法可以对不可修复生态环境损害进行鉴定评估,确定损害赔偿数额,加之其简洁明了、容易理解、实际操作性强的优点,因此成为环境实务中被广泛运用的生态环境损害鉴定评估方法。本章对虚拟治理成本法的民事司法运用状况进行了实证分析。

第一节　生态环境损害民事法律的沿革

1979 年 9 月 13 日,第五届全国人大第十一次会议通过的《环境保护法(试行)》,在第 2 条明确:"中华人民共和国环境保护法的

❶ 例如,《推荐方法(第 Ⅱ 版)》B.1.1 节规定,在计算期间损害值时,即使采取了恢复措施,受损的环境也可能始终无法恢复到基线水平,这种情况下建议将期间值定为 100 年进行计算。

❷ 吕忠梅,窦海阳.修复生态环境责任的实证解析 [J].法学研究.2017 (3):125 – 142.

任务，是……防治环境污染和生态破坏，……"并在"第二章　保护自然环境"中包含了与"生态环境"相关的系列规定❶；但在"第六章　奖励和惩罚"第 32 条❷中，将法律责任表述为"责令赔偿损失、停产治理""追究行政责任、经济责任，直至依法追究刑事责任"，"责令""追究"的立法文本并未给民事法律责任留下足够空间❸，遑论造成生态环境损害应当承担的民事法律责任。

1982 年 12 月 4 日，第五届全国人大第五次会议通过修改的《宪法》第 9 条❹规定了国家对自然资源的所有权以及保护义务；第 26 条第 1 款❺源自 1978 年《宪法》第 11 条第 3 款❻，首次在宪法层面提出"生态环境"，并为后续诸多法律法规、政策文件所效

---

❶ 例如，《环境保护法（试行）》第 10 条规定："……防止破坏生态系统。"第 11 条第 2、3 款规定："……禁止灭绝性的捕捞和破坏。""……合理开采地下水，防止水源枯竭和地面沉降。"第 13 条第 1 款规定："……及时抚育更新……"第 14 条规定："……保持和改善草原的再生能力，防止草原退化……"第 15 条规定："……对于珍贵和稀有的野生动物、野生植物，严禁捕猎、采伐。"

❷ 《环境保护法（试行）》第 32 条规定："对违反本法和其他环境保护的条例、规定，污染和破坏环境，危害人民健康的单位，各级环境保护机构要分别情况，报经同级人民政府批准，予以批评、警告、罚款，或者责令赔偿损失、停产治理。对严重污染和破坏环境，引起人员伤亡或者造成农、林、牧、副、渔业重大损失的单位的领导人员、直接责任人员或者其他公民，要追究行政责任、经济责任，直至依法追究刑事责任。"

❸ 考虑到我国 1986 年才通过《民法通则》，《环境保护法（试行）》的立法文本未明确民事法律责任的做法有其历史原因。

❹ 1982 年《宪法》第 9 条规定："矿藏、水流、森林、山岭、草原、荒地、滩涂等自然资源，都属于国家所有，即全民所有；由法律规定属于集体所有的森林和山岭、草原、荒地、滩涂除外。国家保障自然资源的合理利用，保护珍贵的动物和植物。禁止任何组织或者个人用任何手段侵占或者破坏自然资源。"

❺ 1982 年《宪法》第 26 条第 1 款规定："国家保护和改善生活环境和生态环境，防治污染和其他公害。"

❻ 1978 年《宪法》第 11 条第 3 款规定："国家保护环境和自然资源，防治污染和其他公害。"

仿。❶ 自此，环境保护被提升至国家战略高度，环境保护法律法规的制定和实施有了宪法依据，环境法学理论的宪法基础奠定。❷

1986 年 4 月 12 日，第六届全国人大第四次会议通过的《民法通则》第 124 条❸规定了因污染环境造成他人损害的民事法律责任，但仍未涉及造成生态环境损害的民事法律责任。1989 年 12 月 26 日，第七届全国人大第十一次常委会通过的《环境保护法》较《环境保护法（试行)》而言更为科学，在法律责任方面也作了更为全面的规定，"第五章　法律责任"第 41 条第 1 款❹、第 43 条❺、第 44 条❻，分别规定了造成环境损害的民事责任、刑事责任等，但并未规定造成生态环境损害应当承担的民事法律责任。

1982 年 8 月 23 日，第五届全国人大第二十四次常委会通过的《海洋环境保护法》，其"第九章　法律责任"第 76 条❼虽然规定

---

❶ 例如，在随后制定的《水土保持法》《水污染防治法》《海洋环境保护法》《大气污染防治法》《渔业法》《防沙治沙法》《水法》《农业法》《草原法》乃至《土地管理法》《农村土地承包法》等相关法律中，都分别作出了有关保护、改善或防止破坏、防治污染"生态环境"的规定。参见巩固．"生态环境"宪法概念解析［J］．吉首大学学报，2019，40（4）：70 - 80.

❷ 吕忠梅，吴一冉．中国环境法治七十年：从历史走向未来［J］．中国法律评论，2019（5）：102 - 123.

❸ 《民法通则》第 124 条规定："违反国家保护环境防止污染的规定，污染环境造成他人损害的，应当依法承担民事责任。"

❹ 1989 年《环境保护法》第 41 条第 1 款规定："造成环境污染危害的，有责任排除危害，并对直接受到损害的单位或者个人赔偿损失。"

❺ 1989 年《环境保护法》第 43 条规定："违反本法规定，造成重大环境污染事故，导致公私财产重大损失或者人身伤亡的严重后果的，对直接责任人员依法追究刑事责任。"

❻ 1989 年《环境保护法》第 44 条规定："违反本法规定，造成土地、森林、草原、水、矿产、渔业、野生动植物等资源的破坏的，依照有关法律的规定承担法律责任。"

❼ 1982 年《海洋环境保护法》第 76 条规定："违反本法规定，造成珊瑚礁、红树林等海洋生态系统及海洋水产资源、海洋保护区破坏的，由依照本法规定行使海洋环境监督管理权的部门责令限期改正和采取补救措施，并处一万元以上十万元以下的罚款；有违法所得的，没收其违法所得。"

了破坏海洋生态系统的法律责任（这是我国环境保护法律中首次规定生态环境损害法律责任），但仅为行政责任，其实际惩罚远低于受损生态利益，并未起到保护海洋生态环境的作用。如前所述，据统计，1976 年至 1996 年，我国沿海共发生船舶溢油事故 2 242 起，溢油量超过 50 吨的重大溢油事故 44 起，44 起事故中仅赔偿了 17 起；平均每起事故赔偿 407.4 万元，平均每吨溢油仅赔偿 0.26 万元，远不足以填补生态环境损害❶。为应对海洋生态环境损害问题，1999 年 12 月 25 日，第九届全国人大第十三次常委会修订通过《海洋环境保护法》，增加海洋生态环境损害赔偿条款❷，明确提起诉讼的主体资格以及造成损害的民事责任；但是，由于相关条款定义不甚明确，在司法适用环节过于依赖法官释法，导致法律适用的不稳定性，海洋生态环境损害在司法实践中并未得到有效救济❸。针对海洋生态环境损害救济的特殊性，最高人民法院于 2018 年 1 月 15 日施行了《海洋环境损害赔偿规定》，围绕《海洋环境保护法》第 89 条第 2 款❹规定的海洋自然资源与生态环境损害赔偿诉讼作了详细规定。

2009 年 12 月 26 日，第十一届全国人大第十二次常委会通过《侵权责任法》，专章规定了环境污染责任，明确了污染环境应当

❶ 宋家慧，刘红. 建立中国船舶油污损害. 赔偿机制的对策 [J]. 交通环保，1999，20（5）：1-6.

❷ 1999 年《海洋环境保护法》"第九章 法律责任"第 90 条第 2 款规定："对破坏海洋生态、海洋水产资源、海洋保护区，给国家造成重大损失的，由依照本法规定行使海洋环境监督管理权的部门代表国家对责任者提出损害赔偿要求。"

❸ 竺效. 生态损害的社会化填补法理研究（修订版）[M]. 北京：中国政法大学出版社，2017：16.

❹ 1999 年《海洋环境保护法》第 89 条第 2 款规定："对破坏海洋生态、海洋水产资源、海洋保护区，给国家造成重大损失的，由依照本法规定行使海洋环境监督管理权的部门代表国家对责任者提出损害赔偿要求。"

承担侵权责任，但并未明确与生态环境损害相关的责任问题。❶
2015 年 6 月 3 日，最高人民法院施行了《环境侵权责任纠纷司法解释》，其中第 18 条第 1 款❷将"破坏生态"纳入环境侵权责任的法律规制范围内，并在第 14 条❸规定了"环境修复"的责任承担方式，司法实践中已被用于裁判对生态环境损害行为的法律责任；不过，《环境侵权责任纠纷司法解释》并未考虑受损生态环境不可修复的情形。

2014 年 4 月 24 日，第十二届全国人大第八次常委会审议通过《环境保护法》修订案，对 1989 年《环境保护法》进行了全面修订，在环境保护基本理念、公众参与、法律责任等方面都作出了重要修改，确立了其在环境保护法律体系中的基础性地位。❹ 2017 年 3 月 15 日，第十二届全国人大第五次会议通过《民法总则》第 9 条❺，确定了民事活动应当遵循"绿色原则"，将"保护生态环境"作为从事民事活动的两项基本准则之一，为生态环境损害行为人承担民事责任奠定了法律基础。

---

❶ 传统侵权法的关注焦点在于保障赔偿权利人有权请求赔偿义务人给予损害赔偿，在此种侵权行为责任法模式下，环境侵权责任法的涵摄范围将会限于环境侵权行为人与受害人之间的损害填补问题，而无法及于环境系统的自身损害。参见侯佳儒. 环境损害救济：从侵权法到事故法 [J]. 政法论丛，2019（5）：127 – 138.

❷ 《环境侵权责任纠纷司法解释》第 18 条第 1 款规定："本解释适用于审理因污染环境、破坏生态造成损害的民事案件，但法律和司法解释对环境民事公益诉讼案件另有规定的除外。"

❸ 《环境侵权责任纠纷司法解释》第 14 条规定："被侵权人请求恢复原状的，人民法院可以依法裁判污染者承担环境修复责任，并同时确定被告不履行环境修复义务时应当承担的环境修复费用。污染者在生效裁判确定的期限内未履行环境修复义务的，人民法院可以委托其他人进行环境修复，所需费用由污染者承担。"

❹ 彭波，毛磊. 全国人大常委会办公厅召开新闻发布会：环保法 25 年首次大修 [N]. 人民日报，2014 – 04 – 25（6）.

❺ 《民法总则》第 9 条规定："民事主体从事民事活动，应当有利于节约资源、保护生态环境。"

　　为了加强对生态环境的保护，体现"强化政府责任和监管，加强法律责任和追究"❶ 的要求，2014 年《环境保护法》在修订时，通过第 58 条规定了环境民事公益诉讼制度，明确了提起环境民事公益诉讼的原告资格❷；并将"破坏生态"行为也列入环境公益诉讼的对象，以此弥补《民事诉讼法》第 55 条规定不足的缺陷❸，使生态环境损害的司法救济成为可能。为使环境公益诉讼制度更好地在司法实践中发挥作用，最高人民法院于 2015 年 1 月 7 日施行了《环境民事公益诉讼司法解释》，对环境公益诉讼中生态环境损害的证明、修复及赔偿作了规定❹，涉及"不可修复生态环境损害"的民事法律责任问题❺。

　　随着环境公益诉讼在环境司法实践中的展开，为更好发挥检察机关作用，2017 年 6 月 27 日，第十二届全国人大第二十八次常委会通过《关于修改〈中华人民共和国民事诉讼法〉和〈中华人

---

❶ 信春鹰. 中华人民共和国环境保护法释义［M］. 北京：法律出版社，2014：391.

❷ 2014 年《环境保护法》第 58 条规定："对污染环境、破坏生态，损害社会公共利益的行为，符合下列条件的社会组织可以向人民法院提起诉讼：（一）依法在设区的市级以上人民政府民政部门登记；（二）专门从事环境保护公益活动连续五年以上且无违法记录。符合前款规定的社会组织向人民法院提起诉讼，人民法院应当依法受理。提起诉讼的社会组织不得通过诉讼牟取经济利益。"

❸ 2017 年修订之前的《民事诉讼法》第 55 条规定："对污染环境、侵害众多消费者合法权益等损害社会公共利益的行为，法律规定的机关和有关组织可以向人民法院提起诉讼。"未纳入"破坏生态"行为。

❹ 《环境民事公益诉讼司法解释》全文提及"生态环境"16 次、"生态环境修复"8 次，但是对不可修复生态环境损害救济没有规定。

❺ 《环境民事公益诉讼司法解释》第 20 条规定："原告请求恢复原状的，人民法院可以依法判决被告将生态环境修复到损害发生之前的状态和功能。无法完全修复的，可以准许采用替代性修复方式。"

民共和国行政诉讼法〉的决定》❶；2018 年 3 月 2 日，最高人民法院和最高人民检察院联合发布《最高人民法院最高人民检察院关于检察公益诉讼案件适用法律若干问题的解释》，确立了包括环境公益诉讼在内的检察公益诉讼制度。❷

与环境公益诉讼制度建设同期开展的是生态环境损害赔偿诉讼制度试点工作，2015 年 12 月 3 日，中共中央办公厅、国务院办公厅印发《试点方案》❸，旨在通过试点探索逐步建立生态环境损害的修复和赔偿制度，加快推进生态文明建设。❹ 试点期

---

❶ 2017 年修订后的《民事诉讼法》第 55 条新增第 2 款："人民检察院在履行职责中发现破坏生态环境和资源保护、食品药品安全领域侵害众多消费者合法权益等损害社会公共利益的行为，在没有前款规定的机关和组织或者前款规定的机关和组织不提起诉讼的情况下，可以向人民法院提起诉讼。前款规定的机关或者组织提起诉讼的，人民检察院可以支持起诉。"修改后的《行政诉讼法》第 25 条新增第 4 款："人民检察院在履行职责中发现生态环境和资源保护、食品药品安全、国有财产保护、国有土地使用权出让等领域负有监督管理职责的行政机关违法行使职权或者不作为，致使国家利益或者社会公共利益受到侵害的，应当向行政机关提出检察建议，督促其依法履行职责。行政机关不依法履行职责的，人民检察院依法向人民法院提起诉讼。"

❷ 据统计，全国法院 2015—2016 年仅受理环境公益诉讼案件 189 件，2017 年受理环境公益诉讼案件 202 件，2018 年受理环境公益诉讼案件 1802 件。2017 年后，环境公益诉讼一审案件增加迅速。参见吕忠梅，等. 中国环境司法发展报告（2017-2018）[M]. 北京：人民法院出版社，2019：10.

❸ 中共中央办公厅 国务院办公厅印发《生态环境损害赔偿制度改革试点方案》[EB/OL]. http：//www. gov. cn/zhengce/2015 - 12/03/content _ 5019585. htm，2015 - 12 - 03.

❹ 《试点方案》确定了建立生态环境损害赔偿制度的总体目标，明确了试点原则、适用范围、保障措施，提出了确定赔偿范围、明确赔偿义务人、确定赔偿权利人、建立生态环境损害赔偿磋商机制、完善相关诉讼规则、加强赔偿和修复的执行和监督、规范鉴定评估、加强资金管理等 8 项试点内容；并明确了当生态环境损害无法修复时，实施货币赔偿，用于替代修复。参见高吉喜，韩永伟. 关于《生态环境损害赔偿制度改革试点方案》的思考与建议 [J]. 环境保护. 2016，44（2）：30 - 34.

间，7 个试点地区❶根据《试点方案》要求，制定了生态环境损害赔偿制度改革试点实施方案，在赔偿权利人、磋商诉讼、鉴定评估、修复监督、资金管理等方面，都取得了阶段性进展，探索制定了相关配套管理文件 75 项，深入开展案例实践 27 件，涉及总金额约 4.01 亿元。❷

在试点工作的实践基础上，2017 年 12 月 17 日，中共中央办公厅、国务院办公厅印发了《改革方案》，决定自 2018 年起，将生态环境损害赔偿制度试行范围扩大至全国，并将市地级政府也纳入赔偿权利人范围，并对建设生态环境损害赔偿制度提出了一系列要求。❸ 然而，《改革方案》中规定的生态环境损害的赔偿范围❹，

---

❶ 2016 年 8 月 30 日，中央全面深化改革领导小组第二十七次会议审议通过《关于在部分省份开展生态环境损害赔偿制度改革试点的报告》，决定在吉林、江苏、山东、湖南、重庆、贵州、云南 7 省市开展生态环境损害赔偿制度改革试点。参见习近平主持召开中央全面深化改革领导小组第二十七次会议强调 强化基础注重集成 完善机制严格督察 按照时间表路线图推进改革 [EB/OL]. http://www.mee.gov.cn/xxgk/hjyw/201608/t20160831_363326.shtml, 2016 – 08 – 31.

❷ 参见李干杰. 让生态环境损害赔偿制度改革成为人民环境权益的坚实保障 [EB/OL]. http://www.mee.gov.cn/gkml/sthjbgw/qt/201712/t20171218_428063.htm, 2017 – 12 – 18.

❸ 进一步明确生态环境损害赔偿范围、责任主体、索赔主体、损害赔偿解决途径等，并形成相应的鉴定评估管理和技术体系、资金保障和运行机制；力争到 2020 年在全国范围内初步构建责任明确、途径畅通、技术规范、保障有力、赔偿到位、修复有效的生态环境损害赔偿制度。参见中共中央办公厅 国务院办公厅印发《生态环境损害赔偿制度改革方案》[EB/OL]. http://www.gov.cn/zhengce/2017 – 12/17/content_5247952.htm, 2017 – 12 – 17.

❹ 改革方案明确规定，生态环境损害赔偿范围"包括清除污染费用、生态环境修复费用、生态环境修复期间服务功能的损失、生态环境功能永久性损害造成的损失以及生态环境损害赔偿调查、鉴定评估等合理费用"。

并未涵盖虚拟治理成本法的全部适用情形❶。

2017 年 12 月 29 日，最高人民法院发布了《海洋环境损害赔偿规定》，该司法解释是生态环境损害赔偿制度的重要组成部分，重点明确了海洋自然资源与生态环境损害索赔诉讼的性质与索赔主体、海洋自然资源与生态环境损害索赔诉讼的特别规则。❷ 此外，《海洋环境损害赔偿规定》第 9 条规定了当生态环境损害不可修复时，法院确定损失赔偿数额的裁判依据；第 9 条第 1 款❸的逻辑与虚拟治理成本法相一致。

2019 年 6 月 5 日，最高人民法院发布了《生态环境损害赔偿案件若干规定》，对司法实践中亟待明确的生态环境损害赔偿诉讼受理条件、证据规则、责任范围、诉讼衔接、赔偿协议司法确认、强制执行等问题予以规定。❹ 此外，《生态环境损害赔偿案件若干

---

❶ 例如，在泰州市环保联合会诉江苏常隆农化有限公司、泰兴锦汇化工有限公司等水污染案中，泰兴锦汇化工有限公司再审时提出，"案涉河流无须修复及赔偿。如泰运河和古马干河被污染前水质为Ⅲ类，经过自我净化之后，2013 年的河流水质仍为Ⅲ类。泰州市环保联合会未提交证据证明污染行为造成他人人身、财产等损失，锦汇公司不应承担环境修复费用及损失赔偿"。参见最高人民法院民事裁定书（2015）民申字第 1366 号。

❷ 海洋自然资源与生态环境损害赔偿诉讼，作为一种环境侵权诉讼与环境民事公益诉讼，总体上属于《环境民事公益诉讼司法解释》《环境侵权责任纠纷司法解释》的适用范围，但海洋自然资源与生态环境损害赔偿诉讼也有其自身特殊实际和规律。参见中国法院网 . 依法审理海洋自然资源与生态环境损害赔偿纠纷案件，服务保障海洋生态文明建设［EB/OL］. https：//www. chinacourt. org/article/detail/2018/01/id/3148137. shtml，2018 - 01 - 05.

❸ 《海洋环境损害赔偿规定》第 9 条第 1 款规定，"根据责任者因损害行为……所减少支付的污染防治费用"，合理确定损失赔偿数额。

❹ 《生态环境损害赔偿案件若干规定》明确了原告的举证责任、生态环境损害赔偿诉讼与环境民事公益诉讼的衔接规则、规定了生态环境损害赔偿协议的司法确认规则、明确了生态环境损害赔偿案件裁判的强制执行等，在生态环境损害赔偿责任体系方面作出了创新规定。参见人民法院报 . 最高法发布生态环境损害赔偿诉讼司法解释及典型案例［EB/OL］. http：//www. court. gov. cn/zixun - xiangqing - 162482. html，2019 - 06 - 06.

规定》第 13 条❶对不可修复生态环境损害的救济也作出了规定，这也是在环境民事案件相关司法解释中首次明确不可修复生态环境损害。❷

2020 年 5 月 28 日，第十三届全国人民代表大会第三次会议通过《民法典》，在第 1234 条规定了生态环境修复责任❸；第 1235 条规定了生态环境损害赔偿责任❹，并将生态环境功能永久性损害造成的损失也纳入了其中。《民法典》第 1235 条对生态环境损害赔偿责任的规定，是在我国环境民事公益诉讼和生态环境损害赔偿诉讼的丰富实践经验上产生的。其中，期间服务功能损失的概念采用了《生态环境损害赔偿案件若干规定》第 12 条第 3 款的规定；❺ 生态环境功能永久性损失的概念采用了《生态环境损害赔偿

---

❶ 《生态环境损害赔偿案件若干规定》第 13 条规定："受损生态环境无法修复或者无法完全修复，原告请求被告赔偿生态环境功能永久性损害造成的损失的，人民法院根据具体案情予以判决。"

❷ 《环境民事公益诉讼司法解释》第 23 条规定的"生态环境修复费用难以确定或者确定具体数额所需鉴定费用明显过高"以及《海洋环境损害赔偿规定》第 9 条规定的"难以确定恢复费用和恢复期间损失"指向的生态环境损害虽已隐含"不可修复"之义，但并未明确表示"无法修复或者无法完全修复"。

❸ 《民法典》第 1234 条规定："违反国家规定造成生态环境损害，生态环境能够修复的，国家规定的机关或者法律规定的组织有权请求侵权人在合理期限内承担修复责任。侵权人在期限内未修复的，国家规定的机关或者法律规定的组织可以自行或者委托他人进行修复，所需费用由侵权人负担。"

❹ 《民法典》第 1235 条规定："违反国家规定造成生态环境损害的，国家规定的机关或者法律规定的组织有权请求侵权人赔偿下列损失和费用：
（一）生态环境受到损害至修复完成期间服务功能丧失导致的损失；
（二）生态环境功能永久性损害造成的损失；
（三）生态环境损害调查、鉴定评估等费用；
（四）清除污染、修复生态环境费用；
（五）防止损害的发生和扩大所支出的合理费用。"

❺ 《生态环境损害赔偿案件若干规定》第 12 条第 3 款规定："原告请求被告赔偿生态环境受到损害至修复完成期间服务功能损失的，人民法院根据具体案情予以判决。"

案件若干规定》第13条的表述;❶ 修复生态环境费用的概念则吸
收了《环境民事公益诉讼司法解释》和《生态环境损害赔偿案件
若干规定》的智慧。❷

通过对生态环境损害民事法律规范的梳理可以发现，经过四
十多年的探索与发展，我国已构建出一套以生态文明建设为理念，
以环境民事公益诉讼和生态环境损害赔偿诉讼为核心的生态环境
损害民事司法救济体系，该体系的建立对保护生态环境和促进环
境法治发展具有重要意义。随着生态环境损害民事司法救济体系
的发展，环境民事司法实践中不断出现以不可修复生态环境损害
为救济对象的案件❸。与已经确定修复方案的可修复生态环境损害
案件相比，在不可修复生态环境损害案件中认定生态环境损害数
额更加困难❹，虚拟治理成本法是对不可修复生态环境损害进行评
估的主要方法。为促成生态环境损害民事司法救济体系的日臻完
善，本书认为应当及时研究环境民事司法实践中的以虚拟治理成
本法鉴定评估的生态环境损害案件，为完善虚拟治理成本法的司
法运用提供有益的思路。

---

❶ 《生态环境损害赔偿案件若干规定》第13条规定："受损生态环境无法修复或者
无法完全修复，原告请求被告赔偿生态环境功能永久性损害造成的损失的，人民
法院根据具体案情予以判决。"

❷ 王小钢.《民法典》第1235条的生态环境恢复成本理论阐释：兼论修复费用、
期间损失和永久性损失赔偿责任的适用 [J]. 甘肃政法大学学报. 2021 (1)：1
-10.

❸ 例如，最高人民法院2017年发布的十起环境公益诉讼典型案例中，就有四起采
用了虚拟治理成本法，以计算不可修复生态环境损害的赔偿数额。参见刘婧. 最
高法发布十件环境公益诉讼典型案例 [EB/OL]. https://www.chinacourt.org/
article/detail/2017/03/id/2573898.shtml, 2017-03-08.

❹ 有的是因污染物迁移、转化或自我净化，导致从单一环境介质难以判断是否存在
需要修复的损害；有的是因认定标准和技术方法的不同而导致对损害数额的不同
认知。参见吕忠梅，窦海阳. 修复生态环境责任的实证解析 [J]. 法学研究.
2017 (3)：125-142.

第二节 生态环境损害民事司法问题初探

生态环境损害民事责任的确定是环境民事司法的核心问题，其核心在于促成法官摒除非理性的主观感受，以环境损害鉴定评估为基础，通过科学理性完成审理案件的定性定量分析，从而对生态环境损害行为是否构成法律上应受惩戒的损害后果以及赔偿金额大小进行裁判。

由于虚拟治理成本法涉及单位治理成本和环境敏感系数的选取，因此在判断其损害后果时存在更加突出的科学不确定性，裁判结果会不会更加依赖于法官的主观衡量，从而加大司法裁判的不确定性？为探察此问题，本书选择两起影响广泛，且具有代表意义的案件进行了比较分析，分别为"江苏省泰州市环保联合会诉江苏常隆农化有限公司、泰兴锦汇化工有限公司等水污染民事公益诉讼案"❶、"江苏省人民政府诉安徽海德化工科技有限公司生态环境损害赔偿案"❷。

---

❶ 本案被人民法院报编辑部评选为 2016 年度人民法院十大民事行政案件，并被最高人民法院选入十大环境公益诉讼典型案例。参见 2016 年度人民法院十大民事行政案件［N］. 人民法院报，2017－01－07（4）. 刘婧. 最高法发布十件环境公益诉讼典型案例［EB/OL］. https：//www. chinacourt. org/article/detail/2017/03/id/2573898. shtml，2017－03－08.

❷ 本案入选江苏法院 2018 年度十大环境资源审判典型案例，入选 2018 年推动法治进程十大案件，并被最高人民法院审判委员会选为指导案例。参见江苏省高级人民法院. 江苏法院 2018 年度十大环境资源审判典型案例［EB/OL］. http：//www. jsfy. gov. cn/art/2019/05/24/66_97768. html，2019－05－24. 中国法院网."2018 年推动法治进程十大案件"揭晓［EB/OL］. https：//www. chinacourt. org/article/detail/2019/03/id/3749923. shtml，2019－03－07. 最高人民法院. 指导案例 129 号：江苏省人民政府诉安徽海德化工科技有限公司生态环境损害赔偿案［EB/OL］. http：//www. court. gov. cn/shenpan－xiangqing－216911. html，2020－01－14.

一、典型案例比较

（一）泰州市环保联合会诉常隆农化有限公司等环境污染责任纠纷案[1]

1. 基本案情

2014年，江苏省泰州市环保联合会作为原告向江苏省泰州市中级人民法院提起诉讼，称2012年1月至2013年2月，被告江苏常隆农化有限公司（以下简称"常隆公司"）、锦汇公司、江苏施美康药业股份有限公司（以下简称"施美康公司"）、泰兴市申龙化工有限公司、泰兴市富安化工有限公司、泰兴市臻庆化工有限公司等6家企业将生产过程中产生的危险废物废盐酸、废硫酸总计2.5万余吨，以每吨20～100元不等的价格，交给无危险废物处理资质的企业偷排进泰兴市如泰运河、泰州市高港区古马干河中，导致水体严重污染。泰州市环保联合会诉请法院判令6家企业赔偿环境修复费1.6亿余元、鉴定评估费用10万元。

2. 裁判结果

泰州市中级人民法院一审认为，泰州市环保联合会作为依法成立的参与环境保护事业的非营利性社团组织，有权提起环境公益诉讼。六家被告企业将副产酸交给无处置资质和处置能力的公司，支付的款项远低于依法处理副产酸所需费用，导致大量副产酸未经处理倾倒入河，造成严重环境污染，应当赔偿损失并恢复生态环境。2万多吨副产酸倾倒入河必然造成严重环境污染，由于河水流动，即使倾倒地点的水质好转，并不意味着河流的生态环

---

[1] 参见江苏省泰州市中级人民法院（2014）泰中环民初字第00001号民事判决书、江苏省高级人民法院（2014）苏环公民终字第00001号民事判决书、最高人民法院（2015）民申字第1366号民事裁定书。

境已完全恢复，依然需要修复。在修复费用难以计算的情况下，应当以虚拟治理成本法计算生态环境修复费用。遂判决六家被告企业赔偿环境修复费用共计1.6亿余元，并承担鉴定评估费用10万元及诉讼费用。

江苏省高级人民法院二审认为，泰州市环保联合会依法具备提起环境公益诉讼的原告资格，一审审判程序合法。六家被告企业处置副产酸的行为与造成古马干河、如泰运河环境污染损害结果之间存在因果关系。一审判决对赔偿数额的认定正确，修复费用计算方法适当，六家被告企业依法应当就其造成的环境污染损害承担侵权责任。二审判决维持一审法院关于六家被告企业赔偿环境修复费用共计1.6亿余元的判项，并对义务的履行方式进行了调整。如六家被告企业能够通过技术改造对副产酸进行循环利用，明显降低环境风险，且一年内没有因环境违法行为受到处罚的，其已支付的技术改造费用可经验收后在判令赔偿环境修复费用的40%额度内抵扣。六家被告企业中的三家在二审判决后积极履行了判决的全部内容。锦汇公司不服二审判决，向最高人民法院申请再审。

最高人民法院认为，环境污染案件中，危险化学品和化工产品生产企业对其主营产品及副产品均需具有较高的注意义务，需要全面了解其主营产品和主营产品生产过程中产生的副产品是否具有高度危险性，是否会造成环境污染；需要使其主营产品的生产、出售、运输、储存和处置符合相关法律规定，亦需使其副产品的生产、出售、运输、储存和处置符合相关法律规定，避免对生态环境造成损害或者产生造成生态环境损害的重大风险。虽然河水具有流动性和自净能力，但在环境容量有限的前提下，向水体大量倾倒副产酸，必然对河流的水质、水体动植物、河床、河岸以及河流下游的生态环境造成严重破坏。如不及时修复，污染的累积必然会超出环境承载能力，最终造成不可逆转的环境损害。因此，不能以部分水域的水质得到恢复为由免除污染者应当承担的环境修复责任。最高人民法院最终裁定驳回了锦汇公司的再审申请。

本案历经一审、二审、再审程序，是现行《环境保护法》修订通过后由环保社会组织提起的首例环境公益诉讼案件，且赔偿金额巨大，引起了全国上下的广泛关注。本案的争议焦点之一是生态环境损害是否存在以及赔偿数额如何计算的问题。一审中，被告常隆公司、锦汇公司、施美康公司均答辩称，受损水体如泰运河、古马干河、长江本身具有净化和修复的功能，其生态水平已经回复，无须再通过人工干预措施进行修复，因此也不存在损害后果。❶ 对此，一审法院在判决说理时认为，倾倒处的水质好转，只是因为污染随河水流动向下游扩散的原因，地区水生态环境仍处于受损状态。二审法院和再审法院均支持了一审法院的判决，认为存在生态环境损害。

本案采用了虚拟治理成本法计算赔偿数额，并将其界定为环境修复费用，但需要明确的是，由于如泰运河、古马干河水质已经恢复，实际上处于"不可修复"状态。因此，一审法院在判决中将环境修复费用指向"替代修复"，"用于泰兴地区的环境修复"，这一说法过于笼统，缺乏可执行的衡量标准，也未考虑完成

---

❶ 被告锦汇公司、施美康公司、申龙公司提交证据显示：2014 年 6 月 6 日，泰兴市环境保护局在《泰兴日报》公布《2013 年泰兴市环境状况公报》，证明如泰运河、古马干河通过自净已经达到了正常状态，不需要修复。

修复的考核验收问题；● 因此二审法院对费用的履行方式进行了变更，允许被告缓交 40% 的赔偿金，并可用于抵扣被告对副产酸进行循环利用的技术改造费用，这一变更也得到了再审法院的支持。

（二）江苏省人民政府诉海德化工科技有限公司生态环境损害赔偿案❷

1. 基本案情

2014 年四至五月，安徽海德化工科技有限公司（以下简称"海德公司"）营销部经理杨某分三次将海德公司生产过程中产生的 102.44 吨废碱液，以每吨 1 300 元的价格交给没有危险废物处置资质的李某生等人处置，李某生等人又以每吨 500 元、600 元不等的价格转交给无资质的孙某才、丁某东等人，最终导致上述废碱液未经处置，直接排入长江水系，严重污染环境。其中，排入长江的 20 吨废碱液，导致江苏省靖江市城区集中式引用水源中断取水 40 多个小时；排入新通扬运河的 53.34 吨废碱液，导致江苏省兴化市城区集中式饮用水源中断取水超过 14 个小时。靖江市、兴化市有关部门分别采取了应急处置措施。杨某、李某生等人均构成污染环境罪，被依法追究刑事责任。经评估，三次水污染事件共造成环境损害 1 731.26 万元。

2. 裁判结果

江苏省泰州市中级人民法院一审认为，海德公司作为化工企业，对其生产经营中产生的危险废物负有法定防治责任，其营销部负责人杨某违法处置危险废物的行为系职务行为，应由海德公

❶ 吕忠梅. 环境司法理性不能止于"天价"赔偿：泰州环境公益诉讼案评析 [J]. 中国法学，2016（3）：244 - 264.
❷ 参见江苏省泰州市中级人民法院（2017）苏 12 民初 51 号民事判决书、江苏省高级人民法院（2018）苏民终 1316 号民事判决书.

司对此举造成的损害承担赔偿责任。案涉长江靖江段生态环境损害修复费用，系经江苏省环境科学学会依法评估得出；新通扬运河生态环境损害修复费用，系经类比得出，亦经出庭专家辅助人认可。海德公司污染行为必然给两地及下游生态环境服务功能造成巨大损失，江苏省人民政府主张以生态环境损害修复费用的50%计算生态环境服务功能损失，具有合理性。江苏省人民政府原诉讼请求所主张数额明显偏低，经释明后予以增加，应予支持。一审法院判决海德公司赔偿环境修复费用3 637.90万元、生态环境服务功能损失1 818.95万元、评估鉴定费26万元，上述费用合计5 482.85万元，支付至泰州市环境公益诉讼资金账户。江苏省高级人民法院二审在维持一审判决的基础上，判决海德公司可在提供有效担保后分期履行赔偿款支付义务。

与"泰州市环保联合会诉常隆农化有限公司等环境污染责任纠纷案"相似，本案被告海德公司在一审中辩称，被污染的水体已经自然净化恢复，无须修复；并在二审中辩称，从污染发生到污染区域生态环境恢复到基线期间不足1年，无须进行修复。对此，一审、二审法院的裁判观点与"泰州市环保联合会诉常隆农化有限公司等环境污染责任纠纷案"核心观点一致，都认为不能因水体自净否认生态环境受损的事实，应当对受损环境进行修复；并且与"泰州市环保联合会诉常隆农化有限公司等环境污染责任纠纷案"相比，一审、二审法院在说理过程中进行了更加清晰的科学论证❶。

---

❶ 一审法院认为："水体自净作用只是水体中的污染物在水体向下游的流动中浓度自然得到降低，但不能因此否认污染物对水体已经造成的损害。甚至由于水体的流动，污染面更大，后果更严重。"二审法院认为："案涉废碱液倾倒进水体引起水体pH酸碱度明显变化，导致水生动植物的死亡。向水体倾倒废碱液必然会造成区域自然资源和生态环境功能的破坏。监测区域水体自净系污染物向下游流动和因稀释而降低浓度的结果，不能因此否认污染物对水体已经造成损害。"

　　本案另一焦点是生态环境损害鉴定评估方法问题，和"泰州市环保联合会诉常隆农化有限公司等环境污染责任纠纷案"不同的是，被告海德公司在一审、二审中都主张应当参照"泰州市环保联合会诉常隆农化有限公司等环境污染责任纠纷案"，采用虚拟治理成本法计算生态环境损害，且采用类比的方式计算新通扬运河生态环境损害缺乏法律和规范依据，类比本身不具有证据效力。对于被告的质疑，《靖江市饮用水源地污染事件环境污染损害评估报告》评估人东南大学教授吕某武出庭接受质询陈述，称发生在靖江的废碱污染事件，因发现及时，已经采取了治理措施，并且产生了应急、治理污染的费用，因此不应采用虚拟治理成本法，应以采用资源等值分析法进行评估❶。据此，一审法院认为发生在长江靖江段的污染事件与发生在新通扬运河的污染事件处于同一时期，排放危险废物均为被告产生的废碱液且两地的水质同属三类水质，污染事件发生后，两地均采取了应急处置措施；鉴于对发生在长江段的环境损害已经通过合法程序作出了合法有效的评估结论，因此不需要再行委托评估，完全可以通过类比的方法得出新通扬运河的生态损害数额❷。

　　值得注意的是，本案原告江苏省政府主张的损害赔偿包括四

---

❶　一审判决书同时指出："如果受损的环境以提供资源为主，采用资源等值分析方法。本案受污染的是长江水体，众所周知，长江虽有众多功能，但为流域人民生产、生活提供水资源和鱼类等水产资源应是其最主要的功能。"

❷　类比方法并非《推荐方法（第Ⅱ版）》中规定的生态环境损害评估方法。本书认为，长江靖江段采取资源等值分析法的重要前提是受损长江水体以提供资源为主，一审判决书中专家辅助人江苏省淡水水产研究所博士、副研究员李某命出庭陈述称，污染发生在长江休渔期内，"这个时候，如果水体受到污染，对鱼类资源造成的损失会远远大于其他时间"。说明渔业资源的损失是在对长江段生态环境损害进行评估时的重要考量部分；而新通扬运河是否具有提供鱼类水产资源的功能？一审判决书对此并未作出明示，由此难免令人对"类比方法"的科学性产生疑虑。

个部分，分别为：（1）发生在长江靖江段的生态环境损害修复费用；（2）发生在泰州市境内的新通扬运河生态环境损害修复费用；（3）两地的生态环境服务功能损失费用；（4）评估费和律师费。其中，第一项采用了资源等值分析方法，第二项则是通过类比第一项结果后得出。原告在起诉时主张第二项费用为769.92万元。而法院在审理中认为：与第一项靖江市受损水体长江相比，兴化地势较低，新通扬运河、兴化地段河流水流速度比长江要慢得多，环境容量远不及长江，污染物一旦进入不易扩散，同等数量的危险废物对当地水环境所产生的损害要远大于长江。经法院释明后，原告诉请将第二项费用增加到1 877.64万元，同时将第三项费用从原来的1 265.09万元增加到1 818.95万元，赔偿总额也从原来的3 845.27万元增加到5 532.85万元。●

二、问题发现：法官如何对虚拟治理成本进行裁判？

上述两起典型案例都是危险废物污染流动水体的案例，其共同点是被告均主张生态环境已恢复因此无须进行修复，不存在生态环境损害赔偿；法院则认为污染地生态环境的"恢复"，只是因为危废随水流扩散到了更大流域水体从而导致污染地危废指标的下降，而地区水生态环境损害仍然存在。两起案件中的法院判决符合生态学的科学认知，是生态文明保护司法理念在司法实践中的具体展开。

● 本书认为，如果仅考虑当地水环境修复，法院的观点可以成立；但如果以是否存在生态环境损害的说理过程观之，法院认定本案生态环境受损的前提是危废通过水流扩散至更大范围的长江水体，由此产生的问题是：如果前提成立，那么更大范围的长江水体修复是否应当考虑，或者说是否属于不可修复生态环境损害？如果仅考虑本地生态环境损害，前提不成立，那么在本地水体已自净的情况下，生态环境损害是否存在？

在生态环境损害鉴定评估方法的选择上，两起案件则表现出了明显不同，在"泰州市环保联合会诉常隆农化有限公司等环境污染责任纠纷案"中，因为污染发现不及时，未进行应急处理，导致受损生态环境不可修复，因此采用虚拟治理成本法进行鉴定评估；而在"江苏省人民政府诉海德化工科技有限公司生态环境损害赔偿案"中，因为污染发现及时，对被污染水体实施了投放活性炭、调用备用水源等应急处置措施，受损生态环境得到了及时修复，并且长江具有重要的提供资源功能，因此采取了资源等值分析法进行鉴定评估。

不同方法选择的背后，是对生态环境损害可修复性的不同判断，具体到法院的裁判，则是对生态环境损害赔偿性质的认定：在"泰州市环保联合会诉常隆农化有限公司等环境污染责任纠纷案"中，法院判定赔偿金用于泰兴地区的环境修复而非受损水体的修复，表明法院亦认同受损水体生态环境的不可修复性；而在"江苏省人民政府诉海德化工科技有限公司生态环境损害赔偿案"中，法院判定赔偿费用应当首先用于受损水体的修复❶，表明法院在裁判时是以受损水体生态环境具有可修复性为前提条件。

该两起案件中，生态环境损害行为相似的情况下，由于采取了不同的生态环境损害鉴定评估方法导致损害赔偿数额差异巨大。从两起典型案例的比较可以看出，生态环境损害民事责任的判断离不开环境损害鉴定评估，但在司法实践中法院并非以环境损害

---

❶ "本判决生效后，被告可就案涉生态环境修复问题与原告进行磋商，组织开展生态环境损害修复。无法修复的，也可以开展替代修复。经原告同意，修复费用可从上述赔偿费用中支出。如被告无能力开展修复工作，由原告组织对受损害环境进行修复或进行替代性修复，所需资金从被告支付的上述赔偿费用中列支。"本书认为，法院这一判决是以修复受损水体生态环境为原则，以替代修复为例外。参见江苏省泰州市中级人民法院（2017）苏12民初51号民事判决书。

鉴定评估意见为唯一评判依据，而是在借助环境损害鉴定评估工具的基础上进行解释与裁判。❶ 由此产生的与本书研究相关的问题是，在环境司法实践中，法官如何对虚拟治理成本进行裁判？为回答这一问题，本章以虚拟治理成本法在环境民事司法实践中的运用为研究对象，通过对已有的采用虚拟治理成本法的环境民事司法文书进行实证解析，以发现虚拟治理成本法在民事司法实践中运用时存在的问题。

第三节　虚拟治理成本法在民事司法实践中的实证分析

一、样本的来源及基本情况

本书以"虚拟治理成本""治理成本法"❷ 为关键词，不限时间范围，以中国裁判文书网中的案件为检索对象，检索日期截至2022 年 9 月 20 日，获得运用虚拟治理成本法计算生态环境损害数额的环境民事司法文书153 份❸。经整理剔除重复信息并对同一案

---

❶ 在"泰州市环保联合会诉常隆农化有限公司等环境污染责任纠纷案"中，江苏省环境科学学会在《环境污染损害评估技术报告》中提出了两种计算方法：实验法和虚拟治理成本法，并且言明倾向于实验法；但是法院最终采信了虚拟治理成本法，并取 4.5 倍为计算倍数。参见乔刚，胡环宇. 泰州 1.6 亿元天价环境公益案诉讼手记 [M]. 北京：法律出版社，2018：76 – 77.

❷ 《技术指南（总纲）》中，将"虚拟治理成本法"简称为"治理成本法"，但评估方法与适用范围并无变化。此外，研究中发现有司法文书采用"虚拟成本法"指代"虚拟治理成本法"，OpenLaw 在检索时会通过关键词模糊识别，经比对检索，未发现遗漏情况。

❸ 对于刑事附带民事诉讼案件，检察机关将生态环境损害鉴定评估结果作为民事赔偿计算依据的，本书也将其纳入环境民事司法实践的统计分析范围。

件的不同审级进行并案处理后，获得运用虚拟治理成本法的案件134 起。为保证样本数据的充分性，本书在北大法宝·司法案例、威科先行·法律信息库、OpenLaw 等多个法律数据库中进行了同样条件的检索，经过检索结果的相互比对，可以认为基本已穷尽检索时可公开获知的案件信息。

153 份司法文书中，有 35 份分别对应 16 起案件，分别为：(1)"泰州市环保联合会诉江苏常隆农化有限公司、泰兴锦汇化工有限公司等环境污染责任纠纷案"❶；（2）"中华环保联合会诉昆山君汉电子材料有限公司、胡某德等环境污染责任纠纷案"❷；(3)"徐州市人民检察院诉徐州市鸿顺造纸有限公司环境污染责任纠纷案"❸；(4)"中国生物多样性保护与绿色发展基金会诉马鞍山市玉江机械化工有限责任公司环境污染责任纠纷案"❹；(5)"广东省广州市人民检察院诉张某山、邝某尧环境污染责任纠纷案"❺；(6)"北京市人民检察院第四分院诉北京多彩联艺国际钢结构工程

---

❶ 参见江苏省泰州市中级人民法院（2014）泰中环民初字第 00001 号民事判决书、江苏省高级人民法院（2014）苏环公民终字第 00001 号民事判决书、最高人民法院（2015）民申字第 1366 号民事裁定书。

❷ 参见江苏省苏州市中级人民法院（2015）苏中环公民初字第 00002 号民事判决书、江苏省高级人民法院（2017）苏民终 1772 号民事判决书。

❸ 参见江苏省徐州市中级人民法院（2015）徐环公民初字第 6 号民事判决书、江苏省高级人民法院（2016）苏民终 1357 号民事判决书。

❹ 参见安徽省马鞍山市中级人民法院（2016）皖 05 民初 113 号民事判决书、安徽省高级人民法院（2017）皖民终 679 号民事判决书。

❺ 本案第一次审理后经被告上诉，广东省高级人民法院裁定发回重审；被告不服重审判决，再次提起上诉，二审驳回上诉，维持原判。虽经重审，但考虑到审理过程为同一案件的持续，因此本书在统计时仍作并案处理。参见广东省广州市中级人民法院（2016）粤 01 民初 107 号民事判决书、广东省广州市中级人民法院（2017）粤 01 民初 223 号民事判决书、广东省高级人民法院（2018）粤民终 2466 号民事判决书。

有限公司环境污染责任纠纷案"❶；（7）"北京市朝阳区自然之友环境研究所诉江苏大吉发电有限公司环境污染责任纠纷案"❷；（8）"福建省环保志愿者协会诉叶某露环境污染责任纠纷案"❸；（9）"福建省绿家园环境友好中心诉永安市星星化学有限公司环境污染责任纠纷案"❹；（10）"广东省汕头市人民检察院诉汕头市德惠华服饰有限公司等环境污染责任纠纷案"❺（11）"广东省韶关市人民检察院诉郑某雄、邓某加环境污染责任纠纷案"❻；（12）"林某平、刘某财诉泰和县环境卫生管理所环境污染责任纠纷案"❼；（13）"山东环境保护基金会诉郑州新力电力有限公司环境污染责任纠纷案"❽；（14）"山东省生态环境厅诉山东利丰达生物科技有限公司环境污染责任纠纷案"❾（15）"中华环保联合会诉徐某念、

❶ 参见北京市第四中级人民法院（2017）民事判决书、北京市高级人民法院（2018）京民终453号民事判决书。

❷ 参见江苏省盐城市中级人民法院（2018）苏09民初25号民事判决书、江苏省高级人民法院（2020）苏民终158号民事判决书。

❸ 参见福建省厦门市中级人民法院（2017）闽02民初915号民事判决书、福建省高级人民法院（2019）闽民终115号民事判决书、中华人民共和国最高人民法院（2020）最高法民申2460号民事裁定书。

❹ 参见福建省永安市人民法院（2019）闽0481民初3824号民事判决书、福建省三明市中级人民法院（2021）闽04民终150号民事判决书。

❺ 参见广东省潮州市中级人民法院（2019）粤51民初25号民事判决书、广东省高级人民法院（2019）粤民终2420号民事判决书。

❻ 参见广东省清远市中级人民法院（2016）粤18民初32号民事判决书、广东省高级人民法院（2017）粤民终3092号民事判决书。

❼ 参见江西省泰和县人民法院（2019）赣0826民初1169号民事判决书、江西省吉安市中级人民法院（2020）赣08民终690号民事判决书。

❽ 参见河南省郑州市中级人民法院（2018）豫01民初1260号民事判决书、河南省高级人民法院（2019）豫民终1592号民事判决书。

❾ 参见山东省济南市历下区人民法院（2018）鲁0102民初8786号民事判决书、山东省济南市中级人民法院（2019）鲁01民终6863号民事判决书。

李某东、付某龙环境污染责任纠纷案"❶；（16）"重庆两江志愿服务发展中心诉安徽淮化集团有限公司环境污染责任纠纷案"❷。本书在进行统计分析时，对该 16 起案件的司法文书进行了并案处理。

二、虚拟治理成本法在民事司法中运用的统计分析

经统计分析，134 起不可修复生态环境损害民事案件的概况如下。

（一）要素分布

为反映不可修复生态环境损害的主要适用对象，本书对 134 起民事案件涉及的受损环境要素进行了统计。生态环境损害鉴定评估实务中，同一污染行为往往会导致多个环境要素受损害，本书将同一行为涉及两种或两种以上环境要素受污染的情形界定为"综合污染"。考虑到虚拟治理成本法在鉴定评估时，并无"综合污染"一项，仍需对具体的环境要素进行计算，为更清晰表明司法实践中虚拟治理成本法的运用范围，本书对涉及"综合污染"的案件进行了梳理，将"综合污染"涉及的环境要素进行拆分统计，得到虚拟治理成本法涉及的污染类型分布如图 5 所示❸。

---

❶ 参见江苏省苏州市中级人民法院（2016）苏 05 民初 667 号民事判决书、江苏省高级人民法院（2018）苏民终 75 号民事判决书。

❷ 参见中华人民共和国最高人民法院（2020）最高法民再 187 号民事裁定书、安徽省淮南市中级人民法院（2021）皖 04 民初 50 号民事判决书。

❸ 由于中国裁判文书网只公开裁判文书，相关证据包括环境损害鉴定评估报告并未公开，因此无法得到虚拟治理成本法鉴定评估指向的具体环境要素。本书根据裁判文书中检察机关的起诉说明梳理了相关信息，虽不绝对精确但无碍于从统计上了解概貌。此外，海南省的一起案件中，案涉生态环境损害类型为海洋污染，本书在统计时将其纳入了"水体污染"的统计范围，参见（2019）琼 72 民初 227 号民事判决书。

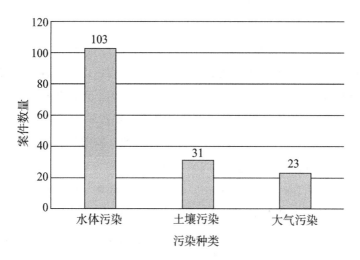

图5　民事司法实践中以虚拟治理成本法评估的环境要素分布示意图

从图5中可以看出，虚拟治理成本法在环境民事司法实践中的运用与水体污染高度相关，占比约77%；土壤污染次之，占比约23%；与大气污染的相关性最低，占比约17%。这一案由构成体现出了以虚拟治理成本法鉴定评估的生态环境损害的不可修复性。众所周知，水体的密度与流动性介于土壤与大气之间，由于大气密度低且污染物扩散速度快，单位体积内包含的污染物相对较少，对生态环境的损害也较低，所以受案数量最少；土壤密度高且污染物扩散速度慢❶，仅就土壤污染而言，由于污染物固定在土壤中不易转移，原位实施生态环境修复的可能性也较高，因此在以虚拟治理成本法鉴定评估为代表的不可修复生态环境案件中占比较低。❷

---

❶ 本书梳理的多起涉及土壤污染的案件表明，土壤中的污染物扩散也是通过水流进行，通常表现为地下水污染和土壤污染的并存。

❷ 从生态环境损害鉴定评估实务看，生态环境部专门就大气污染、水污染出台了虚拟治理成本法技术标准，并未考虑土壤污染。

（二）地域分布

134 起案件分布于 21 个省份，其中，江苏省有 34 起，占比约 25%；广东省有 21 起，占比约 16%；浙江省、山东省各有 12 起，分别占比约 9%；湖北省有 10 起，占比约 7%；江西省有 7 起，占比约 5%；重庆市有 6 起，占比约 4%；安徽省有 5 起，占比约 4%；福建省有 4 起，占比约 3%；贵州省、湖南省、辽宁省、河北省各有 3 起，分别占比约 2%；海南省、河南省、云南省各有 2 起，分别占比约 2%；北京市、青海省、山西省、四川省、吉林省各有 1 起，分别占比约 1%。结果如图 6 所示。

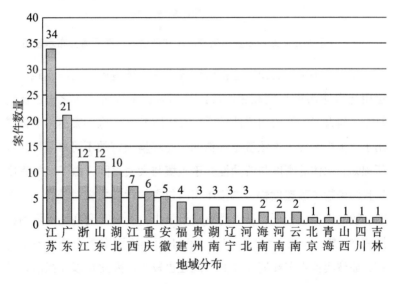

图 6　民事司法实践中以虚拟治理成本法评估的地域分布示意图

统计结果表明，江苏省、广东省、浙江省的案件数量在 21 个省市中占据了前三位置，说明虚拟治理成本法在沿海经济发达地区的环境民事司法案件中运用的数量明显高于内陆地区，其中长三角地区和珠三角地区又占据了多数。考虑到以虚拟治理成本法鉴定评估

的案件往往属于生态环境损害较为严重的情形，说明现阶段我国各地区生态环境损害的严重程度与经济发展水平正相关。❶

（三）时间分布

全部 134 起案件的立案时间与裁判时间的统计情况如图 7 所示。对于存在多个审级的案件，本书在统计时分别以初审立案时间和终审裁判时间作为案件的立案、裁判时间。

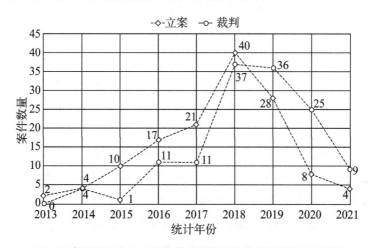

图7 以虚拟治理成本法评估的民事案件数量随时间变化示意图

立案数量随时间变化的统计表明，以虚拟治理成本法鉴定评估的民事案件的立案数量逐年增多。其中，2013 年立案的两起案件都是采用《推荐方法（第Ⅰ版）》对环境损害进行鉴定❷；随着

---

❶ 按照环境库兹涅茨曲线的解释，随着地区经济发展水平（人均 GDP）的提高，环境污染的严重程度将逐渐增加，并会从经济发达地区向欠发达地区转移，如果以生态环境损害是否可修复作为损害严重程度的评判标准，图 6 中的地理分布图基本符合这一规律。

❷ 限于《推荐方法（第Ⅰ版）》的规定，两起案件中法院都将被告的赔偿责任认定为"污染修复费用"，两起案件的原告分别为村民委员会和镇人民政府，说明了以虚拟治理成本法鉴定的环境损害的公共利益属性。

《推荐方法（第Ⅱ版）》的公布，司法实践中逐渐过渡到以《推荐方法（第Ⅱ版）》作为鉴定评估的依据❶。此后，以虚拟治理成本法鉴定评估的民事案件的立案数量快速增加，2015、2016 连续两年快速增长，本书认为这一变化体现了 2014 年修订的《环境保护法》于 2015 年施行的影响，该法明确了社会组织提起环境民事公益诉讼的原告资格，并将"破坏生态"行为纳入环境民事公益诉讼的起诉范围；2018 年立案数量的大幅增长，与检察公益诉讼制度的建立有关，反映出检察机关在发挥环境民事公益诉讼机制优势、维护环境公益方面起到重要作用。

裁判数量随时间变化的统计显示，2015 年不可修复生态环境损害民事案件的裁判数量最少，仅有最高人民法院再审的"泰州市环保联合会诉江苏常隆农化有限公司、泰兴锦汇化工有限公司等环境污染责任纠纷案"1 起，此后开始逐年增加，说明最高人民法院的裁判结果为基层法院处理类似案件提供了指引。此外，图 7 还显示，2018 年裁判数量有爆发性增长，本书认为，这一结果与环境保护部办公厅在 2017 年公布的《关于虚拟治理成本法的说明》有关。此说明为法院裁判不可修复生态环境损害案件提供了更加明确的科学指引。通过对 2015 年、2018 年的两个关键节点的分析可以看出，基层法院在裁判以虚拟治理成本法鉴定评估的民事案件，会受到最高人民法院裁判典型案例以及环境科学认识发

---

❶ 过渡期的典型案例如"泰州市环保联合会诉江苏常隆农化有限公司、泰兴锦汇化工有限公司等环境责任纠纷案"，本案中被告锦汇公司在再审阶段抗辩主张二审判决适用法律错误，理由是"《推荐方法（第Ⅰ版）》在二审时已经失效，二审法院并未依据《推荐方法（第Ⅱ版）》重新进行损害评估鉴定"。对此，最高人民法院认为："《推荐方法（第Ⅱ版）》中，虚拟治理成本法仍是常用的环境价值评估方法……且《推荐方法（第Ⅱ版）》与（第Ⅰ版）关于虚拟治理成本法的规定并无本质区别"，遂维持了江苏省高级人民法院的判决。

展的双重影响。这一现象也表明，在对以虚拟治理成本法鉴定评估的民事案件进行分析时应考虑环境科学研究范式与法学研究范式间的转换。

需要说明的是，图7中2019年之后立案数量和裁判数量的回落，与司法公开实践中存在的裁判文书上网迟滞有关，并不意味着以虚拟治理成本法鉴定评估的民事案件数量的减少。

（四）原告分布

为探察环境民事司法实践中虚拟治理成本所代表的利益属性，本书对案件的原告方进行了统计，结果如图8所示。

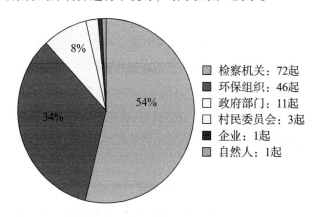

图8 以虚拟治理成本法评估的民事案件原告分布示意图

从原告主体的构成可以看出，134起以虚拟治理成本法鉴定评估的民事案件绝大多数都指向生态环境公共利益❶。如图8所示，检察机关在环境公共利益保护中发挥了重要作用，而仅次于检察

---

❶ 村民委员会的环境公益诉讼资格虽然尚未被实务界认可，但学界已有观点认为以村民委员会为原告提起的环境侵权案件，已经维护或部分维护了环境公益，达到改善和恢复环境的目的。参见冯汝.确立村民委员会环境公益诉讼原告资格的社会与法律基础［J］.中南大学学报：社会科学版.2013，19（3）：71–75.

机关的是环保组织，由两者提起诉讼的民事案件数量约占总数的88%，占据主导地位。值得注意的是，检察机关提起的72起案件中，有24起是刑事附带民事诉讼案件；如果在统计时去除这些案件，那么由检察机关直接提起的环境公益诉讼案件数量为48起，与环保组织提起的案件数量基本持平，说明在以虚拟治理成本法鉴定评估的环境民事公益诉讼中，检察机关与环保组织发挥了同等重要的作用。此外，后文在对刑事案件的统计中，有76起刑事案件附带了民事公益诉讼，说明刑事附带民事诉讼机制在虚拟治理成本法的司法运用中发挥了重要作用。

（五）定性分布

134起案件中，对虚拟治理成本的定性有"经济损失""环境经济损失""污染修复费用""环境修复费用""生态环境修复费用""生态环境损害赔偿""环境损害赔偿款""环境损害""生态损害金""生态环境损失""期间服务功能损失""环境治理费用"等多种表述❶，说明环境民事司法实践中法官对虚拟治理成本的定性存在较大分歧。

为廓清环境民事司法实践中法官对虚拟治理成本的定性概况，本书以司法文书中法官对虚拟治理成本的解释以及裁判时适用的法律条文为依据，对法官在环境民事司法实践中如何定性虚拟治理成本进行了分析，可归纳为"生态环境修复费用""生态环境损

---

❶ 司法文书中在对虚拟治理成本定性时采用的文本非常多样，计有35种之多。以"生态环境损害赔偿"为例，就有"生态环境损害赔偿""生态环境损害费用""生态环境损害损失""生态环境损害赔偿款""生态环境损害赔偿费""生态环境损害量化数额""生态损害""生态环境损害数额""生态环境损害""生态环境损害金""生态环境损失""生态环境损害费"等多个表述。

害赔偿""期间服务功能损失"三大类,❶ 其数量关系如图9所示。

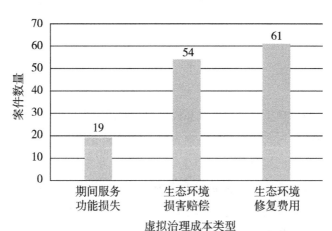

图9 民事司法实践中虚拟治理成本的定性分布示意图

如前文所述,虚拟治理成本法指向的是不可修复生态环境损害,但从图9中可以看出,将虚拟治理成本界定为"生态环境修复费用"的案件数量最多,计有61起,占比约为46%;界定为"生态环境损害赔偿"的案件,计有54起,占比约为40%,另有19起案件界定为"期间服务功能损失"。这一现象说明,司法实践中法官在界定虚拟治理成本的法律属性时存在较大分歧,未能形成确定的裁判逻辑,并且法官更倾向于将虚拟治理成本界定为"修复"法律属性。显然,法官在裁判以虚拟治理成本法鉴定评估的民事案件时,并未完全遵循虚拟治理成本的科学属性,而是以虚拟治理成本法鉴定评估的损害数额为依据,从法律规范和社会

---

❶ 对于判决书中定性为生态环境损害,但同时要求赔偿费用用于修复生态环境的虚拟治理成本,本书将其归类为生态环境修复费用;对于判决书中定性包括期间服务功能损失的虚拟治理成本,无论其是否要求用于修复生态环境,本书均将其归类为期间服务功能损失。

知识经验中推定虚拟治理成本的法律属性。

第四节 小 结

本章对虚拟治理成本法在民事司法实践中的运用进行了分析。

首先，对我国生态环境损害民事法律制度的沿革进行了分析，发现，我国已构建出一套以生态文明建设为理念，以环境民事公益诉讼和生态环境损害赔偿诉讼为核心的生态环境损害民事司法救济体系。为促成生态环境损害民事司法救济体系的日臻完善，解决不可修复生态环境损害的民事司法救济问题，应当及时研究环境民事司法实践中以虚拟治理成本法鉴定评估的生态环境损害案件，为完善虚拟治理成本法的司法运用提供有益的思路。

其次，通过对两起典型案例的比较，发现，在两起案件生态环境损害行为极为相似的情况下，由于采取了不同的生态环境损害鉴定评估方法，导致生态环境损害赔偿数额差异巨大。由此产生的问题是，在环境司法实践中，法官如何对虚拟治理成本进行裁判？

最后，通过对134起以虚拟治理成本法鉴定评估的民事案件进行实证分析，发现，虚拟治理成本法在环境民事司法实践中主要运用在与水体污染相关的案件，土壤污染次之，大气污染最少；案发地主要分布在沿海经济发达地区，以长三角地区和珠三角地区居多；立案数量和裁判数量逐年增多；检察机关和环保组织是主要的原告主体，检察机关提起的案件数量占比最多；并且，民事司法文书中对虚拟治理成本的定性存在多种表述，法官对虚拟治理成本的定性分歧严重。

第三章

虚拟治理成本法在刑事司法实践中的运用

　　我国有着悠久的法律传统,自《尚书·洪范》以降,到《大清律例》为止,中华法系数千年沿袭的都是刑法化的法律体系和意识。❶当民事责任不足以阻止环境破坏和教育社会时,刑法保护的威慑性和严厉性自然成为我国环境法律保护的最后防线。❷如何确定不可修复生态环境损害的刑事法律责任,关乎生态法益的保护,更关乎刑法的确定性与威慑性。然而,从环境刑事司法实践考察,极少有以"生态环境损害"直接入刑的判例,生态法益尚未能得到刑法的确定保护。

　　虚拟治理成本法在刑事司法实践中运用的难点在于,虚拟治理成本法具有拟制性的特征,难以达

---

❶　张中秋. 中西法律文化比较研究 [M]. 4 版. 北京: 法律出版社, 2009: 79.

❷　黄锡生, 张磊. 生态法益与我国传统刑法的现代化 [J]. 河北法学, 2009, 27 (11): 54–58.

到刑事证据的确定性要求；并且，法官在裁判时所依据的入罪量刑标准的缺失也是阻碍因素之一。如前文所述，虚拟治理成本法是国家环境保护部门推荐的计算不可修复生态环境损害的主要方法，本章通过考察环境刑事司法实践中已有的运用虚拟治理成本法的刑事案件，发现虚拟治理成本法在环境刑事司法实践中运用时，存在混淆生态利益与财产利益，以"公私财产损失"对生态环境损害定性等问题。

第一节　生态环境损害刑事法律的沿革

关注环境问题，并通过刑法加以严格规制，通常是社会经济发展到一定程度时才会出现的产物。1979 年《刑法》是中华人民共和国成立后第一部刑法典，依当时我国百废待兴的情势，国家的主要精力集中于经济发展，刑事立法也难以照顾到环境保护所需。因此，1979 年《刑法》中并没有直接规定污染环境罪，仅对相关的污染环境行为进行了规制❶。由于刑法典中的环境保护立法的缺失，虽然 1979 年《环境保护法（试行）》第 32 条第 2 款❷、1982 年《海洋环境保护法》第 44 条❸、1984 年《水污染防治法》

---

❶ 1979 年《刑法》第 115 条规定："违反爆炸性、易燃性、放射性、毒害性、腐蚀性物品的管理规定，在生产、储存、运输、使用中发生重大事故，造成严重后果的，处三年以下有期徒刑或者拘役；后果特别严重的，处三年以上七年以下有期徒刑。"

❷ 1979 年《环境保护法（试行）》第 32 条第 2 款规定："对严重污染和破坏环境，引起人员伤亡或者造成农、林、牧、副、渔业重大损失的单位的领导人员、直接责任人员或者其他公民，要追究行政责任、经济责任，直至依法追究刑事责任。"

❸ 1982 年《海洋环境保护法》第 44 条规定："凡违反本法，污染损害海洋环境，造成公私财产重大损失或者致人伤亡的，对直接责任人员可以由司法机关依法追究刑事责任。"

第 43 条❶、1987 年《大气污染防治法》第 38 条❷等一系列自然资
源保护单行立法以及 1989 年《环境保护法》第 43 条❸都设有追究
污染环境行为刑事责任的条款，但由于这些条款多采用"立法类
推"的方式或仅规定"依法追究刑事责任"❹，超出了刑事立法模
糊性的合理限度，因此在司法实践中，司法机关难以依据上述条
款追究行为人刑事责任。

　　随着我国经济社会的高速发展，环境问题开始集中爆发，为
遏止污染环境行为，1997 年《刑法》在第六章第六节规定了"破
坏环境资源保护罪"，其中第 338 条❺规定了"重大环境污染事故
罪"。但由于该条规制的环境要素和行为对象范围过窄，入罪门槛
过高，客观上并不利于环境保护。并且，"生态环境损害"也被排
除在《刑法》的规制范围之外。

---

❶　1984 年《水污染防治法》第 43 条规定："违反本法规定，造成重大水污染事故，
　　导致公私财产重大损失或者人身伤亡的严重后果的，对有关责任人员可以比照刑
　　法第 115 条或者第 187 条的规定，追究刑事责任。"
❷　1987 年《大气污染防治法》第 38 条规定："造成重大大气污染事故，导致公私
　　财产重大损失或者人身伤亡的严重后果的，对有关责任人员可以比照《中华人民
　　共和国刑法》第 115 条或者第 187 条的规定，追究刑事责任。"
❸　1989 年《环境保护法》第 43 条规定："违反本法规定，造成重大环境污染事故，
　　导致公私财产重大损失或者人身伤亡的严重后果的，对直接责任人员依法追究刑
　　事责任。"
❹　田国宝. 我国污染环境罪立法检讨［J］. 法学评论，2019（1）：163 - 171.
❺　1997 年《刑法》第 338 条规定："违反国家规定，向土地、水体、大气排放、倾
　　倒或者处置有放射性的废物、含传染病病原体的废物、有毒物质或者其他危险废
　　物，造成重大环境污染事故，致使公私财产遭受重大损失或者人身伤亡的严重后
　　果的，处三年以下有期徒刑或者拘役，并处或者单处罚金；后果特别严重的，处
　　三年以上七年以下有期徒刑，并处罚金。"

为改变 1997 年《刑法》对环境保护不力的局面❶，2011 年《刑法修正案（八）》第 46 条对《刑法》第 338 条进行了修改。修改后的《刑法》第 338 条❷的罪名由"重大环境污染事故罪"变更为"污染环境罪"，主要修改内容包括：（1）保护的环境要素扩张到全部环境要素；（2）行为对象中的"其他危险废物"变更为"其他有害物质"，扩大了该条的适用范围，降低了入罪门槛；（3）对犯罪结果的要求，从对"人身权""财产权"的保护扩张为对环境的保护，对生态环境损害行为的刑法规制也有了法律依据。

依修正后的《刑法》第 338 条规定，污染环境犯罪行为由"违反国家规定""排放、倾倒或者处置有放射性的废物、含传染病病原体的废物、有毒物质或者其他有害物质""严重污染环境"三部分组成。其中，针对"国家规定"的范围问题，最高人民法院出台了《最高人民法院关于准确理解和适用刑法中"国家规定"的有关问题的通知》（法〔2011〕155 号）明确其司法适用的范围❸；而对于废物、有毒物质以及有害物质，法官可以根据相关规定和技术规范文件❹进行具体认定，其司法适用同样清晰明确。

但是，对"严重污染环境"的认定，《刑法》第 338 条并未给出合理界定的标准，法官往往需要通过对污染行为的社会危害性

---

❶ "为了降低环境污染犯罪行为的入罪门槛、增强定罪量刑的可操作性，以应对日益严峻的环境保护形势"参见全国人大常委会法制工作委员会刑法室.《中华人民共和国刑法修正案（八）》条文说明、立法理由及相关规定 [M]. 北京：北京大学出版社，2011：179.

❷ 2011 年《刑法》第 338 条规定："违反国家规定，排放、倾倒或者处置有放射性的废物、含传染病病原体的废物、有毒物质或者其他有害物质，严重污染环境的，处三年以下有期徒刑或者拘役，并处或者单处罚金；后果特别严重的，处三年以上七年以下有期徒刑，并处罚金。"

❸ 刑法中的"国家规定"是指，全国人民代表大会及其常务委员会制定的法律和决定，国务院制定的行政法规、规定的行政措施、发布的决定和命令。

❹ 如《国家危险废物名录》等。

进行主观评价，以判断该行为是否构成犯罪，给司法适用带来了较大的不确定性。因此，最高人民法院、最高人民检察院分别于2013年6月和2016年12月两次联合制定并出台《环境污染刑事案件司法解释》，对污染环境罪的定罪量刑标准等问题作出解释，成为司法实践中法官认定污染环境罪时的主要依据。两次司法解释的变化，尤其是定罪量刑标准的变化，体现出了司法机关对"生态环境损害"的重视，其主要变化如表5所示❶。

表5　《环境污染刑事案件司法解释》定罪量刑标准修改前后对照

《环境污染刑事案件司法解释（2013）》	《环境污染刑事案件司法解释（2016）》
第1条…… （三）非法排放含重金属、持久性有机污染物等严重危害环境、损害人体健康的污染物超过国家污染物排放标准或者省、自治区、直辖市人民政府根据法律授权制定的污染物排放标准三倍以上的； （四）私设暗管或者利用渗井、渗坑、裂隙、溶洞等排放、倾倒、处置有放射性的废物、含传染病病原体的废物、有毒物质的； …… （九）致使公私财产损失三十万元以上的； ……	第1条…… （三）排放、倾倒、处置含铅、汞、镉、铬、砷、铊、锑的污染物，超过国家或者地方污染物排放标准三倍以上的； （四）排放、倾倒、处置含镍、铜、锌、银、钒、锰、钴的污染物，超过国家或者地方污染物排放标准十倍以上的； （五）通过暗管、渗井、渗坑、裂隙、溶洞、灌注等逃避监管的方式排放、倾倒、处置有放射性的废物、含传染病病原体的废物、有毒物质的； …… （九）违法所得或者致使公私财产损失三十万元以上的； ……

---

❶　为免繁复，表中只列入讨论涉及的主要条款变化，对于前后无本质变化的条款，以"……"代替。

续表

《环境污染刑事案件 司法解释（2013）》	《环境污染刑事案件 司法解释（2016）》
	第1条…… （七）重点排污单位篡改、伪造自动监测数据或者干扰自动监测设施，排放化学需氧量、氨氮、二氧化硫、氮氧化物等污染物的； （八）违法减少防治污染设施运行支出一百万元以上的； …… （十）造成生态环境严重损害的； ……
	第3条…… （二）非法排放、倾倒、处置危险废物一百吨以上的； …… （六）造成生态环境特别严重损害的； ……

如表5所示，《环境污染刑事案件司法解释（2016）》体现了更多环境科学的考量，如《环境污染刑事案件司法解释（2013）》第1条第（3）项"含重金属、持久性有机污染物"在《环境污染刑事案件司法解释（2016）》中去除了"持久性有机污染物"，并根据重金属元素对生态环境的危害性不同将重金属污染细分为两大类。此外，《环境污染刑事案件司法解释（2016）》第3条第（2）项增加了"非法排放、倾倒、处置危险废物一百吨以上"的情形，本项的增加解决了此前司法实践中无法以危废数量加重裁

判"后果特别严重"的污染环境行为的司法困境❶，有利于生态环境损害刑法规制的实现。

就生态环境损害的刑法保护而言，尤为重要的变化体现在《环境污染刑事案件司法解释（2016）》第 1 条第（10）项将"造成生态环境严重损害"作为"严重污染环境"的情形列入污染环境罪的入罪标准，第 3 条第（6）项将"造成生态环境特别严重损害"作为"后果特别严重"的加重情形列入污染环境罪的量刑标准。司法解释的这一变化，是生态文明司法理念在刑事法律中的展开，体现了司法机关对生态环境保护的理解的深入，也是生态法益在环境刑事司法中的直接表达。

综上所述，我国刑事法律规范对环境的保护经历了从无到有的发展过程，保护的环境要素也已经扩张到全部环境要素，并通过司法解释将"生态环境损害"明文纳入了刑法的规制范围。随之而来的问题是，通过扩张刑法救济范围以保护生态环境的美好愿景，是否在司法实践中得到了有效的实施？

第二节　生态环境损害的刑事司法问题初探

为探明《环境污染刑事案件司法解释（2016）》"生态环境损害"条款在环境刑事司法实践中的适用情况。本书在中国裁判文书网和北大法宝·司法案例、威科先行·法律信息库、OpenLaw

---

❶ 例如，徐某龙、徐某犯污染环境罪案中，被告人徐某龙单独或伙同他人共排放
2102 吨危险废物至京杭大运河水体，生态环境损害后果特别严重。本案依据
《环境污染刑事案件司法解释（2013）》裁判，如果以危废数量对被告人定罪，
只能对被告人处三年以下有期徒刑，有失公平。参见苏州市姑苏区人民法院
（2015）姑苏环刑初字第 00009 号刑事判决书。

等多个法律数据库中进行了相关检索❶，经筛选后发现仅有两起案件在裁判时列入《环境污染刑事案件司法解释（2016）》"生态环境损害"条款作为裁判依据，且该两起案件中的受损生态环境分别为"可修复"和"不可修复"，具有一定的比较意义。为考察生态环境损害刑事责任的司法适用是否存在问题？本书试以该两起案件为例作初步考察。

一、典型案例比较

（一）廖某云、廖某业、廖某翠犯污染环境罪案❷

1. 基本案情

自 2006 年起，被告人廖某云、廖某翠夫妇在蓝山县新圩镇涵江村（原上清涵村）非法开办选矿厂洗选硫铁矿、铅锌矿；2015年上半年，被告人廖某业开始负责选矿厂的日常管理。上清涵村廖某云选矿厂选洗矿期间，采取直接外排和渗井、渗坑等方式将重金属废水排放到周边环境，持续的生产排污，造成周边土壤与水环境污染，严重影响了周边群众的生产生活，直至 2017 年 4 月蓝山县人民政府组织相关职能部门对上清涵村廖某云选矿厂进行强制拆除。经环境保护部华南环境科学研究所评估，本次事件造成环境损失包括：事务性费用 20.6 万；林地损失 21.14 万元；生态服务功能损失仅考虑释氧固碳损失，约为 23.82 万元。共计约

---

❶ 本书以 2017 年（《环境污染刑事案件司法解释（2016）》的生效时间）为时间起始点，以"《最高人民法院、最高人民检察院关于办理环境污染刑事案件适用法律若干问题的解释》第一条"为关键词，检索出裁判文书 1 577 份；以"《最高人民法院、最高人民检察院关于办理环境污染刑事案件适用法律若干问题的解释》第三条"为关键词，检索出裁判文书 225 份。检索时间为 2019 年 3 月 2 日。

❷ 参见湖南省蓝山县人民法院（2017）湘 1127 刑初 389 号刑事判决书、湖南省永州市中级人民法院（2018）湘 11 刑终 145 号刑事裁定书。

65.56 万元以上。土壤污染修复推荐采用土壤淋洗及生物修复相结合的方法,污水处理推荐采用石灰沉淀中和法。经估算,土壤修复费用为 2 967.82 万元,厂内残留污水及厂外池塘水修复费用为 95.41 万元。上述土壤及污水修复总费用估算结果为合计 3 063 万元。

2. 裁判结果

一审法院判决被告人廖某云犯污染环境罪,判处有期徒刑四年,并处罚金十万元;被告人廖某业犯污染环境罪,判处有期徒刑一年,缓刑二年,并处罚金五万元;被告人廖某翠犯污染环境罪,判处有期徒刑一年,缓刑二年,并处罚金五万元。

一审宣判后,廖某云不服并上诉,其辩护人辩称:"一审认定上诉人犯罪'后果特别严重'与事实不符。本案犯罪损失应是直接损失 65.56 万元,不应包括生态环境修复费用 3 063 万元,没有达到 100 万元的'后果特别严重'的标准";检察机关认为:"环境损失 65.56 万元,土壤及污水修复总费用估算达 3 063 万元,上述两项费用共计 3 128.56 万元均应当计算为公共财产的损失";二审法院认为:"根据《最高人民法院、最高人民检察院关于办理环境污染刑事案件适用法律若干问题的解释》第 3 条第 5 项、第 6 项规定的'致使公私财产损失一百万元以上的''造成生态环境特别严重损害的'应当认定为'后果特别严重'"。裁定驳回上诉,维持原判。

本案中,争议的主要焦点在于环境犯罪损失范围的确定。辩护人认为犯罪损失仅为 65.65 万元的环境损失,生态环境修复费用则不属于直接损失,可以认为辩护人主张依据《环境污染刑事案件司法解释(2016)》中"公私财产损失"条款定罪量刑,排除"生态环境损害"条款的适用。但是,环境损失费用中的"生态服务功能损失"同样属于第 17 条第 5 款的"生态环境损害"范围，但辩护人没有提出排除此项。值得注意的是，检察机关虽然认为应当将土壤及污水修复费用作为犯罪损失，但将其界定为"公共财产的损失"，实际上也是主张以"公私财产损失"条款定罪。

从审判结果看，本案一、二审法院都判定将土壤及污水修复费用作为环境损失，但这是否就意味着支持检察机关对土壤及污水修复费用的属性主张呢？一审法院裁判的主要依据是《最高人民法院、最高人民检察院关于办理环境污染刑事案件适用法律若干问题的解释》第 3 条第（5）、（6）项，也就是说同时适用"公私财产损失""生态环境损害"两项。如本书在第二章中所述，《环境污染刑事案件司法解释（2016）》中的"生态环境修复费用"实质应当是"生态恢复"费用，本案中生态修复费用的计算依据是"环境损害恢复方案及费用"，确属"生态环境损害"无疑。如此，本案中的"公私财产损失"为 65.65 万元，不应当适用"致使公私财产损失一百万元以上的"的量刑标准。但是，二审法院在释法过程中，仅列举了《环境污染刑事案件司法解释（2016）》第 17 条第 4 款、第 5 款关于"公私财产损失"和"生态环境损害"的范围，在未对生态环境修复费用的法律属性进行明确界定的情况下维持了一审判决。

由此可见，一、二审法院并未支持检察机关将土壤及污水修复费用定性为公私财产损失；但在量刑时又适用了公私财产损失的定罪标准，相当于间接采纳了检察机关的意见，将生态环境修复费用认定为"公私财产损失"。这一前后矛盾的属性认定，反映出现行法律规范对生态环境损害救济的不足。

（二）温州市泽远环保工程有限公司、覃某建等犯污染环境罪案❶

1. 基本案情

本案中，青田某公司于 2015 年 1 月成立，并于 2017 年 12 月 20 日领取了排放污染物许可证，负责处理温溪镇 7 号工业区入驻电镀企业产生的废水。2016 年 8 月 1 日，青田某公司与温州泽远公司签订委托运营协议，由温州泽远公司负责温溪电镀园区的污水处理，并将处理过的重金属含量达到排放限值的污水集中排放至江北污水处理厂进行深度处理。2018 年 1 月开始，江北污水处理厂对污水处理由免费转为每吨收取 1.8 元处理费。为节约污水处理成本，经温州泽远公司法定代表人覃某建、股东李某商议决定，与温州泽远公司委派至青田某公司的厂长徐某亭、车间主任周某豪合伙通过偷接管道的方式将废水直接排放至瓯江水域。2018 年 3 月 9 日至 2018 年 4 月 27 日，由青田某公司三号监控池经回用管接三通装置后沿原同心污水公司一楼市政管道排放至瓯江水域的废水量达 33 393.8 吨，造成了环境污染。

经检测，位于原同心污水公司废弃排放口处软管内余水样本中总铬浓度 913mg/L、总镍浓度 246mg/L、总铜浓度 650mg/L；位于原同心污水公司一楼管道内余水样本中总铬浓度 41.5mg/L、总镍浓度 18.7mg/L、总铜浓度 50.7mg/L，均远超过《电渡污染物排放标准》（GB21900-2008）总铬最高允许排放 1mg/L 标准的三倍以上，总镍和总铜国家排放 0.5mg/L 标准的十倍以上，其中总铬浓度最高超标达国家规定排放标准的 913 倍，总镍浓度最高超标达国家规定排放标准的 492 倍，总铜浓度最高超标达国家规定排

---

❶ 参见浙江省青田县人民法院（2018）浙 1121 刑初 221 号刑事附带民事判决书。

放标准的 1 300 倍，严重污染环境。通过虚拟治理成本法计算得到违法排放废水造成的生态环境污染损害数额为 275.647 7 万元。

检察机关指控造成生态环境特别严重损害，并提起附带民事公益诉讼要求被告青田某公司、温州泽远公司连带赔偿生态环境损害费 265.647 7 万元、并承担鉴定评估费 10 万元。

辩护人针对本案是否存在后果特别严重的情形，提出的抗辩意见主要有：（1）不宜根据鉴定评估意见书直接认定本案存在后果特别严重的情形，通过虚拟治理成本法计算出的损失数额，并未有证据证明损害费用必然会发生，在评估机构到现场调查时，所有污染情况已自然修复；（2）没有明确的法律规定这就属于生态环境特别严重损害的情形，应当作出有利于被告人的解释，认定 200 多万元仅造成生态环境严重损害；（3）浙江省没有造成生态环境特别严重损害的金额认定标准，江苏省规定 1 000 万元以上才是特别严重；三、四月份瓯江未测出重金属超标，离特别严重损害相差甚远，本案认定违法所得最多只有 53 万元，且认定金额的各种方法均缺少较为科学的依据，应以被告人私设暗管的规定构罪。因此，应认定本案污染环境行为是严重污染环境，而非后果特别严重。

2. 裁判结果

法官认为本案违法排污行为持续时间长、违法排污数量达到 33 393.8 吨，排放的废水含有重金属铬、镍、铜等经市政雨水管网排入瓯江水系，其中总铬浓度最高超过国家排放标准 913 倍，总镍浓度最高超过国家排放标准的 492 倍，总铜浓度最高超过国家排放标准 1 300 倍。被告单位及被告人作为污水处理运营的企业及责任人员，实施违法排污行为，其性质尤为恶劣，并造成上游企业停工停产。经绍兴市环保科技服务中心鉴定评估，违法排放废水造成的生态环境损害数额达 265.647 7 万元、鉴定评估费 10 万元。最终，法官认定被告单位及各被告人的行为已造成生态环境特别严重损害，属于后果特别严重，对当事人处以加重刑罚；并判处被告青田某公司、温州泽远公司连带赔偿生态环境损害费 265.647 7 万元、并承担鉴定评估费 10 万元。

本案与"廖某云、廖某业、廖某翠犯污染环境罪案"的不同之处是，"廖某云、廖某业、廖某翠犯污染环境罪案"中生态修复费用的计算来自生态恢复方案，而本案是依据虚拟治理成本法鉴定评估生态环境损害数额，并不存在生态环境修复方案。就此，抗辩意见也对其科学性也提出了质疑，认为污染情况已自然修复❶，未发生损害费用，并且认为治理成本的选择也存在不当之处，实际损害数额应为 53 万元。

本案与"廖某云、廖某业、廖某翠犯污染环境罪案"的共同之处是，本案辩护人同样对"生态环境损害"的入罪量刑标准提出了质疑。由于现行法律规范并没有规定"生态环境损害"入罪量刑的数额标准，辩护人主张"没有明确的法律规定这就属于生态环境特别严重损害"；并且援引了江苏省高级人民法院在 2018年 6 月发布的《江苏省环境污染刑事案件审理指南（一）》第 7条❷关于"生态环境损害"入罪量刑标准的规定。

---

❶ 此处的正确表述应当使用"自然恢复"，生态环境恢复中的"基本恢复"包括"自然恢复"以及"人工恢复措施"，河水的自净属于"自然恢复"。后文法官的释法过程中也采用了"自然修复"的概念，印证了本书在对"不可修复生态环境损害"概念界定时提出的，"修复"与"恢复"概念混用导致的生态环境责任界定不清晰的问题。

❷ 《江苏省环境污染刑事案件审理指南（一）》第 7 条规定："生态环境修复费用，生态环境修复期间服务功能的损失和生态环境功能永久性损害造成的损失，以及其他必要合理费用总额超过 200 万元的，可认定为'生态环境严重损害'。上述费用总额超过 1 000 万元的，可认定为'生态环境特别严重损害'。"

本案法官在释法过程中，指出"瓯江水体处于流动状态，被污染的水质可能会自然修复，但在修复费用难以计算的情况下，可以虚拟治理成本法计算生态环境损害数额"。此外，法官认为被告单位和被告人是污水处理运营的企业及责任人员，实施违法排污行为的性质尤为恶劣，并造成上游企业停工停产。因此，认定被告单位及各被告人的行为已造成生态环境特别严重损害，属于后果特别严重。但是，从整个释法过程看，法官仅列举了鉴定评估的结果，并没有对生态环境损害入罪量刑标准阙如的问题进行回应，存在"说理不足"的问题。从本案的审理可见，虽然《环境污染刑事案件司法解释（2016）》第1条第（10）项和第3条第（6）项将"生态环境损害"列入犯罪情形，但在司法实践中由于存在适用标准不明确的问题，给生态环境损害的救济带来不确定性。

二、问题发现：法官如何以虚拟治理成本定罪量刑？

上述两起案件都是环境刑事司法实践中极少的以"生态环境损害"对被告人进行定罪量刑的案件，其中，"温州市泽远环保工程有限公司、覃某建等犯污染环境罪案"以虚拟治理成本法对生态环境损害进行鉴定评估。两案的共同点是被告均对"生态环境损害"的入罪量刑标准提出了质疑，而"温州市泽远环保工程有限公司、覃某建等犯污染环境罪案"则进一步对虚拟治理成本法的刑事司法适用之可能性提出了质疑。

由于虚拟治理成本法对生态环境损害的鉴定依据为现实中并未发生的治理，其测量出的法益具有一定的拟制性，因此对在环境刑事司法实践中是否可以将虚拟治理成本认定为危害后果是存在争议的❶，

---

❶ 焦艳鹏. 生态文明保障的刑法机制［J］. 中国社会科学，2017（11）：75–98.

这也反映出不虚拟治理成本法在环境刑事司法实践中运用的困难。如何界定虚拟治理成本的法律属性，并以其作为生态环境损害行为人定罪量刑的依据？❶ 已经成为虚拟治理成本法在刑事司法运用中的关键问题。

为回答这一问题，本书认为，通过考察法官在环境刑事司法实践中如何运用虚拟治理成本法的鉴定评估结果，分析法官的裁判逻辑，可期发现解决之道。为此，本章以虚拟治理成本法在环境刑事司法实践中的运用为研究对象，对已有的涉及虚拟治理成本法的环境刑事司法文书进行实证解析，以发现虚拟治理成本法刑事司法运用的问题。

第三节　虚拟治理成本法在刑事司法实践中的实证分析

一、样本的来源及基本情况

本书以"虚拟治理成本""治理成本法"❷ 为关键词，不限时间范围，以中国裁判文书网的案件为检索对象，检索日期截至 2022 年 9 月 20 日，获得运用虚拟治理成本法计算生态环境损害数

---

❶ 刑事司法实践中运用虚拟治理成本法的关键是，如何对虚拟治理成本定性以正确适用定罪量刑标准。

❷ 环境保护部在 2016 年 6 月 30 日印发的《生态环境损害鉴定评估技术指南 总纲》（环办政法〔2016〕67 号）中，将"虚拟治理成本法"更改为"治理成本法"，但评估方法与适用范围并无变化；《技术指南（总纲）》沿用了该表述。此外，有司法文书采用"虚拟成本法"指代"虚拟治理成本法"，OpenLaw 在检索时会通过关键词模糊识别，经比对检索，未发现遗漏情况。

额的环境刑事司法文书 139 份❶。经整理剔除重复信息并对同一案件的不同审级进行并案处理后，获得运用虚拟治理成本法的污染环境犯罪案件 127 件。为保证样本数据的充分性，本书在北大法宝·司法案例、威科先行·法律信息库、OpenLaw 等法律数据库中进行了同样条件的检索，通过检索结果的相互比对，可以认为基本已穷尽检索时可公开获知的案件信息。

139 份司法文书中，有 24 份分别对应了 12 起案件的不同审级，分别为：（1）"天津市北辰区人民检察院诉宋某生、李某庆等犯污染环境罪案"❷；（2）"山东省博兴县人民检察院诉路某某、温某某犯污染环境罪案"❸；（3）"江苏省泰州市海陵区人民检察院诉陈某银犯污染环境罪、诈骗罪案"❹；（4）"浙江省嘉兴市秀洲区人民检察院诉姚某法等八人犯污染环境罪案"❺；（5）"山西省永济市人民检察院诉高某等十二人犯污染环境罪案"❻；（6）"山东省济南市章丘区人民检察院诉白某某等犯污染环境罪案"❼；（7）"青海省海东市

---

❶ 对刑事附带民事诉讼案件，本书根据检察机关是否将虚拟治理成本法鉴定评估的结果作为刑事证据提出，决定是否将其纳入环境刑事司法实践的统计分析范围。以此筛选出符合条件的案件 3 起，分别为表 4-3 中第 4、26、34 号案件。

❷ 参见天津市北辰区人民法院（2013）辰刑初字第 443 号刑事判决书、天津市第一中级人民法院（2014）一中刑终字第 78 号刑事裁定书。

❸ 参见山东省博兴县人民法院（2016）鲁 1625 刑初 218 号刑事判决书、山东省滨州市中级人民法院（2017）鲁 16 刑终 92 号刑事裁定书。

❹ 参见江苏省泰州市海陵区人民法院（2016）苏 1202 刑初 244 号刑事判决书、江苏省泰州市中级人民法院（2016）苏 12 刑终 282 号刑事裁定书。

❺ 参见浙江省嘉兴市秀洲区人民法院（2018）浙 0411 刑初 526 号刑事判决书、浙江省嘉兴市中级人民法院（2020）浙 04 刑终 40 号刑事裁定书。

❻ 参见山西省永济市人民法院（2019）晋 0881 刑初 105 号刑事判决书、山西省运城市中级人民法院（2019）晋 08 刑终 588 号刑事裁定书。

❼ 参见山东省济南市章丘区人民法院（2016）鲁 0181 刑初 364 号刑事判决书、山东省济南市中级人民法院（2018）鲁 01 刑终 54 号刑事裁定书。

平安区人民检察院诉摆某、赵某、黄某犯污染环境罪案"❶；
（8）"江苏省南京市六合区人民检察院诉纳尔科工业服务（南京）
有限公司、冯某忠、陈某朋、顾某犯污染环境罪案"❷；（9）"江苏
省淮安市清江浦区人民检察院诉沈某兴等十四人犯污染环境罪案"❸；
（10）"广东省佛山市三水区人民检察院诉汤某、赵某勇、李某国、
李某军等犯污染环境罪案"❹；（11）"广东省佛山市三水区人民检察
院诉何某华、王某快、赵某星犯污染环境罪案"❺；（12）"安徽省阜
阳市颍泉区人民检察院诉牛某义、张某杰犯污染环境罪案"❻。本书
在进行统计分析时，对该12起案件的司法文书进行了并案处理。

二、虚拟治理成本法在刑事司法中运用的统计分析

经统计分析，127起生态环境损害刑事案件的概况如下：

（一）要素分布

环境实务中，同一污染行为往往会导致多个环境要素受损害，
本书将同一行为涉及两种或两种以上环境要素受污染的情形界定
为"综合污染"，计有33起案件。司法实践中，检察机关在起诉
时对"综合污染"情形中的具体受损环境要素通常不作明确区分，

---

❶ 参见青海省海东市平安区人民法院（2019）青0221刑初32号刑事判决书、青海省
海东市中级人民法院（2020）青02刑终7号刑事裁定书。

❷ 参见江苏省南京市六合区人民法院（2018）苏0116刑初819号刑事判决书、江苏
省南京市中级人民法院（2019）苏01刑终612号刑事裁定书。

❸ 参见江苏省淮安市清江浦区人民法院（2018）苏0812刑初523号刑事判决书、江
苏省南京市中级人民法院（2019）苏01刑终849号刑事裁定书。

❹ 参见广东省佛山市三水区人民法院（2019）粤0607刑初65号刑事判决书、广东省
佛山市中级人民法院（2019）粤06刑终833号刑事裁定书。

❺ 参见广东省佛山市三水区人民法院（2019）粤0607刑初66号刑事判决书、广东省
佛山市中级人民法院（2019）粤06刑终832号刑事裁定书。

❻ 参见安徽省阜阳市颍泉区人民法院（2017）皖1204刑初47号刑事判决书、安徽省
阜阳市中级人民法院（2018）皖12刑终91号刑事裁定书。

但考虑到虚拟治理成本法在鉴定评估时，并无"综合污染"一项，仍是对具体的环境要素进行计算，为更清晰表明司法实践中虚拟治理成本法的运用范围，本书对涉及"综合污染"的案件进行了梳理，将"综合污染"涉及的环境要素进行了拆分统计，得到虚拟治理成本法涉及的污染类型分布如图10所示。

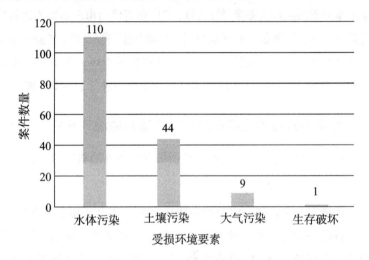

图10 刑事司法实践中以虚拟治理成本法评估的环境要素分布示意图

从图10可见，127起案件中，除一起案件为生态破坏外❶；其余126起案件覆盖了水体污染、土壤污染、大气污染三种环境要素损害，其中，涉及水体污染的案件110起，涉及土壤污染的案件44起，涉及大气污染的案件9起。显然，虚拟治理成本法在环境刑事司法实践中的运用与在民事司法实践中相同，以水体污染的相关性最高，其次是土壤污染，而与大气污染的相关性最低。

---

❶ "经现场勘查，涉案区域在非法修路期间，造成区域内山体植被表层被完全挖开，大面积山体裸露，生态系统严重毁坏，没有采取任何防护或修复措施。"参见河南省禹州市人民法院（2019）豫1081刑初538号刑事判决书。

（二）地域分布

从案件受理地域分布情况分析，127 起案件分布在 18 个省份，结果如图 11 所示：

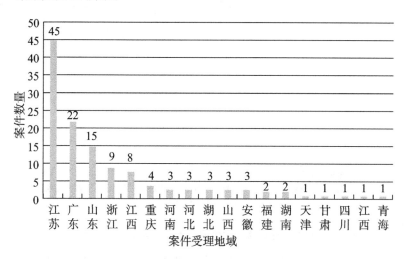

图11　民事司法实践中以虚拟治理成本法评估的地域分布示意图

其中，江苏省 45 起，占比约 35%；广东省 22 起，占比约 17%；山东省 15 起，占比约 12%；浙江省 9 起，占比约 7%；江西省 8 起，占比约 6%；重庆市 4 起，占比约 3%；河南省、河北省、湖北省、山西省、安徽省各 3 起，占比各约 2%；福建省、湖南省各 2 起，占比各约 2%；天津市、甘肃省、四川省、江西省、青海省各 1 起，占比各约 1%。统计结果表明，虚拟治理成本法在环境刑事司法实践中的运用与环境民事司法实践中的相类似，在沿海经济发达地区的数量明显高于内陆地区，其中长三角地区和珠三角地区又占据了多数。

（三）时间分布

以虚拟治理成本法评估的刑事案件数量的立案时间与裁判时

间统计情况如图 12 所示，对存在多个审级的案件，本书以初审立案时间、终审裁判时间分别作为立案、裁判时间进行统计。

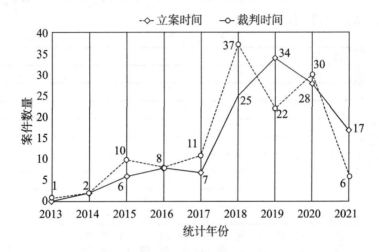

图 12　以虚拟治理成本法评估的刑事案件数量随时间变化示意图

"天津市北辰区人民检察院诉宋某生、李某庆等犯污染环境罪案"是虚拟治理成本法第一次在环境刑事司法实践中运用，本案采用虚拟治理成本法评估环境损失为污染修复费用 600 万元❶，法院依此判决行为人造成环境损害"后果特别严重"。❷ 此案之后，虚拟治理成本法在司法裁判中获得了更多运用。

从案件立案时间的统计结果分析，虚拟治理成本法在 2015 年出现了立案数量的第一个高峰期，这一情况的出现是受到了《推荐方法（第Ⅱ版）》出台的影响，因为在此之前司法实践中难以处

---

❶ 本案中，环境损失鉴定评估应用的是《推荐方法（第Ⅰ版）》，如依其界定，本案的环境损失不属于"生态环境资源损害"；但考虑到《推荐方法（第Ⅱ版）》已经废止了这一错误界定，本书仍将此案划归本书的统计范围。

❷ 参见天津市北辰区人民法院（2013）辰刑初字第 443 号刑事判决书。

理的不可修复生态环境损害量化问题有了科学的解决方案❶。如图 12 所示，2016 年的立案数量有所回落，反映出环境刑事司法实践中出现了一些有待厘清的问题，对虚拟治理成本法在环境刑事司法实践中的运用形成了一定的阻碍。❷ 2018 年是虚拟治理成本法在环境刑事司法实践中运用的第二个高峰期，这一结果与环境民事司法实践中相类似，与环境保护部办公厅在 2017 年公布的《关于虚拟治理成本法的说明》有关，该说明为法院裁判不可修复生态环境损害案件提供了更加明确的科学指引。

对裁判时间的统计分析表明，2013 年至 2019 年，运用虚拟治理成本法的案件裁判数量逐年增加并趋于稳定，表明这一方法在环境刑事司法裁判中的运用呈上升趋势。❸ 之所以出现这一结果，除前文提到的《推荐方法（第Ⅱ版）》出台的影响外，最高人民法院（2015）民申字第 1366 号 "泰州市环保联合会诉江苏常隆农化有限公司、泰兴锦汇化工有限公司等水污染案" 确认了虚拟治理成本法在司法实践中的证明效力，也对虚拟治理成本法在司法实践中的运用起到了促进作用。需要说明的是，图 12 中 2019 年后立案数量和 2020 年后裁判数量的回落，与司法公开实践中存在的裁判文书上网迟滞有关，并不意味着虚拟治理成本法在环境刑事司

---

❶ 《推荐方法（第Ⅱ版）》将虚拟治理成本法鉴定评估的结果定性为 "生态环境损害"，并在《突发环境损害评估推荐方法》中明确了具体计算方法。

❷ 例如，马鞍山市玉江机械化工有限公司、张某福犯污染环境罪案中，安徽省环境科学研究院以虚拟治理成本法估算了生态环境损害，但检察机关起诉时并未使用该评估意见作为证据，而在民事公益诉讼中绿发会采用该评估意见作为生态环境损害赔偿的依据。参见安徽省马鞍山市博望区人民法院（2017）皖 0506 刑初 25 号刑事判决书、安徽省马鞍山市中级人民法院（2016）皖 05 民初 113 号民事判决书。

❸ 该现象反映了法官对虚拟治理成本法的接受程度的提高，而立案数量的回落反映的是检察机关对以虚拟治理成本法提起刑事之诉的犹疑，分属环境刑事司法实践的不同环节，结论并无冲突之虞。

法实践中的运用减少。❶

（四）采纳情况

以虚拟治理成本法评估的案件类型分布以及虚拟治理成本法在环境刑事司法实践中的采纳情况如图 13 所示。

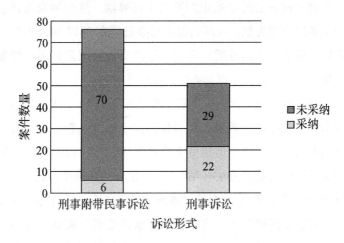

图13　以虚拟治理成本法评估的刑事案件类型及采纳情况示意图

从虚拟治理成本法被采纳的情况看，127 起案件中有 28 起案件采纳了虚拟治理成本作为定罪量刑的依据，99 起案件未采纳❷，采纳案件占比仅约 22%，虚拟治理成本法在环境刑事司法审判中的采纳比例不高。值得注意的是，未采纳案件中有大量的刑事附带民事诉讼案件，对于附带民事诉讼的案件，法官在审理时会倾向于认

❶　在本书的统计案例中，刑事司法中运用虚拟治理成本法的另有 26 起刑事附带民事诉讼案件；因为法官以虚拟治理成本作为民事责任的裁判依据，且未明确表示是否以其定罪量刑，所以本书将其纳入了民事案件的统计范围。

❷　99 起未采纳案件中，有 7 起在司法文书中明确拒绝采纳虚拟治理成本法的评估结果，其余 92 起虽未在司法文书中明示，但根据法官判决时依据的法律条文或鉴定结果与量刑区间的比较，可以推定法官在量刑时实际排除了虚拟治理成本法的鉴定结果。

为"虚拟"的证明力不强,其效力不足以作为刑事案件的证据,但仍将其作为生态环境损害赔偿的依据。本书对无附带民事诉讼的刑事案件进行了分析,发现未采纳的29起案件中有12起由江苏省如皋市人民法院判决、6起由山东省滨州市滨城区人民法院判决。考虑到司法实践中同一法院的裁判逻辑较为一致,以案件数为参数的统计结果可能会扭曲真实情况,本书以案件审判法院的数量为参数,对采纳情况进行了重新统计❶,结果变为"采纳:未采纳 = 19:13"。显然,以法院数量作为统计参数时,虚拟治理成本法在审判中被采纳的比率有明显上升,反映出法官在环境刑事司法实践中更加倾向于采纳虚拟治理成本作为定罪量刑的标准。

值得注意的是,在未采纳虚拟治理成本法定罪量刑的无附带民事诉讼刑事案件中,有12起案件的被告,就以虚拟治理成本法评估得到的生态环境损害签订了赔偿协议或进行了主动缴纳,法官在量刑时对此进行了确认,进行了减刑或缓刑❷;另有1起案件,以虚拟治理成本法确定的环境修复费用相对较低,法官在量

---

❶ 以是否采纳的法院数量进行统计时,本书将不同审级的法院分开进行了统计。例如,山东省济南市章丘区人民检察院诉白某某等犯污染环境罪案中,一审法院并未采纳虚拟治理成本作为入罪量刑的依据,二审法院以适用法律错误为由对一审法院判决进行了变更,采纳虚拟治理成本法的评估结果作为量刑依据。参见山东省济南市中级人民法院(2018)鲁01刑终54号刑事判决书。

❷ 参见江苏省如皋市人民法院(2019)苏0682刑初501号刑事判决书、江苏省灌南县人民法院(2019)苏0724刑初82号刑事判决书、江苏省如皋市人民法院(2020)苏0682刑初1007号刑事判决书、江苏省如皋市人民法院(2020)苏0682刑初843号刑事判决书、江苏省如皋市人民法院(2020)苏0682刑初851号刑事判决书、江苏省如皋市人民法院(2020)苏0682刑初933号刑事判决书、江苏省如皋市人民法院(2020)苏0682刑初943号刑事判决书、江苏省如皋市人民法院(2020)苏0682刑初971号刑事判决书、江苏省苏州市姑苏区人民法院(2021)苏0508刑初17号刑事判决书、江苏省如皋市人民法院(2021)苏0682刑初407号刑事判决书、江苏省如皋市人民法院(2021)苏0682刑初455号刑事判决书、江苏省如皋市人民法院(2021)苏0682刑初519号刑事判决书。

刑时对此予以综合考量，对被告予以从轻判处❶。以上 13 起案件，可以视为对虚拟治理成本的间接采纳；另有 7 起案件则因为未采纳虚拟治理成本法的评估结果而影响了量刑区间❷。由此可见，环境刑事司法实践中虚拟治理成本法的采纳与否对被告人的定罪量刑有较为直接的影响。

（五）定性分布

检察机关在提起公诉时，对虚拟治理成本的定义通常会直接采用鉴定机构的评估意见，分为"污染修复费用"以及"生态环境损害"两类，这也是《推荐方法（第Ⅰ版）》《推荐方法（第Ⅱ版）》《技术指南（总纲）》对虚拟治理成本的不同界定。评估意见对虚拟治理成本的界定属于环境科学的定义，根据罪刑法定原则，科学定义仍需通过法官的解释转化为法律定性，才能够在环境刑事司法实践中得到适用。

为廓清环境刑事司法实践中虚拟治理成本的法律属性，本书针对 16 起采纳虚拟治理成本法的案件，以司法文书中法官对虚拟治理成本的解释以及裁判时适用的法律条文为依据，对法官在环境刑事司法实践中如何定性虚拟治理成本进行了归纳，具体包括"公私财产损失""其他后果特别严重的情形""生态环境损害"三类，分布如图 14 所示。

显然，在采纳虚拟治理成本的案件中，"公私财产损失"的定性占到绝对多数，是环境刑事司法裁判中适用虚拟治理成本法的主要考量；其次是"生态环境损害"，有五起案件依此定性；仅有

---

❶ 参见江苏省常熟市人民法院（2018）苏 0581 刑初 1492 号刑事判决书。

❷ 7 起案件中，虚拟治理成本法的评估结果都超过了 100 万元，如果依"公私财产损失"的定罪量刑标准，应当处以三年以上七年以下有期徒刑，但实际刑罚为"三年以下有期徒刑"或"免于刑事处罚"。

两起案件适用了兜底条款"其他后果特别严重的情形"。

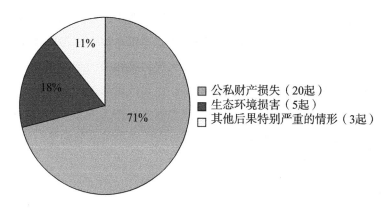

图14　刑事司法实践中虚拟治理成本的定性分布示意图

第四节　小　　结

　　本章对虚拟治理成本法在刑事司法实践中的运用进行了分析。

　　首先，对我国生态环境损害刑事法律制度的沿革进行了分析，发现，我国《刑法》对环境的保护经历了从无到有的发展过程，保护的环境要素也已经扩张到全部环境要素，并通过司法解释将"生态环境损害"明文纳入了刑法的规制范围。

　　其次，通过对两起以"生态环境损害"定罪量刑的案例进行比较，发现，刑事司法实践中以"生态环境损害"为由对被告人处以刑罚的案件极少，而该两起案件中，定罪量刑的标准问题均引起了被告的质疑与抗辩；如何界定虚拟治理成本的法律属性，并以其作为生态环境损害行为人定罪量刑的依据？已经成为虚拟治理成本法在刑事司法运用中的关键问题。

　　最后，通过对 127 起以虚拟治理成本法鉴定评估的刑事案件进行实证分析，发现，与在环境民事司法实践中的运用相似，虚拟治理成本法在环境刑事司法实践中主要运用在与水体污染相关的案件，土壤污染相关的案件次之，大气污染相关的案件最少；案发地主要分布在沿海经济发达地区；立案数量和裁判数量随时间变化呈现先增后减趋势；采纳虚拟治理成本作为定罪量刑裁判标准的法官占多数；刑事司法文书中对虚拟治理成本的定性以"公私财产损失"为绝对多数。

第四章

虚拟治理成本法司法运用的
修正与展望

在前两章的研究中，本书对虚拟治理成本法的司法运用进行了实证分析，发现了虚拟治理成本法在环境司法实践中存在的主要问题。本章对发现的问题进行了概括和回应，通过学理上的分析，提出完善虚拟治理成本法司法运用法律支撑制度的建议。

由于司法本身具有被动和保守的特征，而成文法的稳定性与变动不安的现实社会之间又必然存在张力和冲突；在进行制度建构时，应首先考虑在既有制度框架下能否实现目标。❶ 因此，本书在提出完善制度的建议时，着重于在现有法律制度体系下，通过调整虚拟治理成本法的司法运用，以实现不可修复生态环境损害司法救济之目的。

---

❶ 吕忠梅，等．环境司法专门化：现状调查与制度重构［M］．北京：法律出版社，2017：143．

第一节 虚拟治理成本法司法运用中
存在的问题分析

统计数据反映出虚拟治理成本法司法运用的概况，但不足以发现更多虚拟治理成本法司法运用的细节问题，如法官如何对虚拟治理成本的法律属性进行界定？在定性过程中的说理情况如何？就虚拟治理成本法的司法运用而言，探析法官在具体案件中如何对虚拟治理成本进行解释，以及如何确定相应的法律责任，就其中存在的问题进行分析，这对于理解法官的裁判逻辑，完善虚拟治理成本法司法运用的法律支撑制度更具指导意义。

一、虚拟治理成本法司法运用的定性问题

（一）虚拟治理成本在环境民事司法实践中的定性问题

环境民事司法实践中，法院在界定虚拟治理成本的法律属性时使用不同表述，存在分歧。然而，文本的差异并不能精确反映法官对虚拟治理成本的定性分歧程度；通过深入研读司法文书，本书对图9中虚拟治理成本的定性进行了类型化分析，根据法官定性时的用词是否包含"修复"文本，将案件分为"修复费用""损害赔偿"两大类，具体分类如下：

1. 修复费用

（1）污染修复费用。将虚拟治理成本定性为"污染修复费用"的案件有7起，本书认为，法官在裁判时作如此定性的主要原因是《推荐方法（第Ⅰ版）》将虚拟治理成本定性为"污染修复费用"。并且，本书发现在以虚拟治理成本法鉴定评估的早期民事案件中，

法官裁判时倾向于以环境科学的结论作为定性依据。❶

　　2014 年 10 月 24 日，《推荐方法（第Ⅰ版）》被《推荐方法
（第Ⅱ版）》明文废止❷，而本分类下有 3 起案件都是在此之后立
案，却仍然将虚拟治理成本定性为"污染修复费用"，鉴定评估规
范适用错误。2015 年立案的"常州市人民检察院诉许某惠、许某
仙环境污染责任纠纷案"❸ 中，法院在裁判时采纳了以《推荐方法
（第Ⅰ版）》鉴定评估的损害赔偿❹；2016 年立案的"江苏省环保
联合会与江苏省人民政府诉德司达（南京）染料有限公司环境污
染责任纠纷案"❺ 中，裁判书中载明本案《评估报告》于 2014 年
10 月 30 日出具并采用了《推荐方法（第Ⅰ版）》，超出了《推荐
方法（第Ⅰ版）》有效期❻；2019 年立案的"江苏省无锡市锡山区

---

❶　7 起案件中有 4 起在 2014 年之前（含 2014 年）立案，在此期间环境损害鉴定评
　　估适用的规范文件为《推荐方法（第Ⅰ版）》，法官在判决时都将虚拟治理成本
　　直接定性为"污染修复费用"。参见江苏省苏州市吴江区人民法院（2013）吴江
　　民初字第 1809 号民事判决书、江苏省连云港市中级人民法院（2014）连环公民
　　初字第 00001 号民事判决书、江苏省连云港市中级人民法院（2014）连环公民初
　　字第 00002 号民事判决书、江苏省高级人民法院（2014）苏环公民终字第 00001
　　号民事判决书。

❷　《推荐方法（第Ⅱ版）》"10 附则"规定："自本方法发布之日起，《环境污染事
　　故损害数额计算推荐方法（第Ⅰ版）》正式废止。"

❸　本案于 2015 年 12 月 22 日立案，2016 年 4 月 14 日开庭并审结。参见江苏省常州
　　市中级人民法院（2015）常环公民初字第 1 号民事判决书。

❹　本书认为，可能的原因是被告并未就此提出抗辩，而法官或者是并未注意到环境
　　损害鉴定评估方法的变化，或者是出于司法效率的考量，因此没有向被告进行
　　释明。

❺　本案于 2016 年 12 月 1 日立案，2017 年 4 月 26 日开庭，2017 年 7 月 26 日审结。
　　参见江苏省南京市中级人民法院（2016）苏 01 民初 1203 号民事判决书。

❻　本案中，或许是为了避开《评估报告》有效性的争议，虽然《评估报告》将虚
　　拟治理成本定性为"污染修复费用"，但法官在判决中则将其定性为"环境修复
　　费用"。本书仍然根据《评估报告》，将本案对虚拟治理成本的定性归类为"污
　　染修复费用"。

人民检察院诉华某甲环境污染责任纠纷案"❶ 中，裁判书中虽未明确采用了哪一版推荐方法，但是从该案《评估报告》对虚拟治理成本的定性用词"环境污染损害费用"判断，本书认为该案有较大可能采用了《推荐方法（第Ⅰ版）》❷。3 起案件中鉴定评估规范适用错误的情况表明，司法实践中法官实际上并未对鉴定评估的有效性进行审查。

值得注意的是，类似情形在其他案件中同样存在，如"泰州市环保联合会诉江苏常隆农化有限公司、泰兴锦汇化工有限公司等水污染案"。与前述 3 起案件不同的是，《推荐方法（第Ⅱ版）》是在该案一审结束后才出台的。该案中，泰兴锦汇化工有限公司在再审申请中提出《推荐方法（第Ⅰ版）》在二审时已经失效，而二审法院并未依据《推荐方法（第Ⅱ版）》对环境损害重新进行评估鉴定，因此二审判决适用法律错误。对此，最高人民法院认为，本案损害事实发生时只有《推荐方法（第Ⅰ版）》，并且在《推荐方法（第Ⅱ版）》中，虚拟治理成本法仍是常用的环境价值评估方法，驳回了泰兴锦汇化工有限公司的再审申请。❸ 此外，在"湖北省十堰市人民检察院诉郧西县魏多成养猪专业合作社环境污染责任纠纷案"中，环保专家在作出环境污染损害咨询意见时也援引了当时已失效的《推荐方法（第Ⅰ版）》，但在具体计算时采用的则是《推荐方法（第Ⅱ版）》《突发环境损害评估推荐方法》《关

---

❶ 本案于 2019 年 1 月 17 日提起附带民事公益诉讼，2019 年 2 月 27 日开庭，2019 年 3 月 14 日审结。参见江苏省无锡市锡山区人民法院（2019）苏 0205 刑初 1 号刑事附带民事判决书。

❷ 《推荐方法（第Ⅰ版）》全称为《环境污染损害数额计算推荐方法（第Ⅰ版）》，而《推荐方法（第Ⅱ版）》全称为《推荐方法（第Ⅱ版）》，"环境污染损害"是《推荐方法（第Ⅰ版）》的标题文本。

❸ 参见最高人民法院（2015）民申字第 1366 号民事裁定书。

于虚拟治理成本法的说明》，而法院对此不当援引也未进行审查纠正。❶

（2）生态环境修复费用。将虚拟治理成本直接定性为"生态环境修复费用"的案件有25起❷。此外，在"山东省聊城市人民检察院诉被告许某珍、刘某义、许某芳环境污染责任纠纷案"中，法官在判决中将虚拟治理成本定性为"污染治理及生态修复费"❸；在"江苏省无锡市人民检察院诉无锡和晶科技股份有限公司环境污染责任纠纷案"中，法官在裁定书中将被告承担的赔偿界定为"环境虚拟修复费"❹。据此，本书将该两起案件对虚拟治理成本的定性也归类到"生态环境修复费用"。

27起案件将虚拟治理成本定性为"生态环境修复费用"的情况表明，司法实践中不少法官在对虚拟治理成本定性时并未遵循

---

❶ 本案中的环境污染损害咨询意见于2017年11月3日作出，本书根据法官判决时的定性"生态环境修复费用、生态环境受到损害至恢复原状期间服务功能损失"将其归类于"期间服务功能损失"。参见湖北省十堰市中级人民法院（2018）鄂03民初6号民事判决书。

❷ 19起案件直接采用"生态环境修复费用"进行定性，另有6起案件的用词略有差异，分别为："生态修复费用"［广州海事法院（2017）粤72民初541号民事判决书、安徽省马鞍山市中级人民法院（2016）皖05民初113号民事判决书］、"生态损害修复费用"［山东省烟台市中级人民法院（2017）鲁06民初8号民事判决书］、"生态环境修复费"［江苏省江阴市人民法院（2018）苏0281刑初1199号刑事附带民事判决书、（2018）苏0281刑初1944号刑事附带民事判决书］、"生态修复费"［湖南省资兴市人民法院（2018）湘1081刑初109号刑事附带民事判决书］。

❸ 本案中的鉴定评估意见由淄博市环保局周村分局出具，其中虚拟治理成本定性为"污染土地处置费用""污染土壤治理及生态修复处置费用"，前后文本不统一，本书采用了判决中的表述。参见山东省淄博市中级人民法院（2017）鲁03民初53号民事判决书。

❹ 本案中由于生态环境已无法进行现实修复，原告无锡检察院提出异地修复方案，费用由被告承担。参见江苏省无锡市中级人民法院（2018）苏02民初411号民事裁定书。

不可修复生态环境损害的科学属性。此外，在司法文书中避开直接将虚拟治理成本定性为"生态环境修复费用"，判决将虚拟治理成本用于"污染治理及生态修复""环境虚拟修复"的两起案件，更是反映出法官在界定虚拟治理成本法律属性时的犹疑。

需要注意的是，由于《环境民事公益诉讼司法解释》第 20 条第 3 款已经明确了生态环境修复费用范围包括制定、实施修复方案的费用和监测、监管等费用，而虚拟治理成本并不存在修复方案及相关费用，所以司法实践中将虚拟治理成本直接定性为"生态环境修复费用"的做法与《环境民事公益诉讼司法解释》是明显相悖的。为了避免这一冲突，有法官注意到《环境民事公益诉讼司法解释》在生态环境修复费用之外，通过第 21 条规定了可以对"生态环境受到损害至恢复原状期间服务功能损失"实施救济，于是将虚拟治理成本定性为"期间服务功能损失"。

（3）期间服务功能损失❶。在 134 起案件中，有 8 起案件将虚拟治理成本定性为"生态环境受到损害至恢复原状期间服务功能损失"，并且均判处被告在承担生态环境修复责任的同时，承担期间服务功能损失赔偿。其中，有 5 起案件判处被告采取修复措施，另有 3 起案件判处被告直接支付生态环境修复费用。

5 起判处被告采取修复措施的案件，在生态环境修复责任的具体承担形式上仍存在差异，法院并未按《环境民事公益诉讼司法解释》第 20 条的要求，直接判处被告将生态环境修复到损害发生之前的状态和功能，而是分别设定了三种不同的"修复合格"判断标准：

---

❶ 《环境民事公益诉讼司法解释》第 24 条规定，生态环境受到损害至恢复原状期间服务功能损失的赔偿款项，也应当用于修复受损生态环境，因此本书将其归类于"修复费用"。

一是以环境质量标准为修复标准。例如，在"广东省广州市人民检察院诉张某山、邝某尧环境污染责任纠纷案"中，法院判处被告修复受损水体水质到地表水第Ⅴ类水标准❶；在"中山市环境科学学会诉李某祥、苏某新环境污染责任纠纷案"中，法院判处被告修复案地块（原为水塘）的水质至地表水第Ⅲ类标准、土壤第Ⅲ类标准❷。

二是以环保要求为修复标准。例如，在"湖北省人民检察院汉江分院诉利川市五洲牧业有限责任公司环境污染责任纠纷案"中，法院判处被告清理养猪场范围内及其蓄粪池中的养殖废弃物，达到环保要求❸；在"湖北省十堰市人民检察院诉郧西县魏多成养猪专业合作社环境污染责任纠纷案"中，法院判处被告清理养猪场范围内及其蓄粪池中的养殖废弃物，达到环保要求❹。对于环保要求具体为何？法院在判决时并未进行说明。

三是以验收合格为标准。例如，在"江西省上栗县人民检察院诉巢某平、乐某环境污染责任纠纷案"中，法院判处被告自行对案发现场受污染的土壤进行修复，修复前将修复方案送公益诉讼起诉人，即江西省上栗县人民检察院，并由江西省上栗县人民检察院与上栗县环境保护局共同审查、监督执行并负责修复后的验收❺。

3 起判处被告直接支付生态环境修复费用的案件，对修复费用的界定各不相同。在"浙江省开化县人民检察院诉衢州瑞力杰化工有限公司环境污染责任纠纷案"中，法院判处被告支付修复受

---

❶　参见广东省广州市中级人民法院（2017）粤 01 民初 223 号民事判决书。
❷　参见广东省广州市中级人民法院（2017）粤 01 民初 201 号民事判决书。
❸　参见湖北省汉江中级人民法院（2016）鄂 96 民初 18 号民事判决书。
❹　参见湖北省十堰市中级人民法院（2018）鄂 03 民初 6 号民事判决书。
❺　参见江西省上栗县人民法院（2018）赣 0322 刑初 199 号刑事附带民事判决书。

损地块生态环境费用，并指定了土壤修复工程实施方案❶；在"中华环保联合会诉江西龙天勇有色金属有限公司污染环境污染责任纠纷案"中，法院判处被告支付生态环境修复费用及生态环境受到损害至恢复原状期间服务功能损失❷；在"中国生物多样性保护与绿色发展基金会诉云南泽昌钛业有限公司环境污染责任纠纷案"中，法院判处被告支付环境替代修复费用❸。3 起案件 3 种定性的情况也表明，司法实践中法院在对虚拟治理成本作"期间服务功能损失"定性时，存在较大的分歧。

2. 损害赔偿

（1）生态环境损害赔偿。23 起将虚拟治理成本定性为"生态环境损害赔偿"的案件，由于《环境民事公益诉讼司法解释》仅模糊地规定所获赔偿费用应当用于修复被损害的生态环境，未对"环境修复""生态恢复"进行区分，导致法官在裁判时难以形成统一的逻辑。司法实践中，法官指定的赔偿费用用途，可归纳为四种情形：

一是不说明赔偿费用的用途。有 13 起案件采用了此种方式，仅将虚拟治理成本界定为生态环境损害赔偿❹。需要特别指出的是，13 起案件中有 1 起为政府提起的生态环境损害赔偿案件——"山东省生态环境厅诉山东金诚重油化工有限公司、山东弘聚新能源有限公司生态环境损害赔偿纠纷案"。本案中，原告山东省生态环境厅向被告主张的赔偿主要包括，应急处置造成的经济损失和

---

❶ 参见浙江省开化县人民法院（2017）浙 0824 民初 3843 号民事判决书。

❷ 参见江西省高级人民法院（2018）赣民终 189 号民事判决书。

❸ 参见云南省昆明市中级人民法院（2018）云 01 民初 32 号民事判决书。

❹ 《环境民事公益诉讼司法解释》以及《改革方案》中均已规定，生态环境损害赔偿需用于生态环境修复，司法实践中法院采用此种方式亦无不可。

生态损害赔偿费用；并且，与前述 8 起将虚拟治理成本界定为期间服务功能损失的案件不同，本案明确了虚拟治理成本的性质为生态损害赔偿费用，而非期间服务功能损失❶。此外，13 起案件中有 11 起为刑事附带民事诉讼案件，这一现象或许表明，司法实践中刑事庭的法官在审理涉及生态环境损害的公益诉讼时，较少关注生态环境损害赔偿的具体用途。

二是用于地区生态环境保护、修复、治理。在"北京市朝阳区自然之友环境研究所诉泰州市沃爱特化工有限公司环境污染责任纠纷案"中，法院将虚拟治理成本定性为生态环境损害费用，并指明用于被告所在地区的环境修复❷；在以调解结案的"中华环境保护基金会诉安徽淮化集团有限公司大气环境污染责任纠纷案"中，原告与被告达成和解协议，约定将被告支付款项用于被告所在地区的环境治理❸；在"北京市人民检察院第四分院诉北京多彩联艺国际钢结构工程有限公司环境污染责任纠纷案"中，法院判处被告生态环境损害赔偿，并要求将赔偿款专项用于生态环境保护、修复、治理❹；在"中国生物多样性保护与绿色发展基金会诉秦皇岛方圆包装玻璃有限公司环境污染责任纠纷案"中，法院判

❶ 参见山东省济南市中级人民法院（2017）鲁 01 民初 1467 号民事判决书。

❷ 值得一提的是，本案的《评估报告书》于 2014 年 4 月出具，适用《推荐方法（第 I 版）》；而本案法官并未直接采用《评估报告书》的鉴定结论，将虚拟治理成本定性为"污染修复费用"。参见江苏省泰州市中级人民法院（2015）泰中环公民初字第 00003 号民事判决书。

❸ 本案中，生态环境损害鉴定评估报告将虚拟治理成本界定为生态环境损害，和解协议中将其定性为大气环境治理费用，并指明用于被告所在地区淮南市的环境治理。参见安徽省淮南市中级人民法院（2016）皖 04 民初 135 号民事调解书。

❹ 参见北京市第四中级人民法院（2017）京 04 民初 73 号民事判决书、北京市高级人民法院（2018）京民终 453 号民事判决书。

处赔偿款项用于被告所在地区的环境治理❶。值得注意的是，在将虚拟治理成本定性为生态环境损害赔偿并用于地区生态环境保护、修复、治理的 4 起案件中，有 3 起都是大气环境污染责任纠纷案件且无 1 起土壤环境污染案件，说明环境要素的流动性与受损生态环境的可修复性为负相关关系。

三是用于受损生态环境修复。在"中华环保联合会诉德州晶华集团振华有限公司环境污染责任纠纷案"中，法院判处被告赔偿生态损害，用于被告所在地区的大气环境质量修复❷；而在"荆州市沙市区人民检察院诉刘某福环境污染责任纠纷案""阜阳市颍泉区人民检察院诉阜阳义杰商贸有限公司、张某杰环境污染责任纠纷案""广东省环境保护基金会诉焦某环境污染责任纠纷案""湖北省荆州市沙市区人民检察院诉周某锋环境污染责任纠纷案""湖北省公安县人民检察院诉刘某炎环境污染责任纠纷案"5 起案件中，法院均判处被告赔偿生态环境损害损失，用于修复被损害的生态环境❸。

（2）环境损害赔偿。由于环境损害包括生态环境损害，因此

---

❶ 本案中，环境损害鉴定意见将虚拟治理成本界定为生态损害，法院将其定性为因超标排放大气污染物造成的损失赔偿，并指明用于被告所在地区秦皇岛市的环境修复。参见河北省高级人民法院（2018）冀民终 758 号民事判决书。

❷ 与前述 4 起案件不同，本案中法官指明大气环境污染造成的损害赔偿需用于"大气环境质量修复"，因此本书将其归类于"受损生态环境修复"。参见山东省德州市中级人民法院（2015）德中环公民初字第 1 号民事判决书。

❸ 本书认为，5 起案件的判决虽未明确"被损害的生态环境"的具体内容，但从"被损害"的文义判断，法官在判决时指向的是被告行为直接损害的生态环境，而非前述案件的"地区生态环境损害"。参见湖北省荆州市沙市区人民法院（2016）鄂 1002 民初 1947 号事判决书、安徽省阜阳市颍泉区人民法院（2016）皖 1204 民初 2959 号民事判决书、广东省广州市中级人民法院（2016）粤 01 民初 51 号民事判决书、湖北省荆州市沙市区人民法院（2017）鄂 1002 刑初 236 号刑事附带民事判决书、湖北省公安县人民法院（2018）鄂 1022 刑初 268 号刑事（附带民事）判决书。

环境损害赔偿的概念可以涵摄生态环境损害赔偿，反之则难以成立。然而，《环境民事公益诉讼司法解释》以及《改革方案》中仅规定了生态环境损害赔偿需用于生态环境修复，但是对于环境损害赔偿的用途则并没有规定。由此产生的问题是，司法实践中如果法官将虚拟治理成本界定为"环境损害赔偿"，能否用于生态环境的修复？从本书整理的3起以"环境损害赔偿"定性的案件看，答案是存疑的。

在以调解结案的"中国生物多样性保护与绿色发展基金会诉嘉晶玻璃有限公司环境污染责任纠纷案"中，原告与被告达成调解协议，约定被告给付因大气污染超标排放对环境造成的损害及其自愿支付的用于环境治理和环境改善公益活动等费用；该案中，被告"自愿支付"部分可以归为前述分类"用于地区生态环境保护、修复、治理"；但是对于"环境损害赔偿"的用途，调解书中并未予以明确。❶ 此外，另外3起以"环境损害赔偿"界定虚拟治理成本的案件，法院在判决时同样没有明确赔偿用途：在"荆州市荆州区人民检察院诉湖南嘉旺牧业有限公司、黄某芳环境污染责任纠纷案"中，法院仅判决被告将环境损害赔偿款上缴财政❷；在"江西省万年县人民检察院诉曹某旺、曹某木等非法生产制毒物品及环境污染责任纠纷案"中，法院判决被告承担环境（空气、土壤）损害赔偿费用❸；"福建省厦门市同安区人民检察院诉张某方环境污染责任纠纷案"中，法院判决被告支付环境损害赔偿

---

❶ 参见河北省邢台市中级人民法院（2016）冀05民初8号民事调解书。
❷ 参见湖北省荆州市荆州区人民法院（2017）鄂1003民初1101号民事判决书。
❸ 参见江西省万年县人民法院（2017）赣1129刑初132号刑事附带民事公益诉讼判决书。

款❶。以上4起案件的判决说明，以"环境损害赔偿"界定虚拟治理成本，存在赔偿用途不明、生态环境保护目的不能实现的可能。

（3）经济损失。在《推荐方法（第Ⅰ版）》和《推荐方法（第Ⅱ版）》中，虚拟治理成本分别属于"污染修复费用"以及"生态环境损害"，都是独立于"人身损害"和"财产损害"之外的损害；然而，根据原《侵权责任法》第2条第2款❷的规定，人身、财产损害之外的损害并不受其保护。因此，在环境公益诉讼之外，当不具社会公共利益属性的农村生态环境受损时，难以得到有效救济。然而，司法实践中涉及农村生态环境损害不可修复时，存在法官将虚拟治理成本界定为"经济损失"以实现有效救济的情形。本书发现，4起以村民委员会为赔偿对象的案件均属于此种情形。

在"湖州市双林镇吴家庄村民委员会诉秦某国、叶某青等环境污染责任纠纷案"中，虽然法官没有直接应用虚拟治理成本作为赔偿数额，但是仍以虚拟治理成本作为赔偿数额的衡量标准❸；在"山东省沂源县人民检察院诉山东某化学有限公司等环境污染责任纠纷案"中，法官直接将虚拟治理成本定性为"污染环境造

---

❶ 参见福建省厦门市同安区人民法院（2018）闽0212刑初665号刑事附带民事判决书。

❷ 原《侵权责任法》第2条第2款规定："本法所称民事权益，包括生命权、健康权、姓名权、名誉权、荣誉权、肖像权、隐私权、婚姻自主权、监护权、所有权、用益物权、担保物权、著作权、专利权、商标专用权、发现权、股权、继承权等人身、财产权益。"

❸ 本案中，法官认为原告支出费用未高于以虚拟治理成本法鉴定评估的污染修复费用，因此予以支持。参见浙江省湖州市南浔区人民法院（2013）湖浔双民初字第278号民事判决书。

成的经济损失"，并以此赔偿环境受损的村民委员会❶；"广州市番禺区石楼镇官桥村民委员会诉张某华、余某垣环境污染责任纠纷案"以及"广州市番禺区石楼镇茭塘东村民委员会诉陈某英环境污染责任纠纷案"中，法官则将虚拟治理成本定性为"环境经济损失"计入赔偿❷。

（二）虚拟治理成本在环境刑事司法实践中的定性问题

对于虚拟治理成本在司法实践中的法律属性，如图 14 所示，在支持虚拟治理成本法的裁判中，绝大多数法官将虚拟治理成本定性为"公私财产损失"，但较少阐释裁判理据。法官也许认为公私财产损失实质是污染环境犯罪行为所造成的损失❸，因此选择以虚拟治理成本确定生态环境损害的刑事责任。

但是，与之形成鲜明对比的是，也有不少法官对虚拟治理成本的法律属性作出了完全相反的认定，拒绝将虚拟治理成本定性为"公私财产损失"。在全部 15 起未采纳虚拟治理成本法的案件中，有 7 起案件的法官一致认为，公私财产损失包括污染环境行为直接造成的财产损毁、减少的价值以及为防止污染扩大、消除污染而采取必要合理措施所产生的费用；而虚拟治理成本的计算依据并非已经发生或将要发生的环境治理措施，其计算结果亦不能

---

❶ 本案中，虽然附带民事诉讼原告人为检察机关，但赔偿对象是因被告污染行为致使生态环境受损的村民委员会。参见山东省沂源县人民法院（2014）沂刑初字第 365 号刑事附带民事判决书。

❷ 参见广东省广州市中级人民法院（2016）粤 01 民终 14993 号民事判决书、广东省高级人民法院（2018）粤民申 2234 号民事裁定书。

❸ 在（2016）苏 10 刑终 185 号"江苏省高邮市人民检察院诉德司达（南京）染料有限公司、王某等犯污染环境罪案"中，污染环境损害评估技术报告认为以虚拟治理成本法计算得到的污染修复费用"作为环境污染损害评估值较为保守"；法官同样认为该案的污染环境行为"对环境的污染损害难以计量"，对评估结论予以确认，并最终以虚拟治理成本作为罚金刑的依据。

等同于直接损失❶，因此不应将虚拟治理成本作为污染环境行为的入罪量刑依据。

此外，在徐某龙、徐某犯污染环境罪案中，法官虽然采纳了虚拟治理成本，但也将其排除在"公私财产损失"范围之外，以兜底条款适用虚拟治理成本❷。本案中，被告人徐某龙单独或伙同他人共排放 2 102 吨危险废物至京杭大运河水体，对生态环境造成严重损害，以虚拟治理成本法评估得到生态环境损害逾 2 000 万元，如果以危废数量对被告人定罪，只能对被告人处 3 年以下有期徒刑。本案中，法官虽然采纳了虚拟治理成本法评估得到的结果，但并没有以《环境污染刑事案件司法解释（2013）》第 3 条第 4 项"致使公私财产损失一百万元以上的"作为定罪量刑的标准，而是以兜底条款判处徐某龙有期徒刑 4 年。❸

值得注意的是，《环境污染刑事案件司法解释（2016）》在入罪量刑标准中增加了"生态环境损害"选项，是对生态法益的类型化设置，也符合虚拟治理成本的科学属性，理应有利于虚拟治理成本法在环境刑事司法实践中的运用。但实际情况并非如此，自《环境污染刑事案件司法解释（2016）》实施以来，司法实践中很少有法官将虚拟治理成本定性为"生态环境损害"，大多数法官

---

❶ 《环境污染刑事案件司法解释（2013）》第 9 条和《环境污染刑事案件司法解释（2016）》第 17 条第 4 款对"创建公私财产损失"的定义都包括"直接造成财产损毁、减少的实际价值"。

❷ 《环境污染刑事案件司法解释（2013）》仅有"非法排放、倾倒、处置危险废物三吨以上"的入罪情形，《环境污染刑事案件司法解释（2016）》第 3 条第（2）项增加"非法排放、倾倒、处置危险废物一百吨以上"的"后果特别严重"的情形。在《环境污染刑事案件司法解释（2016）》实施前，司法实践中已经出现非法排放、倾倒、处置危废数量巨大，造成特别严重的生态环境损害，因此不宜以危废数量认定危害后果的案件。

❸ 参见苏州市姑苏区人民法院（2015）姑苏环刑初字第 00009 号刑事判决书。

仍然将虚拟治理成本定性为"公私财产损失"。法官为何如此裁判？《环境污染刑事案件司法解释（2016）》中无具体的入罪量刑标准，这也许是导致司法实践中法官难以确定"生态环境损害"刑事责任的直接原因。

（三）虚拟治理成本在环境司法实践中的定性问题总结

如前述分析，无论是民事司法实践还是刑事司法实践，法官在界定虚拟治理成本的法律属性时，都存在定性不准确的问题。其中，以将虚拟治理成本定性为"财产损害"和"期间损害"❶为典型，具体如下：

一是将虚拟治理成本定性为财产损害。虚拟治理成本法鉴定评估的对象为生态环境损害，并非传统法律体系中的人身损害和财产损害。然而，民事司法实践中将虚拟治理成本定性为"经济损失"，刑事司法实践中将虚拟治理成本定性为"公私财产损失"的做法，都将虚拟治理成本定性为财产损害，偏离了虚拟治理成本的生态环境损害属性。本书认为，司法实践中将生态环境损害界定为财产损害的做法，可视为在现有法律规范对环境权益保护阙如的情况下，法官为实现生态环境损害救济的权宜之举。

二是将虚拟治理成本定性为期间损害。《推荐方法（第Ⅱ版）》中规定的"期间损害"。根据《推荐方法（第Ⅱ版）》"B.1 量化期间损害"的规定，"期间损害"的鉴定评估方法只能采用替代等值分析方法，并不包括虚拟治理成本法。本书认为，司法实践中将虚拟治理成本定性为期间损害的做法，是法官注意到虚拟治理

---

❶ 环境刑事司法实践中，也存在将虚拟治理成本定性为"期间损害"的情况，而在判决时定性为"公私财产损失"。例如，在"方某犯污染环境罪案"中，法官就认为"渗滤液造成的期间生态功能损失费……包括在司法解释规定的公私财产损失中"。参见浙江省诸暨市人民法院（2018）浙0681刑初458号刑事判决书。

成本鉴定评估的不可修复生态环境损害属性时，作出不认定为
"生态环境修复费用"时的无奈选择。❶

二、虚拟治理成本法的适用范围扩大化问题

（一）虚拟治理成本法在民事司法实践中的适用范围扩大化

如图 8 所示，环境民事司法实践中对虚拟治理成本的定性存在
较大分歧，没有形成较为统一的裁判逻辑。从裁判结果看，将虚
拟治理成本用于受损生态环境修复的判决占多数，但由于实际的
不可修复性，导致判决处于执行不能的尴尬境地。并且，由于对
不可修复生态环境损害的科学属性认识不清，法官在对虚拟治理
成本进行定性时大多没有进行从技术规范到法律规范的转释，并
且出现将虚拟治理成本法的适用范围扩大化的情况。其中，以
"广州市人民检察院诉张某山、邝某尧环境污染责任纠纷案"为典
型代表❷，本书对其扩大虚拟治理成本法适用范围的情况进行了

---

❶ 在本书统计的案例中，司法文书中唯一一起将虚拟治理成本与期间服务功能损失
明确区分的，是"山东省生态环境厅诉山东金诚重油化工有限公司、山东弘聚新
能源有限公司生态环境损害赔偿纠纷案"。在该案中，山东省生态环境厅专家辅
助人确认了土壤污染的不可修复属性，只能用虚拟治理成本法进行计算，法官据
此判决虚拟治理成本为生态环境损害赔偿费用；同时明确期间服务功能损失与应
急处置费用属于直接经济损失，而虚拟治理成本并非期间服务功能损失，并且从
定性文本上与生态修复费用也进行了区分。稍显遗憾的是，本案法官没有对区分
的过程进行清晰的说理。参见山东省济南市中级人民法院（2017）鲁 01 民初
1467 号民事判决书。

❷ 在已公开的以虚拟治理成本法鉴定评估的案件中，该案的审判过程相较其他案件
更为曲折，经广州市中级人民法院初审判决后，被告提起上诉；广东省高级人民
法院裁定撤销原判决，发回广州市中级人民法院重审；被告不服重审判决，再
次提起上诉，二审驳回上诉，维持原判。参见广东省广州市中级人民法院
（2016）粤 01 民初 107 号民事判决书、广东省广州市中级人民法院（2017）粤
01 民初 223 号民事判决书、广东省高级人民法院（2018）粤民终 2466 号民事判
决书。

分析。

该案中，公益诉讼人请求依法判决被告自判决生效之日起三个月内，将涉案水塘水质恢复至地表水质量标准第Ⅴ类水标准，并赔偿水塘受污染期间环境功能损失费用。❶ 该案的《环境损害鉴定评估报告》认为涉案水塘的污染物浓度水平较高，预计较长时间内难以通过一次性恢复工程使其完全恢复至基线浓度水平，且恢复成本远远大于其收益，因此选择虚拟治理成本法鉴定评估生态环境损害，得出水塘生态环境损害费用为 1 050 万元。专家许某甲发表意见认为根据《推荐方法（第Ⅰ版）》的规定，该案属于受损生态环境不可完全恢复或者恢复费用远远大于收益的情况，可以适用虚拟治理成本法。专家孙某发表意见认为，考虑到替换水体价格很高、污染沉积物难以清除、受损地下水不可能完全恢复，因此采用虚拟治理成本法更为科学。此外，《环境损害鉴定评估报告》还对生态恢复费用进行了评估。由于生态修复涉及多项指标，无法精确估算，因此按常规生态修复将水塘现状恢复至Ⅴ类地表水标准需要两年时间，修复费用经估算需 1 250 万元。专家孙某解释称生态环境功能损失费用和生态环境损害费用是两个不同的概念，生态恢复费用即指生态修复费用。

对于《环境损害鉴定评估报告》以及专家意见中的科学技术内容，法官在说理时将其归纳为两个问题，一是涉案水塘是否应恢复至地表水质量标准中的第Ⅴ类水标准；二是涉案水塘受污染期间的环境功能损失费用的金额如何确定。

---

❶ 本案中，公益诉讼人广东省广州市人民检察院在庭审过程中，将原诉讼请求中的"涉案水塘水质恢复至农业使用用途"明确为"涉案水塘水质恢复至地表水质量标准第Ⅴ类水标准"，将"赔偿水塘受污染期间环境功能损失费用人民币 120 万元"变更为"赔偿水塘受污染期间环境功能损失费用人民币 1 050 万元"。

针对第一个问题，初审法官支持了公益诉讼人提出的诉讼请求。但是，对于修复责任的承担方式，法官判决被告在三个月内将涉案水塘水质修复至地表水第Ⅴ类水标准；逾期未修复的，由人民法院选定具有专业资质的机构代为修复，修复费用由被告承担。然而，根据《推荐方法（第Ⅱ版）》《突发环境损害评估推荐方法》，期间服务功能损失的计算只针对 1 年以上难以恢复的生态环境损害❶。法官在一审判决中确认的 3 个月修复期限，既不符合期间损害的计算前提，也不符合以虚拟治理成本法量化生态环境损害的应用要求；并且，法官在裁判时还忽略了《环境损害鉴定评估报告》中给出的两年修复时间以及生态恢复费用❷。法官的判决显然扩大了虚拟治理成本法的适用范围。

重审期间，被告提交了三份《环境监测报告》，证明涉案水塘的水质在 2017 年 6 月 28 日、7 月 26 日及 8 月 9 日三天均符合地表水第Ⅴ类标准值，以此证明修复目标已实现，重审法官确认了三份报告的事实。但是，法官在说理时，首先确认了涉案《环境损害鉴定评估报告》中"按常规生态修复将水塘现状恢复至Ⅴ类地表水标准的时间大概需要两年"的结论，以此证明对涉案水塘水体的治理、监测工作需要长期进行，拒绝采纳被告的抗辩意见；随后又在判决中要求被告在三个月内将涉案水塘水质修复至地表水第Ⅴ类水标准。虚拟治理成本法鉴定评估的是不可修复生态环

---

❶ 《推荐方法（第Ⅱ版）》"B.1 量化期间损害"中，在进行∑求和计算时的时间单位为年份，最小计算年份为 1 年；《突发环境损害评估推荐方法》"9.4 生态环境损害"中，生态功能丧失程度的判断，起始点为 1 年，而虚拟治理成本法针对的是"污染物浓度在两周内恢复至基线水平，环境介质中的生物种类和丰度未观测到明显改变"的情形。

❷ 本案中，生态恢复费用并未明显高出虚拟治理成本，根据虚拟治理成本法运用的一般规则要求，法官在判决时本应采用生态恢复费用而非虚拟治理成本。

境损害，可无论是被告提交的证据还是法官的判决，都证明该案中的生态环境短期内可以修复。重审法官以虚拟治理成本法作为本案生态环境损害鉴定评估的依据，仍然是对虚拟治理成本法适用范围的扩大化。

针对第二个问题，法官在说理时先援引了《推荐方法（第Ⅱ版）》附录 A 的技术规范内容❶；随后援引了该案《环境损害鉴定评估报告》，说明涉案生态环境损害难以通过一次性的恢复工程完全恢复至基线浓度水平，且恢复成本远远大于其收益，因此选择环境价值评估方法中的虚拟治理成本法进行生态环境损害量化核算。然而，涉案《环境损害鉴定评估报告》还评估了生态恢复费用，该项费用的存在证明恢复的可行性。经比较可以发现，涉案《环境损害鉴定评估报告》的结论是"难以通过一次性的恢复工程完全恢复"；而《推荐方法（第Ⅱ版）》的技术规范文本是"无法通过恢复工程完全恢复"，并不包含"一次性恢复工程"的要求，文本的差异显而易见。法官实际是将虚拟治理成本法"无法通过恢复工程完全恢复"的适用范围扩大到了"无法通过一次性恢复工程完全恢复"。

此外，该案同样是将虚拟治理成本定性为"期间服务功能损失"，将虚拟治理成本法鉴定评估的范围扩大到了"期间损害"。从对该案的分析中可以看出，虚拟治理成本法在环境民事司法实践中运用时，存在适用范围扩大化的问题。

（二）虚拟治理成本法在刑事司法实践中的适用范围扩大化

在《环境污染刑事案件司法解释（2016）》实施前，虚拟治理

---

❶　《推荐方法（第Ⅱ版）》附录 A 的"A 2.3 虚拟成本法"部分规定，虚拟治理成本法适用于环境污染所致生态环境损害无法通过恢复工程完全恢复、恢复成本远远大于其收益或缺乏生态环境损害恢复评价指标的情形。

成本法在刑事司法实践中运用的主要依据是《环境污染刑事案件司法解释（2013）》，但由于《环境污染刑事案件司法解释(2013)》未将"造成生态环境损害"列入犯罪情形，导致法官在运用虚拟治理成本法时的两难境地❶，造成法律定性与科学属性脱节，最主要的表现是扩大虚拟治理成本法的适用范围，以财产损害定性虚拟治理成本法鉴定评估的生态环境损害。

例如，在"陈某银犯污染环境罪、诈骗罪案"中，被告陈某银将63只铁桶内的氯化亚铜残渣、残液进行倾倒并用水冲洗，冲洗液经其院外明沟流入荻垛镇夹沟河中，致水体、底泥受污染❷。检察机关提交的证据显示，"采用虚拟治理成本法计算出本案造成的期间生态环境损害数额为386 187.75元"，陈某银的行为已经造成了严重的生态环境损害。由于《环境污染刑事案件司法解释(2013)》只规定了"非法排放、倾倒、处置危险废物三吨以上"方可构成"严重污染环境"的入罪情形，而本案排放的危险废物数量达不到此标准，无法以此定罪；因此法官将"生态环境损害"解释为"公私财产损失"，以追究被告污染环境行为的刑事责任。但是，法官在判决书中仅以"与《最高人民法院、最高人民检察院关于办理环境污染刑事案件适用法律若干问题的解释》第九条的规定不相悖"为理据，就将"生态环境损害"定性为"公私财产损失"。❸

---

❶ 如果以虚拟治理成本作为定罪量刑的依据，则只能定性为公私财产损失，与其拟制性特征不符，有可能对造成生态环境损害后果并不严重的行为人处以不当刑罚；而如果不以虚拟治理成本定罪量刑，则有可能造成严重生态环境损害后果的行为人逃脱刑事处罚。

❷ 根据《国家危险废物名录》（2016版），氯化亚铜属于危险废物，废物类别为"HW04农药废物"。陈伯银倾倒的冲洗液，导致荻垛镇夹沟河5 721.3立方米的水体、底泥受污染，生态环境损害后果严重。

❸ 参见江苏省泰州市海陵区人民法院（2016）苏1202刑初244号刑事判决书。

针对《环境污染刑事案件司法解释（2013）》中"生态环境损害"结果缺失的情况，法官采取兜底条款对造成生态环境损害的污染环境犯罪行为进行定罪量刑，是较为合理的做法。但在司法实践中，法官在适用兜底条款时也同样存在扩大虚拟治理成本法适用范围的问题。

例如，在"江苏省高邮市人民检察院诉德司达（南京）染料有限公司、王某等犯污染环境罪案"中，依据虚拟治理成本法估算得到已经排放的 2 698.1 吨废酸的污染修复费用为 2 428.29 万元。法官首先阐明了采用兜底条款定罪量刑的原因："司法解释中对于非法排放、倾倒、处置危险废物状态下的后果特别严重情节没有直接规定，仅有其他后果特别严重情形的兜底性规定❶。实践中，正确适用兜底性条款是弥补法律、司法解释条文列举规定周延性不足的重要途径，如何把握需结合具体案情因素综合认定。"但是，在确定罚金数额时，法官又认为："公私财产损失包括污染环境行为直接造成财产损毁、减少的实际价值，以及为防止污染扩大、消除污染而采取必要合理措施所产生的费用，这部分费用的确认，实质就是犯罪行为所造成的损失大小，由此，公私财产损失数额应当作为确定罚金的一个重要参数。"实际上是将虚拟治理成本定性为"公私财产损失"。❷ 由此产生的矛盾是，如果将虚

---

❶ 《环境污染刑事案件司法解释（2013）》中仅规定了危废数量的入罪标准，未对加重情形做规定；《环境污染刑事案件司法解释（2016）》增加第3条第（2）项"非法排放、倾倒、处置危险废物一百吨以上"作为加重情形。

❷ 本案中，法官认为"德司达公司由此减少支出巨额的处置费用，实质上就是通过犯罪行为而获取了利益"，而"在实际获取利益和公私财产损失数额的区间幅度内判处罚金具有基本法律依据"。本案中的虚拟治理成本是在治理成本（德司达公司本应支出的处置费用）的基数上乘以4.5倍的环境敏感系数获得，因此不能认为虚拟治理成本是"实际获取利益"。参见江苏省扬州市中级人民法院（2016）苏10刑终185号刑事裁定书。

拟治理成本定性为"公私财产损失"并作为罚金刑的依据,那么本案并不需要采用兜底条款定罪量刑,可以直接适用《环境污染刑事案件司法解释(2013)》第3条第(4)项"致使公私财产损失一百万元以上"进行定罪量刑;如果虚拟治理成本不能等同于"公私财产损失",那么法官在确定罚金数额时就有扩大虚拟治理成本法适用范围之嫌。

此外,在被告行为已经符合入罪情形时,也有法官仍将虚拟治理成本定性为"公私财产损失"。例如,在"牛某义、张某杰犯污染环境罪案"中,被告私设暗管、利用渗井排放有毒物质,造成的直接经济损失21.925万元,以虚拟治理成本法鉴定评估的生态环境损害36.138万元;被告的行为已经符合《环境污染刑事案件司法解释(2013)》第1条第(4)项❶的规定,但是,法官在裁判时仍然将虚拟治理成本法的使用范围扩大至"公私财产损失",以第1条第(4)(9)项作为入罪依据。❷

《环境污染刑事案件司法解释(2016)》增加"生态环境损害"条款后,"虚拟治理成本"与"公私财产损失"的界限本应更加清晰,法律规范的变化是否会改变法官在裁判时的定性说理困境呢?图10中立案数量和裁判数量随时间变化的曲线表明,以虚拟治理成本定罪量刑的案件在刑事司法实践中逐年减少。❸ 事实上,司法实践中法官扩大虚拟治理成本法适用范围的情况,在

---

❶ 《环境污染刑事案件司法解释(2013)》第1条第(4)项为"私设暗管或者利用渗井、渗坑、裂隙、溶洞等排放、倾倒、处置有放射性的废物、含传染病病原体的废物、有毒物质的"。

❷ 参见安徽省阜阳市颍泉区人民法院(2017)皖1204刑初47号刑事附带民事判决书。

❸ 本书获取的多起2018年、2019年立案的刑事附带民事诉讼案件的判决书,以虚拟治理成本法鉴定评估的生态环境损害金额,被法院采纳作为被告承担民事责任的依据,但并未据此定罪量刑,因此未纳入刑事责任的分析范围。

《环境污染刑事案件司法解释（2016）》出台后并未改观，这一情况与《环境污染刑事案件司法解释（2016）》缺少"生态环境损害"的入罪量刑标准有关。

例如，在"彭某权、冯某林等犯污染环境罪案"中，被告人的倾倒物为废弃胶纸，不属于《环境污染刑事案件司法解释（2016）》中规定的"危险废物"类别，因此无法以倾倒数量入罪量刑；而在该案中，被告人的倾倒行为已经对土壤、周边地表水造成了严重污染，依据虚拟治理成本法计算出的生态环境损害费用达到 3 531 748.5 元，理应处以刑责。该案法官在定罪量刑时，对虚拟治理成本的生态环境损害属性进行了确认，但具体适用时依然将虚拟治理成本定性为"公私财产损失"，根据《环境污染刑事案件司法解释（2016）》第 3 条第（5）项："致使公私财产损失一百万元以上"来定罪量刑。❶ 本案中，法官的折中之举虽然惩治了环境犯罪；但确属适用法条不当，影响了法律适用的准确性。

此外，《环境污染刑事案件司法解释（2016）》出台后，在其他犯罪事实足以定罪量刑的情况下，法官也仍然将虚拟治理成本定性为"公私财产损失"。在"方某犯污染环境罪案"中，被告介绍他人非法倾倒、填埋工业造纸废渣 9 600 余吨，造成包含"期间生态功能损失费"在内的"公私财产损失"共计 420 余万元。法官在说理时认为，虚拟治理成本是指"对已经排放到环境中的污染物进行治理需要花费相应的费用，……属于消除污染而采取必要合理措施所产生的费用，应当包括在司法解释规定的公私财产损失中"。❷ 有混

---

❶ 参见广东省中山市第一人民法院（2017）粤 2071 刑初 1293 号刑事判决书。
❷ 参见浙江省诸暨市人民法院（2018）浙 0681 刑初 458 号刑事判决书。

淆《推荐方法（第Ⅱ版）》"4.4 财产损害"❶ "4.5 生态环境损害"❷ 之间的区别之嫌，似乎属于科学认识错误。本案法官据此作出判断，认定被告属于《环境污染刑事案件司法解释（2016）》规定的"后果特别严重"情形，对被告处以加重量刑，似乎有失公平。

（三）虚拟治理成本在环境司法实践中的适用范围扩大化问题总结

如前述分析，无论是民事司法实践还是刑事司法实践，在运用虚拟治理成本法时，都存在适用范围扩大化的问题。民事司法实践中，虚拟治理成本法适用范围扩大化的主要问题是，错误理解虚拟治理成本的"不可修复生态环境"属性，将其扩大至生态环境损害可修复的情形；刑事司法实践中，虚拟治理成本法适用范围扩大化的主要问题是，将虚拟治理成本法鉴定评估的范围从生态环境损害扩大至财产损害。

以上问题的存在，反映出环境司法实践中法学研究范式与环境科学研究范式相抵牾的问题，凸显出通过立法或司法解释明确"不可修复生态环境损害"的责任边界以及"生态环境损害"的刑事责任标准，完善虚拟治理成本法司法运用法律支撑机制的必要性。

---

❶ 《推荐方法（第Ⅱ版）》第4.4条规定，财产损害"指因污染环境或破坏生态行为直接造成的财产损毁或价值减少，以及为保护财产免受损失而支出的必要的、合理的费用"。

❷ 《推荐方法（第Ⅱ版）》第4.5条规定，生态环境损害"指由于污染环境或破坏生态行为直接或间接地导致生态环境的物理、化学或生物特性的可观察的或可测量的不利改变，以及提供生态系统服务能力的破坏或损伤"。

第二节　虚拟治理成本法司法运用的法律规则分析

环境司法实践中法官对虚拟治理成本的定性问题，以及普遍存在的虚拟治理成本适用范围扩大情况，凸显出法官在对环境科学鉴定评估结论进行法律转释时所面临的困境，为什么司法实践中会产生这样的困境？本书认为，这与现行法律规范中对虚拟治理成本的科学属性认识不清，对环境利益的保护不足有着密切联系。本节分别从虚拟治理成本法的民事司法和刑事司法角度对虚拟治理成本法运用的法律规则进行了分析。

一、虚拟治理成本法民事司法运用的法律规则分析

（一）《环境民事公益诉讼司法解释》第 20 条的逻辑缺陷

《环境民事公益诉讼司法解释》第 20 条❶规定，在环境民事公益诉讼中，当原告请求恢复原状时，应当先判断受损生态环境是否可以完全修复，如果可以完全修复则判处被告履行修复责任，如果不能完全修复则可以准许实行替代性修复方案，实施不可修复生态环境损害救济；如果被告不履行修复义务，则承担由法院确定的生态环境修复费用。

从第 20 条的规定中可以看出，被告在承担生态环境损害责任

---

❶ 《环境民事公益诉讼司法解释》第 20 条规定："原告请求恢复原状的，人民法院可以依法判决被告将生态环境修复到损害发生之前的状态和功能。无法完全修复的，可以准许采用替代性修复方式。人民法院可以在判决被告修复生态环境的同时，确定被告不履行修复义务时应承担的生态环境修复费用；也可以直接判决被告承担生态环境修复费用。生态环境修复费用包括制定、实施修复方案的费用和监测、监管等费用。"

时，应当是从生态环境修复措施与生态环境修复费用之间择一而定。此外，第 20 条虽然同时规定，法院可以直接判处被告承担生态环境修复费用，但从环境公益诉讼"维护环境公共利益"的目的以及效率来看，法院理应优先裁判由被告实施生态环境修复措施，在生态环境修复不能的情况下再承担生态环境修复费用。法律文本的先后顺序也隐含了对此裁判逻辑的要求。为明晰第 20 条的裁判逻辑，本书整理了法院判决被告承担生态环境修复责任的流程，如图 15 所示。

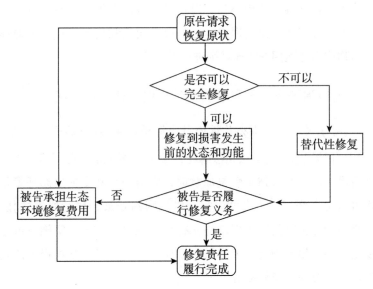

图 15　被告承担生态环境修复责任流程示意图

从图 15 中可以看出，司法实践中存在的，由被告同时承担生态环境修复责任和生态环境修复费用的判决，并不符合条文的内在逻辑框架。例如，在"江西省抚州市人民检察院诉时某、黄某生环境污染责任纠纷案"中，法官认定的生态修复费用为 16 万元，判决被告承担生态环境修复费用 8 万元，用于实施植树造林、恢复植被等生态环境修复措施，同时判决如未达到植树造林的要求则再缴纳 8 万元生态环境修复费用用于替代修复。❶ 本案中，法官判决植树造林成功则免交 8 万元生态修复费用的做法，看似鼓励被告积极履行修复义务，实则是同时适用了修复措施和修复费用两种责任。

为避免这一矛盾，有法院尝试在判决中将虚拟治理成本与生态环境修复费用进行区分，例如，在"阜阳市颍泉区人民检察院诉阜阳义杰商贸有限公司、张某杰环境污染责任纠纷案"中，法官在对虚拟治理成本定性时，就明确了采用虚拟治理成本法得出的生态环境损害费用，与生态环境修复或者修复费用不是同一概念，将虚拟治理成本与生态环境修复费用进行了区分；然而，该案法官在判决时却又要求将生态环境损害费用上缴国库，用于修复损害的生态环境。❷ 从文义角度分析，法官的这一判决同样存在矛盾。既然生态环境修复费用的文本含义是"用于生态环境修复的费用"，那么用于修复生态环境的生态环境损害费用，与生态环境修复费用的区别究竟是什么？

（二）虚拟治理成本并非"期间服务功能损失"

《环境民事公益诉讼司法解释》的第 20 条第 3 款和第 21 条可视为对前一问题的回应。《环境民事公益诉讼司法解释》第 20 条第 3 款规定了生态环境修复费用的范围❸，与生态环境修复方案直接相关。然而，司法实践中的诸多案例表明，以虚拟治理成本法鉴定评估的不可修复生态环境损害，并不存在受损生态环境的修复方案。为此，有法官会选择对虚拟治理成本适用《环境民事公益诉讼司法

---

❶　参见江西省抚州市中级人民法院（2017）赣 10 民初 142 号民事判决书。

❷　参见安徽省阜阳市颍泉区人民法院（2016）皖 1204 民初 2959 号民事判决书。

❸　《环境民事公益诉讼司法解释》第 20 条第 3 款规定："生态环境修复费用包括制定、实施修复方案的费用和监测、监管等费用。"

解释》第21条规定，与生态环境修复费用平行的责任承担方式，即"生态环境受到损害至恢复原状期间服务功能损失"。

从中可以看出，《环境民事公益诉讼司法解释》第20条、第21条分别对应了《侵权责任法》第15条第（5）项"恢复原状"责任与第（6）项"赔偿损失"责任。此外，与《侵权责任法》第15条第2款❶相对应，《环境民事公益诉讼司法解释》第24条第1款❷规定了"合并适用"规则，将排除在生态环境修复费用之外的期间服务功能损失，又重新赋予了修复生态环境的用途属性，属于前后不一致的谬误。❸ 由于法官在裁判时无法从法律规范中获取足够清晰的指引来界定虚拟治理成本，同时囿于自身的知识结构所限，难以准确理解虚拟治理成本法鉴定评估的不可修复生态环境损害属性，如此必然会导致裁判逻辑的分裂。其中表现最为明显的是对"生态环境受到损害至恢复原状期间服务功能损失"，即对"期间损害"的误读。

如图3所示，根据《推荐方法（第Ⅱ版）》，虚拟治理成本法属于"环境价值评估方法"下的"揭示偏好法"；而《推荐方法（第Ⅱ版）》在附录B"B.1量化期间损害"中已明确，期间损害❹的量化方法仅有资源等值分析方法或服务等值分析方法（B.1.1）、

---

❶ 《侵权责任法》第15条第2款规定："以上承担侵权责任的方式，可以单独适用，也可以合并适用。"

❷ 《环境民事公益诉讼司法解释》第24条第1款规定："人民法院判决被告承担的生态环境修复费用、生态环境受到损害至恢复原状期间服务功能损失等款项，应当用于修复被损害的生态环境。"

❸ 第20条的生态环境修复费用是根据修复方案计算得来，因此应当理解为此修复费用已经可以满足生态环境修复目标实现所需；在此前提下，期间服务功能损失"用来修复被损害的生态环境"的目标是不明确甚至不存在的。

❹ 《推荐方法（第Ⅱ版）》将"期间损害"定义为："生态环境损害发生至生态环境恢复到基线状态期间，生态环境因其物理、化学或生物特性改变而导致向公众或其他生态系统提供服务的丧失或减少，即受损生态环境从损害发生到其恢复至基线状态期间提供生态系统服务的损失量。"

价值等值分析方法（B.1.2），并不包括虚拟治理成本法。环境民事司法实践中将虚拟治理成本定性为"期间服务功能损失"的做法并不符合环境科学的要求。然而，在8起将虚拟治理成本定性为期间服务功能损失的案件中，法官均未对此进行审查；8起案件的裁判结果，就可分为4种不同类型的定性方式，采取了3种不同的修复合格判断标准，裁判逻辑分裂严重。

对此，本书认为，虚拟治理成本法鉴定评估的是不可修复生态环境损害，受损生态环境不存在确定的修复方案，因此也不存在"期间服务功能损失"。法官在裁判时应当适用《环境民事公益诉讼司法解释》第20条第1款规定，"无法完全修复的，可以准许采取替代性修复方式"。

二、虚拟治理成本法刑事司法运用的法律规则分析

（一）虚拟治理成本并非"公私财产损失"

刑事司法实践中对虚拟治理成本的定性问题和适用范围扩大化的问题，溯其根源仍是由于法律规范对虚拟治理成本法的科学属性认识不足所致。如图3所示，环境保护部在《推荐方法（第Ⅱ版）》中，将虚拟治理成本法列为揭示偏好法❶的下属条目之一，适用对象为"环境污染所致生态环境损害"；而环境保护部在《关于虚拟治理成本法的说明》中，进一步明确了虚拟治理成本法的三种适用情形，并以负面清单的形式列举了不适用虚拟治理成本法的情形，其中就包括"实际发生的应急处置费用、生态环境直

---

❶ 揭示偏好法通过考察人们在与环境质量联系紧密的市场中支付的价格信息，推断人们对环境的偏好程度，以此来估算环境质量变化的经济价值。"第Ⅱ版方法"规定，"虚拟治理成本是按照现行的治理技术和水平治理排放到环境中的污染物所需要的支出"，这一支出反映了人们为维护环境质量愿意支付的污染物治理价格信息。

接经济损失评估”，排除了直接经济损失。

显然，从环境保护部关于虚拟治理成本法的相关技术规范文件中可以看出，虚拟治理成本法是鉴定评估环境污染所致生态环境损害的科学方法，司法实践中法官在确定生态环境损害的刑事责任时，是采用行政管理部门认可的技术方法来解释法律问题，对这一技术方法的结果进行法律定性时，应当尊重其原本的科学内涵，即"生态环境损害"，不宜作出与之相冲突的法律解释。

此外，不应将虚拟治理成本确定为"公私财产损失"，还有以下理由：

首先，《环境污染刑事案件司法解释（2016）》已经将"公私财产损失"与"生态环境损害"分列为两种入罪情形。其指向的损害必然有所不同。环境保护部在《推荐方法（第Ⅱ版）》中明确规定，虚拟治理成本法的评估对象是生态环境损害数额。据此，虚拟治理成本法指向的应当是生态环境利益，而生态环境利益的内涵是无法商品化、具有普惠性、抽离于特定人的财产利益和人身利益之上，又对所有人的人身权、财产权和其他权益有影响的那部分生态系统服务价值和功能❶，并不包括"公私财产损失"指向的财产利益。并且，在《环境污染刑事案件司法解释（2016）》中，第1条第（10）项、第3条第（6）项增加的"生态环境损害"，实际上也是将生态环境利益纳入刑法保护范围，与"公私财产损失"代表的财产利益进行了明确区分❷。

其次，根据罪刑法定原则，"刑法的规定无论是关于犯罪的还

---

❶ 李挚萍. 生态环境修复责任法律性质辨析. 中国地质大学学报. 社会科学版，2018，18（2）：52-63

❷ 生态环境利益与财产利益、人身利益的区分，在2004年颁布的《欧盟关于预防和补救环境损害的环境责任的第2004/35/EC号指令》中也有体现，指令将环境污染造成的人身、财产损害排除在生态环境损害之外。

是关于刑罚的，都必须是具体的，而且，其意义必须明确"❶。虚拟治理成本法作为一种环境科学的技术评估方法，计算结果具有拟制性特征，与司法解释中"公私财产损失"的"直接"要求相悖。司法实践中，绝大多数拒绝采纳虚拟治理成本的法官在判决时都认为"根据虚拟治理成本对被告人的污染环境行为计算出的数额及鉴定评估费用，而并非实际直接造成公私财产损失"❷。

最后，由于虚拟治理成本法在计算时要乘以相应环境敏感系数，经环境敏感系数放大后得到的计算结果往往较高，如以"公私财产损失"的入罪量刑标准进行定罪，则可能造成轻罪重判的情况出现，有违刑法的谦抑原则。并且，虚拟治理成本法在计算时还存在环境敏感系数区间值以及治理方法选择的问题，同一区间值内采用不同的计算倍数❸、选择不同的治理方法❹，都会导致计算结果的显著差异，而"公私财产损失"的入罪量刑标准区分度相对虚拟治理成本并不明显❺，增加了刑罚的不确定性。

---

❶ 大塚仁. 刑法概说（总论）[M]. 冯军，译. 北京：中国人民大学出版社，2003：71.
❷ 6 起由山东省滨州市滨城区人民法院判决的案件，均以此为理据拒绝以虚拟治理成本定罪量刑。
❸ 在《关于虚拟治理成本法的说明》中，"鉴于环境敏感系数区间值在实际操作中存在一定不确定性的问题，不再设区间值"，但同时保留了可酌情调整的三类情形，因此虚拟治理成本法计算倍数的选择与确定问题依然存在。
❹ 例如，由连云港市赣榆区环境保护协会提起的两起环境公益诉讼案件中，原告提供的鉴定专家采取纯碱（碳酸钠）中和，而法院邀请的专家证人采取氢氧化钙中和，不仅治理效果更好，计算得到的虚拟治理成本也更低（新方法计算结果为原方法计算结果的 72.5%）。参见江苏省连云港市中级人民法院（2014）连环公民初字第 00001 号民事判决书、江苏省连云港市中级人民法院（2014）连环公民初字第 00002 号民事判决书。
❺ 本书以"Ⅱ类地表水水环境功能区"的生态环境损害评估为例，根据《突发环境损害评估推荐方法》，其环境敏感系数区间为 6～8 倍。假设虚拟治理成本的基数为 15 万元，如果采用"公私财产损失"的入罪量刑标准，取 6 倍则为 90 万元，处三年以下刑罚；取 7 倍或 8 倍则为 105 万元或 120 万元，处三年以下七年以上刑罚。

(二)"生态环境损害"入罪量刑标准阙如

《环境污染刑事案件司法解释(2016)》增加"生态环境损害"但未明确相应标准的做法,实际上限缩了污染环境罪在司法实践中的入罪量刑范围,不利于生态法益的保护。然而,只能寄希望于再次修改《环境污染刑事案件司法解释(2016)》时可否解决目前"生态环境损害"入罪无法可依的困境。如前章所述,在司法实践中已经有不少追究生态环境损害责任的案例,但绝大部分限于民事责任,而且也存在定性不清的问题。生态环境损害作为一种新的损害类型,目前只能在政策和司法解释中找到依据,这是远远不够的。

追究造成生态环境损害行为的刑事责任,首先应在法律上明确生态环境损害行为的可责难性,其前提是损害行为所侵害权益的合法性和正当性已经在法律上得到确认。本书认为生态环境损害行为侵害的客体是生态系统的功能和价值,属于公共环境利益,其合法性和正当性是需要在环境基本法,甚至在宪法层面才能解决的问题。现有法律体系对环境利益保护的缺失,只有通过法律的完善才能彻底解决。

在既有法律存在先天不足的情况下,权宜之计是比照"公私财产损失"来确定"生态环境损害"的刑事责任,及时制定"生态环境损害"的入罪量刑标准。制定过程中需要注意的是,鉴于生态环境的复杂性,行为人对危害行为造成的生态环境损害往往缺乏判断能力,对危害后果仅有概括意义上的放任❶,所以不应简单套用"公私财产损失"的入罪量刑标准。

对此,最高人民法院、最高人民检察院、公安部、司法部、

---

❶ 焦艳鹏. 生态文明保障的刑法机制 [J]. 中国社会科学, 2017 (11): 75-98.

生态环境部于 2019 年 2 月 20 日印发了《环境污染刑事案件座谈会纪要》，指出《环境污染刑事案件司法解释（2016）》将造成生态环境损害规定为污染环境罪的定罪量刑标准之一，是为了与生态环境损害赔偿制度实现衔接配套❶。《环境污染刑事案件座谈会纪要》同时提出，对案件的非核心或者关键专门性问题，或者可鉴定也可不鉴定的专门性问题，一般不委托鉴定；换言之，当可以通过《环境污染刑事案件司法解释（2016）》的数量标准进行定罪量刑时，可以不再对公私财产损失数额、超过排放标准倍数、污染物性质判断等进行鉴定❷。《环境污染刑事案件座谈会纪要》还就如何适用《环境污染刑事案件司法解释（2016）》第 1 条、第 3 条规定的"造成生态环境严重损害的""造成生态环境特别严重损害的"定罪量刑标准提出建议，并下放了制定标准的权力。❸

　　本书认为，虚拟治理成本法衡量的是"不可修复生态环境损害"，其指向的生态利益有别于"公私财产损失"指向的财产利益，司法实践中将其定性为"公私财产损失"的做法明显不当。究其原因，与法律对公共环境利益的保护不足以及司法解释对"生态环境损害"的规定不够完善有关。《环境污染刑事案件司法

---

❶　本书认为，这一说法存在不妥之处，可能会使基层法院将生态环境损害刑事案件限定在生态环境损害赔偿案件的关联案件，从而将环境民事公益诉讼提起的涉生态环境损害案件排除在受案范围之外。

❷　《环境污染刑事案件座谈会纪要》对此专门举例加以说明，当可以适用《环境污染刑事案件司法解释（2016）》第 1 条第（2）项"非法排放、倾倒、处置危险废物三吨以上"的规定对当事人追究刑事责任时，除非可能适用公私财产损失第二档定罪量刑标准，否则不应再对公私财产损失数额或者超过排放标准倍数进行鉴定。本书认为，这是基于环境损害鉴定费用过高，为节省司法资源的举措，但对于保护生态利益、厘清案件事实，并无裨益。

❸　《环境污染刑事案件座谈会纪要》第 4 条第 2 款规定："全国各省（自治区、直辖市）可以结合本地实际情况，因地制宜，因时制宜，根据案件具体情况准确认定'造成生态环境严重损害'和'造成生态环境特别严重损害'。"

解释（2013）》的入罪量刑情形中未列入"生态环境损害"，致使部分法官拒绝采纳虚拟治理成本作为定罪量刑的依据；而《环境污染刑事案件司法解释（2016）》虽然在入罪量刑情形中增加了"生态环境损害"，但是没有明确具体标准，实际上限缩了法官对虚拟治理成本的解释空间，给法官确定"生态环境损害"的刑事责任带来了阻碍，反而更不利于生态法益的保护。为使虚拟治理成本在环境刑事司法实践中得到正确适用，需及时修改法律，制定"生态环境损害"的入罪量刑标准，在制定标准时应综合考虑生态环境损害的复杂性、行为人对危害后果的认识能力以及虚拟治理成本法的拟制性特征等因素，科学合理地制定生态环境损害的入罪量刑标准。

三、虚拟治理成本法民事、刑事司法协调运用的法律规则分析

（一）统一民事、刑事法律规范的生态环境损害范围

从前节分析可知，虚拟治理成本被错误定性为财产损害，适用范围扩大化，是环境民事、刑事司法实践中都存在的问题。现有法律规范对生态环境损害范围的界定并不统一，这为实现虚拟治理成本法民事、刑事司法的协调运用带来了阻碍。因此，首先应当解决的就是统一民事、刑事法律规范对生态环境损害的界定；此外，现有法律规范对生态环境损害赔偿范围的界定，未涵盖虚拟治理成本法适用的全部情形，在统一各法律规范的生态环境损害范围时，应将其纳入。

（二）民事、刑事诉讼衔接的顺位规则选择

虚拟治理成本法民事、刑事司法协调运用，还涉及民事、刑事诉讼衔接的顺位规则问题。理论研究和司法实践中，存在先刑

后民、刑民并行与先民后刑三种模式。❶ 从本书对虚拟治理成本法民事司法运用的实证研究看，在以虚拟治理成本法鉴定评估的民事赔偿案件中，首先是刑事附带民事诉讼案件数量占比最多，其次是由环保组织提起的环境公益诉讼，最后是由检察机关提起的环境公益诉讼。司法实践的这一情况已经表明，刑民合一的刑事附带民事诉讼模式，是最符合虚拟治理成本法民事、刑事司法协调运用的诉讼模式。

本书认为，刑事附带民事诉讼成为司法实践的自发选择，是由于以虚拟治理成本法鉴定评估的不可修复生态环境损害往往情况复杂，鉴定评估费用普遍较高，在一定程度上阻碍了环保组织提起环境公益诉讼的积极性；而检察机关在刑事诉讼过程中掌握的鉴定评估证据，可以作为生态环境赔偿的计算依据，为追究被告的民事责任提供了便利条件。例如，在"中国生物多样性保护与绿色发展基金会诉马鞍山市玉江机械化工有限责任公司环境责任纠纷案"中，绿发会提交的《马鞍山市玉江机械化工有限公司涉嫌污染环境事件环境损害鉴定评估意见书》，是马鞍山市公安局雨山分局在办理本案相关刑事案件期间，委托安徽省环境科学研究院评估制作的。❷ 因此，从节省司法资源、提高审判效率的角度考量，应当鼓励检察机关在提起生态环境损害刑事案件诉讼的同时，提起附带环境民事公益诉讼，使生态环境损害得到及时救济。

---

❶ 汪劲，马海桓. 生态环境损害民刑诉讼衔接的顺位规则研究［J］. 南京工业大学学报. 社会科学版. 2019, 18（1）: 25-34, 111.

❷ 参见（2016）皖05民初113号民事判决书、（2017）皖0506刑初25号刑事判决书、（2017）皖民终679号民事判决书。

第三节　虚拟治理成本法司法运用
法律支撑制度的完善

一、虚拟治理成本法司法运用的法理分析

（一）虚拟治理成本法司法运用的"合理确定性"

从前文对生态环境损害法律的沿革梳理中可以发现，伴随着我国环境法治发展的，是我国理论界和实务界对环境损害问题认识的不断深入，生态环境损害法律制度的创设与发展也不例外。然而，隐匿在环境法制"繁荣"图像❶之后的，是对生态环境损害的科学认识和法律规范的脱节，尤其是不可修复生态环境损害，现有法律规范对其的界定和救济仍有不确切之处，阻碍了生态环境损害司法救济目标的实现。

从利益衡量的角度考量，科学认识和法律规范的脱节现象符合环境法治发展的一般规律。在环境法的初创时期，囿于人类对环境问题的认识不足以及传统法律保护利益所限，此时环境法保护的主要对象是受环境污染事件影响的私益。即"人身利益"和"财产利益"。随着生态危机的浮现，生态环境损害行为的互动性

❶ "我国从 20 世纪 70 年代初开始关注环境污染问题，1979 年制定了《环境保护法（试行）》，设立了环境保护管理机构。到今天，我国已经制定了 30 多部生态环境保护的法律和千余件法规、规章，环境保护部门在几次的政府机构改革中地位稳步上升，近年来环境司法也有了长足发展，社会公众的环境保护意识有了很大提升。"见吕忠梅. 生态文明建设的法治思考. 法学杂志. 2014, 35（5）：10–21.

被认识❶，作为公益的"生态利益"成为环境法的保护对象。由于生态利益隐含的系统性和整体性特征，其利益边界的"确定性"和私益相比较低，因此难以获得法律的周全保护。对于可修复生态环境损害，由于修复目标明确，存在确定性高的可行修复方案和修复费用，以公共信托理论为依归❷，传统法律中私益保护的原则尚可用于救济可修复生态环境损害；然而，对于不可修复生态环境损害，在没有确定修复方案的情况下，如何在衡量其不利益程度的同时保证"确定性"，就成为环境法需要面对的问题。

法律的存在，是为了"提供一种具有合理确定性的预期"❸。虚拟治理成本法之所以会成为不可修复生态环境损害的主要鉴定评估方法，并在环境司法实践中获得广泛运用，正因为其满足法律的"合理确定性"要求。首先，生态环境损害鉴定评估方法是在环境科学的研究过程中逐渐发展出来的科学方法，为"确定性"提供了科学保证；而虚拟治理成本法具有的简明直接、容易理解的优点，更易为司法实践中的法官和当事人所理解和接受，与其相关的司法判决亦具有了可预测性❹。其次，由于生态环境的系

❶ 生态环境损害行为的构成具有"人—自然—人"的互动性，换言之，人身损害和财产损害是生态环境损害的后果。参见吕忠梅．"生态环境损害赔偿"的法律辨析［J］．法学论坛，2017，32（3）：5–13.

❷ 在公共信托理论的解释框架下，作为生态服务功能载体的自然资源和野生动植物资源具备双重所有权结构，政府基于受托人身份享有普通法上的所有权，成为国家私产。参见黄忠顺．环境公益诉讼制度扩张解释论［J］．中国人民大学学报，2016，30（2）：32–42.

❸ "这样一来，对法律的研究将被视为对秩序原则的研究，后者体现了古往今来判例中的一致性。当一致性始终如一，足以为人们提供一种具有合理确定性的预期时，法律就存在了。"见卡多佐．法律的成长 法律科学的悖论［M］．董炯，彭冰，译．北京：中国法制出版社，2002：23.

❹ "可预测性"虽然是普通法意义上的法律"确定性"要求，但我国法官在个案中的自由裁量权，以及"能动司法"已经成为我国司法实践的重要指导的现状，都可以说明司法判决的"可预测性"已经成为我国法律"确定性"的要求之一。

统性和整体性特征，生态环境损害鉴定评估、修复的过程都会产生高额的经济成本，而虚拟治理成本法具有实际操作性强的优点，其鉴定评估的费用相对较少，并且是基于成本的评估方法，符合"成本收益分析"要求是虚拟治理成本法"合理性"的体现。

（二）虚拟治理成本法的拟制性与法律应对

虚拟治理成本法具有的"合理确定性"为其司法运用奠定了法理基础，但同时也应注意到虚拟治理成本法具有的拟制性特征。从虚拟治理成本法的计算公式（式2）中可以看出，影响虚拟治理成本法计算结果的有三个因子，分别为污染物排放量、单位治理成本、环境敏感系数，在司法运用时需加以注意并应对。

1. 污染物排放量

虚拟治理成本法中，污染物排放量是指未经治理就排放到环境中的污染物数量。在多数涉及流动环境要素的生态环境损害案件中❶，由于被告对偷排的污染物数量并无台账记录，在司法实践中容易产生争议，甚至需要法官酌情确定。

例如，在"中华环保联合会诉昆山君汉电子材料有限公司、胡某德等环境污染责任纠纷案"中，原告依据被告水表的用水量信息作为污染物排放量的计算依据，而被告只有一块水表，用水量信息包含了电镀废水和生活用水，法官据此酌定采取用水量的

---

❶ 固体污染物由于倾倒后不存在流动情况，所以数量相对容易确定，不存在拟制问题。例如，在"中山市海洋与渔业局诉彭某权、冯某林、何某生、何某森环境污染责任纠纷案"中，涉案污染物为固体垃圾，污染物排放量无须进行拟制。参见广州海事法院（2017）粤72民初541号民事判决书。

90% 作为污染物排放量，但并未对其进行说理。❶ 然而，同样是电镀废水污染，在"广东省环境保护基金会诉余某发、夏某林环境污染责任纠纷案"中，被告对用水量也提出了质疑，但法官仍依原告诉请计算污染物排放量，未作变更。❷

2. 单位治理成本

虚拟治理成本法中，单位治理成本是指污染物在排放到环境中之前，治理单位污染物的费用。❸ 从治理的主体上看，包括"工业生产企业"和"专业污染治理企业"两类；从费用构成上看，包括"处理设施运行费"和"固定资产折旧费"两大类。从中可以看出，单位治理成本在选择时会因为治理企业的不同而产生较大差异。例如，在"北京市人民检察院第四分院诉北京多彩联艺国际钢结构工程有限公司环境污染责任纠纷案"中，计算虚拟治理成本的喷漆房成本造价，鉴定意见为 60 万元，而被告自行询价为 20 万元，两者之间差异巨大。❹

在单位治理成本的选择上，同样存在需要法官酌情确定的问题。例如，在"北京市朝阳区自然之友环境研究所诉泰州市沃爱特化工有限公司环境污染责任纠纷案"中，由于被告处置的废酸没有样本，成分无法确定，难以确定治理成本，于是法官参考了

---

❶ 参见江苏省苏州市中级人民法院（2015）苏中环公民初字第 00002 号民事判决书。

❷ 参见广东省广州市中级人民法院（2017）粤 01 民初 220 号民事判决书。

❸ 根据《关于虚拟治理成本法的说明》的规定，单位治理成本是指"工业生产企业或专业污染治理企业治理单位废气、废水、固体废物或单位特征污染物所发生的费用，包括能源消耗、设备维修、人员工资、管理费、药剂费等处理设施运行费及固定资产折旧费等有关的其他费用"。

❹ 参见北京市第四中级人民法院（2017）京 04 民初 73 号民事判决书、北京市高级人民法院（2018）京民终 453 号民事判决书。

"泰州市环保联合会诉江苏常隆农化有限公司、泰兴锦汇化工有限公司等环境污染责任纠纷案"的治理成本，取介于最高值和最低值之间的金额作为治理成本。❶

此外，单位治理成本方法的选择也是非常关键的因素，决定了单位治理成本的大小，进而影响评估结果。例如，在"连云港市赣榆区环境保护协会诉顾某成环境污染责任纠纷案""连云港市赣榆区环境保护协会诉王某杰环境污染责任纠纷案"中，原告提供的鉴定专家采取纯碱（碳酸钠）中和法，而法院邀请的专家证人采取氢氧化钙中和法，不仅得到的虚拟治理成本更低，治理效果也更好。❷ 据此，法院对生态环境损害结果进行了酌情认定。

在确定单位治理成本的方法选择上，《关于虚拟治理成本法的说明》中推荐了实际调查法❸、收费标准法❹、成本函数法❺三种，同时规定了以收费标准法的优先级最高，其次是实际调查法；❻ 需

---

❶ 参见江苏省泰州市中级人民法院（2015）泰中环公民初字第00003号民事判决书。

❷ 新方法计算结果为原方法计算结果的72.5%。参见江苏省连云港市中级人民法院（2014）连环公民初字第00001号民事判决书、江苏省连云港市中级人民法院（2014）连环公民初字第00002号民事判决书。

❸ 通过实际调查，获得相同或邻近地区、相同或相近生产工艺、产品类型、处理工艺的企业，治理相同或相近污染物，能够实现稳定达标排放的平均单位污染治理成本。在上述因素中，相同产品类型、能够实现稳定达标排放为首要考虑因素，相同或邻近地区为次要考虑因素，最后为生产工艺和处理工艺。

❹ 对于废水和固体废物的单位治理成本，可以采用处理相同或相近污染物的园区集中式污水处理设施与危险废物处理企业最新的收费标准作为单位治理成本。

❺ 当调查样本量足够大时，可采用成本函数法，通过调查数据建立典型行业的废气、废水、固体废物或污染物的治理成本函数模型，以达到排放标准的单位污染治理成本平均值作为最终使用的单位治理成本。

❻ 有收费标准的，优先适用收费标准法，使用时需要对收费标准的合理性进行判断；没有收费标准的，优先适用实际调查法。

要注意的是，收费标准法应当采用政府部门或者行业协会参与制定的广泛适用的收费标准，而不能以企业对外商定的处理价格为收费标准。❶

3. 环境敏感系数

环境敏感系数又称环境功能区敏感系数，是根据受污染影响区域的环境功能敏感程度确定的放大倍数，主要确定依据是环境功能区类别。在《关于虚拟治理成本法的说明》出台之前，环境敏感系数由于存在区间值的选择，大大增加了鉴定评估结果的不确定性；司法实践中，多起案件的法官都对环境敏感系数进行了酌情处理，通常的做法是取区间上下限之间的值；法官酌情的理据包括生态环境损害程度、污染物是否可降解、污染持续时间、被告的主观恶意、周边是否有居民地等多个因素。

本书认为，环境敏感系数是基于填补生态环境真实损失而作出的科学判断，其中留给法官自由裁量的空间并不多，司法实践中法官酌情改变环境敏感系数的做法并不可取，消解了法律的确定性。鉴于司法实践中环境敏感系数增加了法律不确定性的情况，《关于虚拟治理成本法的说明》明确了技术规定不对被告的主观因素进行判断，取消了环境敏感系数区间值❷；同时在技术层面规定

---

❶ "收费标准法主要是针对包括危险废物在内的工业固废、医疗废物和生活污水处置提出的，这类污染物的处理工艺相对固定，政府有关部门会出台指导价格或由处置企业制定本企业的收费标准，其收费标准可以广泛适用。……把生产企业与污染物处置企业商定的协议处置价格作为虚拟治理成本法中的单位治理成本，是明显不合适的。"见王玮. 收费标准法适用对象是谁？——专访生态环境部环境规划院环境风险与损害鉴定评估研究中心主任於方［N］. 中国环境报，2019－3－25（8）.

❷ 《关于虚拟治理成本法的说明》在第三部分"其他需要说明的问题"中规定："鉴于环境敏感系数区间值在实际操作中存在一定不确定性的问题，不再设区间值，技术规定不对排放、倾倒、泄漏等主观恶意、故意性因素进行判断。"

了可以酌情调整环境敏感系数的三种情形❶，减少了法官对环境敏感系数自由裁量的空间。

此外，对于司法实践中存在的，较为普遍的对虚拟治理成本法的酌情行为，本书认为，虚拟治理成本法的拟制性与不可修复生态环境损害的特征有关，因为无法制定"确定"的修复方案，只能通过假设污染物得到治理来衡量生态环境损害的不利益程度。因此，虚拟治理成本法的"拟制性"不能作法学研究范式下的"不确定性"理解；事实上，虚拟治理成本法是对生态环境损害的下限核算，其计算方法从性质上具有法律中的"兜底性"特征，属于没有办法的办法。就此意义而言，在环境民事司法实践中，法官不宜过分运用自由裁量权，对虚拟治理成本法的三项因子进行变更，尤其在作减少虚拟治理成本的裁决时更应谨慎对待❷，以免生态环境损害无法得到公平救济。

（三）"生态环境修复""替代性修复""期间服务功能损失"的关系

如前文分析，以《环境民事公益诉讼司法解释》的责任类型划分，虚拟治理成本法应当指向"替代性修复"责任；然而，现实的情况是法官对虚拟治理成本的定性分歧严重，"生态环境修复""替代性修复""期间服务功能损失"三种责任类型都在司法

---

❶ 《关于虚拟治理成本法的说明》的"二、关于计算方法的补充说明"部分规定了可以对环境功能区敏感系数酌情调整的三种情形，即（1）危险废物临时贮存、堆放或排放，没有对环境介质造成实际损害或造成损害程度较小的，可以降低环境敏感系数；（2）有毒有害气体，未造成实际健康和财产损害的，可以调高环境敏感系数；（3）多种环境介质受污染的，取受主要影响的环境介质敏感系数；受影响程度相同的，环境敏感系数取高值。

❷ 最高人民法院在《为新时代生态环境保护提供司法服务和保障的意见》提出要"通过专业化的环境资源审判落实最严格的源头保护、损害赔偿和责任追究制度"。从此意见考量，法官在审批生态环境损害案件时也不宜降低生态环境损害鉴定评估的数额，否则有违"最严格"的要求。

实践中出现。为厘清三者之间的关系，本书对虚拟治理成本法司法运用的主要法律规范和技术规范，原《侵权责任法》❶《环境民事公益诉讼司法解释》《推荐方法（第Ⅱ版）》三者之间的关联进行了分析。

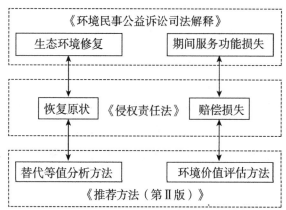

图16　以《侵权责任法》为中心的生态环境损害救济框架示意图❷

　　如图16所示，《环境民事公益诉讼司法解释》《推荐方法（第Ⅱ版）》之间的连接点是《侵权责任法》。在《推荐方法（第Ⅱ版）》构建的生态环境损害鉴定评估方法体系中，"替代等值分析方法"和"环境价值评估方法"，分别对应了《侵权责任法》中的"恢复原状"和"赔偿损失"责任❸；而《环境民事公益诉讼司法

---

❶　本书的实证研究部分，绝大多数件依据的仍是原《侵权责任法》，从立法文本内容看，《民法典》第179条规定的民事责任包含了原《侵权责任法》第15条规定的侵权责任，因此本书仍以原《侵权责任法》作为讨论的起点，其结论同样适用于《民法典》生效后的环境司法实践。

❷　图中，"↕"（双箭头）表示对应关系。

❸　《推荐方法（第Ⅱ版）》中规定的替代等值分析方法和环境价值评估方法，与"恢复原状""赔偿损失"两种主要生态环境损害侵权责任承担方式相对应。参见张延燊，田超，於方. 鉴定评估机构如何完成法院委托？——案例解读《环境损害鉴定评估推荐方法（第Ⅱ版）》[N]. 中国环境报，2015 – 1 – 21（5）.

解释》则通过第20条、第21条规定了两种主要的生态环境损害责任承担方式，"生态环境修复"和"期间服务功能损失"，与《侵权责任法》中的"恢复原状"和"赔偿损失"责任分别对应。

从立法者的本意看，以《侵权责任法》为中心制定《推荐方法（第Ⅱ版）》和《环境民事公益诉讼司法解释》，构建生态环境损害救济机制是较为合理的选择，图16的框架结构也显得对称均衡。然而，如果注意到《环境民事公益诉讼司法解释》第20条中的"生态环境修复责任"包含了"替代性修复"；"期间服务功能损失"由"替代等值分析方法"鉴定评估，而"替代性修复"由"环境价值评估方法"鉴定评估；则会发现其中存在的技术规范与法律规范之间的冲突。本书依此对图16进行了解构，解构后的框架如图17所示。

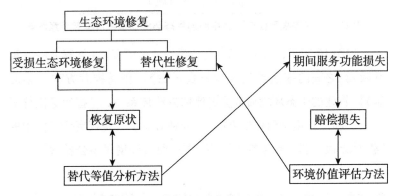

图17 "生态环境修复"责任解构后的生态环境损害救济框架示意图❶

从图17中可以发现，解构后的框架图不再对称均衡：由对应"赔偿损失"责任的"环境价值评估方法"鉴定评估的"替代性修

---

❶ 图中，"⌐"（折线）表示包含关系，"↕"（双箭头）表示对应关系，"↑"（单箭头）表示指向关系。

复"，却被归于"恢复原状"责任；而由对应"恢复原状"责任的"替代等值分析方法"鉴定评估的"期间服务功能损失"，却被归于"赔偿损失"责任。以《侵权责任法》为中心构建生态环境损害救济机制，存在难以调和的矛盾，现有生态环境损害救济框架需要重构。由此，需要回答的问题包括，"替代性修复"和"恢复原状"之间的关系是什么？"期间服务功能损失"与"替代性修复"的关系是什么？本书依次分析如下：

1. "替代性修复"不属于"恢复原状"责任

生态环境损害鉴定评估的技术规范，虽然提供了计算生态环境损害数额的科学方法，但其计算结果在司法实践中运用时仍需要通过法律规范对技术规范的转释，才能转化为当事人的法律责任。然而，科学研究范式与法律研究范式之间，对生态环境损害相关文义的理解存在较大差别，范式转换过程中容易出现语义理解的偏差。

对于受损生态环境可修复的情形，由于修复目标与赔偿数额的确定性❶，在司法实践中出现由于科学与法学研究范式不同所导致的理解偏差的可能性较低，可以被"恢复原状"责任容纳。然而，对于受损生态环境不可修复的情形，则存在较大的理解偏差可能。由于法学研究范式下的"恢复"有特定含义，因此限缩了技术规范中的"恢复"概念在法律规范中的使用空间，司法实践

---

❶ 环境损害鉴定评估机构可以通过确定修复目标，选择合适的替代等值分析方法，确定最优恢复方案，并以此估算实施最优恢复方案的工程量和所需的费用；并且，环境损害鉴定评估机构可以根据法院要求，仅给出生态环境恢复方案，或同时给出生态环境修复费用，法院据此判决当事人承担生态环境损害责任。参见张延桑，田超，於方. 鉴定评估机构如何完成法院委托？——案例解读《环境损害鉴定评估推荐方法（第Ⅱ版）》[N]. 中国环境报，2015-1-21（5）.

中对"生态环境修复"的使用也多采取广义理解❶,从而导致责任界限模糊不清的问题❷。

从法律规范的文本分析,《环境民事公益诉讼司法解释》第20条第1款其实隐含"替代性修复"与"恢复原状"责任区分之意,"替代性修复"属于受损生态环境无法"修复到损害发生之前的状态和功能"时的补充责任❸;但在第2款规定"生态环境修复费用"时,未将"替代性修复"排除,"生态环境修复费用"成为"恢复原状"的责任承担方式,"替代性修复"与"恢复原状"混同。"替代性修复"责任适用情形与目的之间的悖离,反映出传统侵权损害救济难以应对生态环境整体性特征的缺陷。❹ 其后果是,在环境民事司法实践中,法官在裁判时难以准确界定"替代性修复"与"生态环境损害赔偿"之间的关联❺;甚至会通过采用其他

---

❶ 生态环境修复从狭义上理解,是对涉案生态环境的原位修复;从广义上理解,则除了原位修复方式,还包括替代性修复。

❷ 例如,在最高人民法院环境资源审判庭的归纳中,替代性修复适用于"被损害的某处生态环境确实无法复原的情形",即"部分或全部无法原地原样恢复的",包括同地区异地点、同功能异种类、同质量异数量、同价值异等级等多种替代修复方式;但又表示,替代性修复的目的仍是使生态环境恢复到受损害之前的功能、质量和价值,与适用情形中"无法复原"的表述存在文义矛盾。参见最高人民法院环境资源审判庭.最高人民法院关于环境民事公益诉讼司法解释理解与适用 [M].北京:人民法院出版社,2015:296.

❸ 本款由具有先后次序的两句构成。首先,对于原告"恢复原状"的请求,法院可以依法判决被告将生态环境修复到损害发生之前的状态和功能;其次,对于无法完全修复的生态环境损害,法院可以准许其采用替代性修复方式。

❹ 例如,最高人民法院环境资源审判庭认为,同地区异地点的替代修复方式,是指在同一生态环境区域,被污染或破坏的地点无法全部或者部分恢复原状时,另择适当地点进行补植复绿等。然而,对于扩散性极强的大气环境污染,受损生态环境区域的边界实际难以确定。

❺ 例如,在23起将虚拟治理成本定性为"生态环境损害赔偿"的案件中,在判决时未指明赔偿用途的案件中有多起在说理阶段要求被告承担"替代性修复"责任。

的表述方式，回避使用"替代性修复"❶。

本书认为，在不触动法学研究范式"恢复"概念的前提下，应当对法律规范中的"生态环境修复"进行解构，将其分为"受损生态环境修复"和"替代性修复"两种情形；其中，"受损生态环境修复"归于"恢复原状"责任，而"替代性修复"则归于"赔偿损失"责任。

2. "期间服务功能损失"不属于"赔偿损失"责任

"期间服务功能损失"对应的是"期间损害"，根据《技术指南（总纲）》，属于"生态环境恢复"中的"补偿性恢复"，其目标是"完全恢复受损的生态环境及生态服务"，性质上接近于"恢复原状"；❷而根据《推荐方法（第Ⅱ版）》，"期间损害"的鉴定评估方法是替代等值分析方法，与原《侵权责任法》中的"恢复原状"责任对应。对此，司法实践中已有案件作出了正确适用。例如，在"浙江省开化县人民检察院诉衢州瑞力杰化工有限公司环境污染责任纠纷案"中，法官判决"生态环境修复费用"和"期间服务功能损失"均用于受损生态环境的修复。❸

然而，《环境民事公益诉讼司法解释》却将"期间损害"界定为"生态环境受到损害至恢复原状期间服务功能损失"，并归于

---

❶ 根据《改革方案》的规定，"赔偿义务人造成的生态环境损害无法修复的，其赔偿资金作为政府非税收入，全额上缴同级国库，纳入预算管理。赔偿权利人及其指定的部门或机构根据磋商或判决要求，结合本区域生态环境损害情况开展替代修复。"由此可以推知，地区性修复属于替代修复责任承担形式。因此，4 起判决将赔偿用于"地区生态环境保护、修复、治理"的案件，实际上被告承担的仍是"替代性修复"责任。

❷ 根据《技术指南（总纲）》"3.9 补充性恢复"的定义，"指基本恢复或补偿性恢复不能完全恢复受损的生态环境及生态服务时，采取各项弥补性的恢复措施，使生态环境及生态服务恢复到基线水平。"可以推知，"基本恢复"和"补偿性恢复"的目标是"完全恢复受损的生态环境及生态服务"。

❸ 参见浙江省开化县人民法院（2017）浙 0824 民初 3843 号民事判决书。

"赔偿损失"责任。导致本应用于"受损生态环境修复"的"期间损害",被用于"替代性修复"。例如,在"湖北省人民检察院汉江分院诉利川市五洲牧业有限责任公司环境污染责任纠纷案"中,法官判决将"期间服务功能损失"用于"地区生态环境保护、修复、治理"。[●]

本书认为,《环境民事公益诉讼司法解释》中对"期间服务功能损失"用途的错误规定,源于现有法律体系中关于环境利益保护的不足。生态环境损害行为侵害的是生态利益,而以原《侵权责任法》为中心建构的生态环境损害救济机制难以周全应对生态环境损害,从而造成了司法实践中法官在裁判时的两难境地。

综合前述分析,本书认为,在现有法律体系对生态利益保护不周的现状短时间内难以改变的情况下,权宜之计是在遵循原《侵权责任法》"恢复原状"和"赔偿损失"分类的前提下,以"生态环境损害可修复性"为逻辑起点,从司法运用角度入手,对现有的生态环境损害救济框架进行重构。如图18所示。

如图18所示,重构后的生态环境损害救济框架,明确了"期间服务功能损失"应当用于"受损生态环境修复"并与"受损生态环境修复"一起对应"可修复生态环境损害";而"替代性修复"则对应"不可修复生态环境损害"。并且,在新的框架中,"受损生态环境损害""期间服务功能损失"归于"恢复原状"责任,"替代性修复"归于"赔偿损失"责任,仍然符合原《侵权责任法》的责任划分;在没有制定新法的情况下最大限度地厘清了生态环境损害的内部关系,有助于提升虚拟治理成本法的司法运用效果。

[●] 参见湖北省汉江中级人民法院(2016)鄂96民初18号民事判决书。

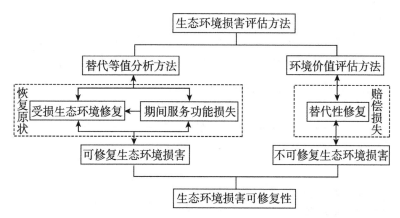

图18　以"生态环境损害可修复性"为起点的

生态环境损害救济框架示意图

二、生态环境损害相关司法解释的修改建议

综合前述分析，虚拟治理成本法司法运用问题的根本原因在于现有法律体系对生态利益保护不充分，只有通过法律的制定完善才能填补。在现有法律框架下，为完善虚拟治理成本法的司法运用，可以通过最高人民法院出台对技术规范使用的指导意见、修改相关司法解释等路径，对生态环境损害责任进行界定和划分，形成有效的法律支撑制度。

（一）修改《环境民事公益诉讼司法解释》的建议

首先，考虑到司法实践中存在"替代修复"偏离生态环境恢复目标的问题❶。对图15中的被告承担生态环境修复责任流程进行调整，重构《环境民事公益诉讼司法解释》生态环境损害民事

---

❶　王小钢. 生态环境修复和替代性修复的概念辨正：基于生态环境恢复的目标
　　[J]. 南京工业大学学报：社会科学版，2019，18（1）：35－43＋111.

责任的逻辑框架，对生态环境修复费用与替代性修复费用进行区分，明确生态环境修复费用指向可修复生态环境损害，而替代性修复费用指向不可修复生态环境损害。重构后的法院判决被告承担生态环境修复责任流程如图 19 所示：

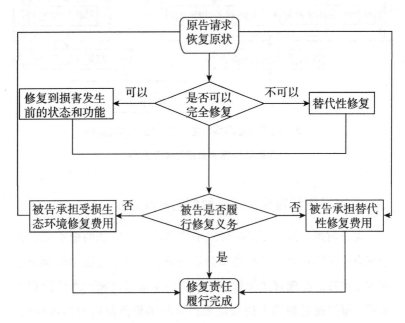

图 19　重构后的被告承担生态环境修复责任流程示意图

与图 15 相比，重构后的流程图显得更为均衡，其中最主要的改变是将"替代性修复"责任提升至与"修复到损害发生前的状态与功能"责任并列的地位，同时增加"替代性修复费用"责任、将"生态环境修复费用"修改为"受损生态环境修复费用"，将"替代性修复费用"与"受损生态环境修复费用"进行区分。

其次，参考图 18 中的生态环境损害救济框架，应当尊重环境科学对"期间损害"的认定，将采用虚拟治理成本法鉴定评估的不可修复生态环境损害，排除在"期间服务功能损失"之外；❶ 并且，明确"期间服务功能损失"应当用于"受损生态环境修复"。

综合以上考虑，本书建议对《环境民事公益诉讼司法解释》第 20 条第 2 款、第 3 款，第 24 条第 1 款作相应修改。修改前后的条文对照如表 6 所示：

表 6　《环境民事公益诉讼司法解释》修改建议前后对照

现条文	建议条文
第 20 条　…… 人民法院可以在判决被告修复生态环境的同时，确定被告不履行修复义务时应承担的生态环境修复费用；也可以直接判决被告承担生态环境修复费用； 生态环境修复费用包括制定、实施修复方案的费用和监测、监管等费用	第 20 条　…… 人民法院可以在判决被告修复生态环境的同时，确定被告不履行修复义务时应承担的受损生态环境修复费用或替代性修复费用；也可以直接判决被告承担受损生态环境修复费用或替代性修复费用； 受损生态环境修复费用和替代性修复费用包括制定、实施修复方案的费用和监测、监管等费用
第 24 条　人民法院判决被告承担的生态环境修复费用、生态环境受到损害至恢复原状期间服务功能损失等款项，应当用于修复被损害的生态环境。 …………	第 24 条　人民法院判决被告承担的受损生态环境修复费用、生态环境受到损害至恢复原状期间服务功能损失，应当用于受损生态环境的修复；替代性修复费用，应当用于生态环境损害的替代性修复。 …………

❶ 需通过其他方式，如由最高人民法院或者生态环境部出具指导意见等，明确司法实践中可以采纳的"不可修复生态环境期间损害"计算评估方法。根据《推荐方法（第Ⅱ版）》"B.1.1 资源等值分析方法或服务等值分析方法"，对于即使采取了恢复措施，也可能始终无法恢复到基线水平的生态环境损害，可以通过调整计算公式中恢复时间变量的参数值，将恢复时间设定为 100 年来计算"期间损害"。

本书认为，通过对《环境民事公益诉讼司法解释》作此修改，将虚拟治理成本界定为"替代修复"费用，可以有效避免司法实践中将虚拟治理成本界定为"期间服务功能损失"的错误做法，实现不可修复生态环境损害的补充救济；同时，可以明确替代性修复费用与受损生态环境修复费用的界限，避免司法实践中将"受损生态环境修复费用"与"替代性修复费用"混同的错误做法。

（二）修改《生态环境损害赔偿案件若干规定》的建议

作为生态环境损害领域最新的司法解释，《生态环境损害赔偿案件若干规定》已经注意到了不可修复生态环境损害的存在，并在第13条规定了当受损生态环境无法修复或者无法完全修复时，被告应当承担的损失类型为"生态环境功能永久性损害"。从逻辑框架上看，《生态环境损害赔偿案件若干规定》也与图17的流程示意图相适应。

然而，《生态环境损害赔偿案件若干规定》的问题在于，将受损生态环境损害无法修复或者无法完全修复的情形限定于"永久性损害"，不能涵盖不可修复生态环境损害的全部三种情形。此外，《生态环境损害赔偿案件若干规定》中的"生态环境修复费用"实际上对应的是《环境民事公益诉讼司法解释》（修改后）中的"受损生态环境修复费用"，应注意与《环境民事公益诉讼司法解释》（修改后）界定范围的统一。基于以上分析，本书建议将"生态环境修复费用"明确为"受损生态环境修复费用"，并以"替代性修复费用"取代"生态环境功能永久性损害造成的损失"。❶

---

❶ 作为生态环境损害赔偿的纲领性规范文件，《改革方案》在"二、工作原则"中明确提出，"生态环境损害无法修复的，实施货币赔偿，用于替代修复"。

在此构想下，本书建议对《生态环境损害赔偿案件若干规定》第 12 条第 1 款、第 2 款，第 13 条，第 15 条作相应修改。修改前后的条文如表 7 所示：

表 7 《生态环境损害赔偿案件若干规定》修改建议前后对照

现条文	建议条文
第 12 条　受损生态环境能够修复的，人民法院应当依法判决被告承担修复责任，并同时确定被告不履行修复义务时应承担的生态环境修复费用。 生态环境修复费用包括制定、实施修复方案的费用，修复期间的监测、监管费用，以及修复完成后的验收费用、修复效果后评估费用等。 ……	第 12 条　受损生态环境能够修复的，人民法院应当依法判决被告承担修复责任，并同时确定被告不履行修复义务时应承担的受损生态环境修复费用。 受损生态环境修复费用包括制定、实施修复方案的费用，修复期间的监测、监管费用，以及修复完成后的验收费用、修复效果后评估费用等。 ……
第 13 条　受损生态环境无法修复或者无法完全修复，原告请求被告赔偿生态环境功能永久性损害造成的损失的，人民法院根据具体案情予以判决	第 13 条　受损生态环境无法修复或者无法完全修复，原告请求被告赔偿替代性修复费用的，人民法院根据具体案情予以判决
第 15 条　人民法院判决被告承担的生态环境服务功能损失赔偿资金、生态环境功能永久性损害造成的损失赔偿资金，以及被告不履行生态环境修复义务时所应承担的修复费用，应当依照法律、法规、规章予以缴纳、管理和使用	第 15 条　人民法院判决被告承担的生态环境服务功能损失赔偿资金、替代性修复费用，以及被告不履行生态环境修复义务时所应承担的受损生态环境修复费用，应当依照法律、法规、规章予以缴纳、管理和使用

本书认为，通过对《生态环境损害赔偿案件若干规定》作此修改，将"生态环境功能永久性损害造成的损失"更正为"替代性修复费用"，在符合《改革方案》要求的同时，还可以涵盖虚拟治理成本法涵盖的全部情形，实现不可修复生态环境损害的有效救济；同时，通过对"受损生态环境修复费用"与"替代性修复费用"的区分，与《环境民事公益诉讼司法解释》（修改后）的界定统一，避免了可能出现的法律规范冲突情况。

（三）修改《环境污染刑事案件司法解释》的建议

首先，为实现虚拟治理成本法民刑事司法协调运用，应当统一《环境污染刑事案件司法解释》与《环境民事公益诉讼司法解释》（修改后）对"生态环境损害"的界定。

其次，应当明确"生态环境损害"的入罪量刑标准。虚拟治理成本法的计算方法表明，其鉴定评估的结果具有很强的拟制性；而从司法实践中的情况看，虚拟治理成本法鉴定评估的生态环境损害数额大都较高。以"后果特别严重"的不可修复生态环境损害案件为例，以虚拟治理成本法评估出的损害数额区间约为 265 万元至 19 890 万元❶，远高于"公私财产损失"100 万元的加重量刑起点。因此，在制定"生态环境损害"入罪量刑标准时，应当综合考虑行为人对危害后果的主观判断能力以及司法实践中采纳的生态环境损害数额大小，选择高于"公私财产损失"的入罪量刑

---

❶ 温州市泽远环保工程有限公司、覃某建、徐某亭、周某豪、李某犯污染环境罪案中，虚拟治理成本法的评估结果为 265.647 7 万元，参见浙江省青田县人民法院（2018）浙 1121 刑初 221 号刑事附带民事判决书；白某某等犯污染环境罪案中，虚拟治理成本法的评估结果包括污染土壤的虚拟治理费用约为 7 290 万元，污染地下水的虚拟治理费用约为 12 600 万元，合计约 19 890 万元。参见山东省济南市中级人民法院（2018）鲁 01 刑终 54 号刑事判决书。

标准，以体现刑法的罪责刑相适应原则；❶ 并且，要明晰"公私财产损失"与"生态环境损害"的边界，避免出现被告通过将"公私财产损失"定性为"生态环境损害"，从而逃避或减轻刑罚的状况。

基于以上考虑，本书建议对《环境污染刑事案件司法解释》第 1 条第（10）项、第 3 条第（6）项、第 17 条第 5 款作相应修改。修改前后的条文如表 8 所示：

表 8　《环境污染刑事案件司法解释》修改建议前后对照

现条文	建议条文
第 1 条　实施刑法第三百三十八条规定的行为，具有下列情形之一的，应当认定为"严重污染环境"： …… （十）造成生态环境严重损害的； ……	第 1 条　实施刑法第三百三十八条规定的行为，具有下列情形之一的，应当认定为"严重污染环境"： …… （十）造成生态环境损害两百万元以上的； ……
第 3 条　实施刑法第三百三十八条、第三百三十九条规定的行为，具有下列情形之一的，应当认定为"后果特别严重"： …… （六）造成生态环境特别严重损害的； ……	第 3 条　实施刑法第三百三十八条、第三百三十九条规定的行为，具有下列情形之一的，应当认定为"后果特别严重"： …… （六）造成生态环境损害一千万元以上的； ……

---

❶ 《江苏省环境污染刑事案件审理指南（一）》在确定生态环境损害的入罪量刑标准时，采取了 200 万元的入罪标准以及 1 000 万元的加重情节标准，与本书观点一致，可以借鉴作为《环境污染刑事案件司法解释》修改的参考。

续表

现条文	建议条文
第17条 …… 本解释所称"生态环境损害",包括生态环境修复费用,生态环境修复期间服务功能的损失和生态环境功能永久性损害造成的损失,以及其他必要合理费用。 ……	第17条 …… 本解释所称"生态环境损害",包括受损生态环境修复费用,替代性修复费用和生态环境修复期间服务功能的损失,以及其他必要合理费用。 ……

本书认为,通过对《环境污染刑事案件司法解释》作此修改,明确不可修复生态环境损害的刑事适用规则,促进虚拟治理成本法的刑事司法运用;同时,作为入罪量刑证据的生态环境损害费用,可以直接作为环境公益诉讼的损害赔偿依据,有利于刑事附带民事诉讼的展开。

第四节 小 结

本章对虚拟治理成本法司法运用中的问题进行了分析,并提出了完善虚拟治理成本法司法运用法律支撑制度的建议。

首先,对虚拟治理成本法司法运用中存在的问题进行了分析,发现:(1)法官在界定虚拟治理成本的法律属性时,存在严重的定性分歧,并且存在定性不准确的问题。(2)在运用虚拟治理成本法时,存在适用范围扩大化的问题。虚拟治理成本法民事司法运用的主要问题是,错误理解虚拟治理成本的"不可修复生态环境"属性,将其扩大至生态环境损害可修复的情形;虚拟治理成本法刑事司法运用的主要问题是,将虚拟治理成本法鉴定评估的范围从生态环境损害扩大至财产损害。

随后，对虚拟治理成本法司法运用的法律规则进行了分析，认为：（1）《环境民事公益诉讼司法解释》第 20 条存在逻辑缺陷；司法实践中将虚拟治理成本定性为"期间服务功能损失"是适用错误。（2）虚拟治理成本并非"公私财产损失"；"生态环境损害"入罪量刑标准阙如。（3）应当统一民事、刑事法律规范的生态环境损害范围；民事、刑事诉讼衔接的最优顺位规则是刑民合一的刑事附带民事诉讼模式。

最后，对虚拟治理成本法的法理进行了分析，认为：（1）虚拟治理成本法的司法运用具有"合理确定性"；（2）虚拟治理成本法的"拟制性"不能作法学研究范式下的"不确定性"理解；（3）"替代性修复"不属于"恢复原状"责任，"期间服务功能损失"不属于"赔偿损失"责任。在法理分析的基础上，本书对《环境民事公益诉讼司法解释》《生态环境损害赔偿案件若干规定》《环境污染刑事案件司法解释》提出了修改建议，以完善虚拟治理成本法司法运用的法律支撑制度。

结　论

一、本书的主要结论

通过以上各章的分析探讨，本书得出主要结论如下：

（一）虚拟治理成本法评估对象为"不可修复生态环境损害"

虚拟治理成本法产生于绿色经济国民核算，是一种基于成本的估价方法，具有简洁明了、容易理解、可操作性强的优点；在我国建设生态文明的背景下，发展成为我国环境损害鉴定评估实务中一种重要的生态环境损害鉴定评估方法。

以虚拟治理成本法鉴定评估的生态环境损害类型为"不可修复生态环境损害"，其概念为："因污染环境或破坏生态行为造成的，无法恢复至生态环境基线水平，或恢复至生态环境基线水平的成本过高，或由于生态环境损害观测、应急监测不及时等原因导致损害事实不明确，无法对受损生态环境实施修复行为或措施的生态环境损害。"

（二）虚拟治理成本法司法运用中存在的问题及分析

对 134 起以虚拟治理成本法鉴定评估的民事案件、127 起以虚拟治理成本法鉴定评估的刑事案件进行了实证分析。通过分析，本书发现，虚拟治理成本法在司法运用中存在的主要问题有：（1）法官在界定虚拟治理成本的法律属性时，存在严重的定性分歧，并且存在定性不准确的问题。（2）虚拟治理成本法在司法实践中运用时，存在适用范围扩大化的问题。虚拟治理成本法民事司法运用中的主要问题是，错误理解虚拟治理成本的"不可修复生态环境"属性，将其扩大至生态环境损害可修复的情形；虚拟治理成本法刑事司法运用中的主要问题是，将虚拟治理成本法鉴定评估的范围从生态环境损害扩大至财产损害。

对此，本书认为，（1）《环境民事公益诉讼司法解释》第 20 条存在逻辑缺陷；司法实践中将虚拟治理成本定性为"期间服务功能损失"是适用错误。（2）虚拟治理成本并非"公私财产损失"；需制定"生态环境损害"入罪量刑标准。（3）应统一民事、刑事法律规范的生态环境损害范围；民事、刑事诉讼衔接的最优顺位规则是刑民合一的刑事附带民事诉讼模式。

（三）提出完善虚拟治理成本法司法运用法律支撑制度的建议

对虚拟治理成本法司法运用的法理进行了分析，认为：（1）虚拟治理成本法的司法运用具有"合理确定性"，"确定性"的来源是"科学性"，"合理性"的来源是符合"成本收益分析"考量。（2）虚拟治理成本法的"拟制性"不能作法学研究范式下的"不确定性"理解，法官的自由裁量权应受到限制。（3）"替代性修复"不属于"恢复原状"责任，更接近于"赔偿损失"责任；而"期间服务功能损失"不属于"赔偿损失"责任，更接近于"恢复原状"责任。

在对虚拟治理成本法司法运用法理分析的基础上,就《环境民事公益诉讼司法解释》《生态环境损害赔偿案件若干规定》《环境污染刑事案件司法解释》提出了修改建议,以完善虚拟治理成本法司法运用的法律支撑制度。

二、本书的主要创新和不足之处

(一)主要创新

第一,本书对"环境损害"与"生态环境损害"、"环境修复"与"生态恢复",从技术规范与法律规范两个维度进行了辨析;结合虚拟治理成本法的适用情形,明确了虚拟治理成本法鉴定评估的生态环境损害类型,首次界定了"不可修复生态环境损害"的概念和边界。

第二,对虚拟治理成本法的民事、刑事司法运用进行了近乎全样本的实证解析,从多个角度对虚拟治理成本法的司法实践状况进行了统计分析,加之进行了深入的个案分析,发现并描绘了虚拟治理成本法在司法实践中存在的问题,主要包括:对虚拟治理成本的定性分歧严重,虚拟治理成本法的适用范围扩大化等。

第三,对虚拟治理成本法司法运用的法理进行了分析,并从虚拟治理成本法的司法运用层面,对生态环境损害救济领域的三个重要司法解释,《环境民事公益诉讼司法解释》《生态环境损害赔偿案件若干规定》《环境污染刑事案件司法解释》,提出了修改建议。率先在司法运用层面明确了"不可修复生态环境损害"的适用,统一了"生态环境损害"的范围;明确了生态环境损害的入罪量刑标准,为实现虚拟治理成本法民事、刑事司法协调运用奠定了基础。

（二）不足之处

由于裁判文书公布不全面、不及时的现状，加之裁判文书公开范围不包括涉案《环境损害鉴定评估报告》，而法官在裁判文书中并不一定会言明以何种方法进行鉴定评估，可能会导致部分以虚拟治理成本法鉴定评估的案件未被纳入统计范围。因此，本书未能穷尽所有以虚拟治理成本法鉴定评估的案件司法文书，研究过程尚未做到严格意义上的全样本统计，虽然无碍于本书结论的有效性，但是未能展开基于大数据的全样本分析。这是本书研究的缺憾所在，也是未来将继续探索的方向。

参考文献

著作

［1］吕忠梅，等．中国环境司法发展报告（2017—2018）［M］．北京：人民法院出版社，2019.

［2］乔刚，胡环宇．泰州1.6亿元天价环境公益案诉讼手记［M］．北京：法律出版社，2018.

［3］吕忠梅，等．环境司法专门化：现状调查与制度重构［M］．北京：法律出版社，2017.

［4］竺效．生态损害的社会化填补法理研究（修订版）［M］．北京：中国政法大学出版社，2017.

［5］韦尔德．环境损害的民事责任：欧洲和美国法律与政策比较［M］．张一心，吴婧，译．北京：商务印书馆，2017.

［6］刘卫先．自然资源权体系及实施机制研究［M］．北京：法律出版社，2016.

［7］刘倩，季林云，於方，等．环境损害鉴定评估与赔偿法律体系研究［M］．北京：中国环境出版社，2016.

［8］竺效. 生态损害综合预防和救济法律机制研究［M］. 北京：法律出版社，2016.

［9］最高人民法院环境资源审判庭. 最高人民法院关于环境民事公益诉讼司法解释理解与适用［M］. 北京：人民法院出版社，2015.

［10］汪劲. 环境法学［M］. 3 版. 北京：北京大学出版社，2014.

［11］信春鹰. 中华人民共和国环境保护法释义［M］. 北京：法律出版社，2014.

［12］交告尚史，等. 日本环境法概论［M］. 田林，丁倩文，译. 北京：中国法制出版社，2014.

［13］费恩塔克. 规制中的公共利益［M］. 戴昕，译. 北京：中国人民大学出版社，2014.

［14］拉撒路斯. 环境法故事［M］. 曹明德，等，译. 北京：中国人民大学出版社，2013.

［15］龚宇阳. 污染场地管理与修复［M］. 北京：中国环境科学出版社，2012.

［16］全国人大常委会法制工作委员会刑法室.《中华人民共和国刑法修正案（八）》条文说明、立法理由及相关规定［M］. 北京：北京大学出版社，2011.

［17］陈慈阳. 环境法总论［M］. 台北：元照出版公司，2011.

［18］汪劲. 环境法治的中国路径：反思与探索［M］. 北京：中国环境科学出版社，2011.

［19］巴利·C. 菲尔德，玛莎·K. 菲尔德. 环境经济学［M］. 5 版. 原毅军，陈艳莹，译. 大连：东北财经大学出版

社，2010.

[20] 张中秋. 中西法律文化比较研究 [M]. 4 版. 北京：法律出版社，2009.

[21] 科尔. 污染与财产权：环境保护的所有权制度比较研究 [M]. 严厚福，王社坤，译. 北京：北京大学出版社，2009.

[22] 胡静. 环境法的正当性与制度选择 [M]. 北京：知识产权出版社，2009.

[23] 李挚萍，陈春生，等. 农村环境管制与农民环境权保护 [M]. 北京：北京大学出版社，2009.

[24] 曹明德. 生态法新探 [M]. 北京：人民出版社，2007.

[25] 李挚萍. 环境基本法比较研究 [M]. 北京：中国政法大学出版社，2013.

[26] 何强，井文涌，王翊亭. 环境学导论 [M]. 3 版. 北京：清华大学出版社，2004.

[27] 库恩. 必要的张力：科学的传统和变革论文选 [M]. 范岱年，纪树立，等，译. 北京：北京大学出版社，2004.

[28] 博登海默. 法理学：法律哲学与法律方法 [M]. 邓正来，译. 北京：中国政法大学出版社，2004.

[29] 大塚仁. 刑法概说（总论·第三版）[M]. 冯军，译. 北京：中国人民大学出版社，2003.

[30] 金瑞林. 环境法概论 [M]. 北京：当代世界出版社，2002.

[31] 卡多佐. 法律的成长 法律科学的悖论 [M]. 董炯，彭冰，译. 北京：中国法制出版社，2002.

[32] 王明远. 环境侵权救济法律制度 [M]. 北京：中国法制出版社，2001.

［33］王树义．俄罗斯生态法［M］．武汉：武汉大学出版社，2001．

［34］汪劲．中国环境法原理［M］．北京：北京大学出版社，2000．

［35］曹明德．环境侵权法［M］．北京：法律出版社，2000．

［36］周珂．环境法［M］．北京：中国人民大学出版社，2000．

［37］李艳芳．环境损害赔偿［M］．北京：中国经济出版社，1997．

［38］世界环境与发展委员会．我们共同的未来［M］．王之佳，柯金良，等，译．长春：吉林人民出版社，1997．

［39］金瑞林．环境法：大自然的护卫者［M］．北京：时事出版社，1985．

［40］马骧聪．环境保护法基本问题［M］．北京：中国社会科学出版社，1983．

［41］罗素．西方哲学史（上卷）［M］．何兆武，李约瑟，译．北京：商务印书馆，1963．

［42］COLLINS. Toxic Loopholes：Failures and Future Prospects for Environmental Law［M］. New York：Cambridge University Press，2010.

期刊

［1］巩固．公法视野下的《民法典》生态损害赔偿条款解析［J］．行政法学研究，2022（6）：41 - 58.

［2］徐以祥．《民法典》中生态环境损害责任的规范解释［J］．法学评论，2021，39（2）：144 - 154.

［3］王小钢.《民法典》第1235条的生态环境恢复成本理论阐释：兼论修复费用、期间损失和永久性损失赔偿责任的适用［J］.甘肃政法大学学报，2021（1）：1－10.

［4］何勤华，靳匡宇.行政和司法衔接视域下长江环境替代性修复方式研究：以美国替代环境项目为镜鉴［J］.法治研究，2020（2）：147－160.

［5］徐以祥.我国环境法律规范的类型化分析［J］.吉林大学社会科学学报，2020，60（2）：66－74，220.

［6］张宝.生态环境损害政府索赔制度的性质与定位［J］.现代法学，2020，42（2）：78－93.

［7］徐祥民.论维护环境利益的法律机制［J］.法制与社会发展，2020，26（2）：72－85.

［8］冯洁语.公私法协动视野下生态环境损害赔偿的理论构成［J］.法学研究，2020，42（2）：169－189.

［9］习近平.推动我国生态文明建设迈上新台阶［J］.求是，2019（3）：4－19.

［10］田国宝.我国污染环境罪立法检讨［J］.法学评论，2019（1）：163－171.

［11］张新宝.侵权责任编起草的主要问题探讨［J］.中国法律评论，2019（1）：133－144.

［12］曾娜，吴满昌.生态环境损害赔偿中的多重责任之比例审查探讨［J］.武汉理工大学学报.社会科学版，2019，32（1）：110－115.

［13］李挚萍，刘畅.虚拟治理成本法在环境刑事司法实践中的运用［J］.中州学刊，2019（2）：86－91.

［14］何燕，李爱年.生态环境损害担责之民事责任认定［J］.

河北法学，2019，37（1）：171－180.

　　［15］张璐．环境法学的法学消减与增进［J］．法学评论，2019（1）：148－162.

　　［16］徐祥民．中国环境法的雏形：《关于保护和改善环境的若干规定（试行草案）》的历史地位［J］．中国环境法学评论，2019（1）：3－35.

　　［17］巩固．"生态环境"宪法概念解析［J］．吉首大学学报，2019，40（4）：70－80.

　　［18］吕忠梅，吴一冉．中国环境法治七十年：从历史走向未来［J］．中国法律评论，2019（5）：102－123.

　　［19］田雯娟．刑事附带环境民事公益诉讼的实践与反思［J］．兰州学刊，2019（9）：110－125.

　　［20］侯佳儒．环境损害救济：从侵权法到事故法［J］．政法论丛，2019（5）：127－138.

　　［21］王小钢．生态环境修复和替代性修复的概念辨正：基于生态环境恢复的目标［J］．南京工业大学学报．社会科学版，2019，18（1）：35－43，111.

　　［22］於方，赵丹，王膑，等《生态环境损害鉴定评估技术指南 土壤与地下水》解读［J］．环境保护，2019，47（5）：19－23.

　　［23］徐本鑫．民事司法中环境修复责任的选择性适用［J］．安徽师范大学学报：人文社会科学版，2019，47（5）：102－108.

　　［24］康京涛．生态修复责任的法律性质及实现机制［J］．北京理工大学学报．社会科学版，2019，21（5）：134－141.

　　［25］刘志坚．"损害担责原则"面向问题的识别与损害担责中义务和责任的耦合［J］．法治论坛，2019（1）：326－337.

　　［26］汪劲，马海桅．生态环境损害民刑诉讼衔接的顺位规则

研究［J］. 南京工业大学学报. 社会科学版, 2019, 18（1）: 25 - 34 + 111.

［27］柯坚, 刘志坚. 我国环境法学研究十年（2008—2017年）: 热议题与冷思考［J］. 南京工业大学学报. 社会科学版, 2018, 17（1）: 52 - 70.

［28］孙佑海, 王倩. 民法典侵权责任编的绿色规制限度研究: "公私划分"视野下对生态环境损害责任纳入民法典的异见［J］. 甘肃政法学院学报, 2019（5）: 62 - 69.

［29］李挚萍. 生态环境修复责任法律性质辨析［J］. 中国地质大学学报. 社会科学版, 2018, 18（2）: 52 - 63.

［30］张梓太, 李晨光. 生态环境损害赔偿中的恢复责任分析: 从技术到法律［J］. 南京大学学报: 哲学·人文科学·社会科学, 2018（4）: 47 - 54, 158.

［31］李挚萍, 田雯娟. 恢复性措施在环境刑事司法实践中的应用分析［J］. 法学杂志, 2018, 39（12）: 109 - 121.

［32］陈景辉. 捍卫预防原则: 科技风险的法律姿态［J］. 华东政法大学学报, 2018, 21（1）: 59 - 71.

［33］汪劲. 环境法学的中国现象: 由来与前程: 源自环境法和法学学科发展史的考察［J］. 清华法学, 2018, 12（5）: 24 - 35.

［34］吕忠梅, 竺效, 巩固, 等. "绿色原则"在民法典中的贯彻论纲［J］. 中国法学, 2018（1）: 5 - 27.

［35］焦艳鹏. 生态文明保障的刑法机制［J］. 中国社会科学, 2017（11）: 75 - 98.

［36］吕忠梅, 窦海阳. 修复生态环境责任的实证解析［J］. 法学研究, 2017（3）: 125 - 142.

［37］吕忠梅．"生态环境损害赔偿"的法律辨析［J］．法学论坛，2017，32（3）：5－13.

［38］黄锡生，韩英夫．生态损害赔偿磋商制度的解释论分析［J］．政法论丛，2017（1）：14－21.

［39］张宝．生态环境损害政府索赔权与监管权的适用关系辨析［J］．法学论坛，2017，32（3）：14－21.

［40］於方，张衍燊，赵丹，等．环境损害鉴定评估技术研究综述［J］．中国司法鉴定，2017（5）：18－29.

［41］吕忠梅．环境司法理性不能止于"天价"赔偿：泰州环境公益诉讼案评析［J］．中国法学，2016（3）：244－264.

［42］竺效．论环境民事公益诉讼救济的实体公益［J］．中国人民大学学报，2016，30（2）：23－31.

［43］胡静．环保组织提起的公益诉讼之功能定位：兼评我国环境公益诉讼的司法解释［J］．法学评论，2016，34（4）：168－176.

［44］李挚萍．环境修复目标的法律分析［J］．法学杂志，2016（3）：1－7.

［45］程多威，王灿发．生态环境损害赔偿制度的体系定位与完善路径［J］．国家行政学院学报，2016（5）：81－85＋143.

［46］程多威，王灿发．论生态环境损害赔偿制度与环境公益诉讼的衔接［J］．环境保护，2016（2）：39－42.

［47］侯佳儒，王明远．边缘与前沿：当代法学背景中的环境法学［J］．政治与法律，2016，257（10）：4－16.

［48］高吉喜，韩永伟．关于《生态环境损害赔偿制度改革试点方案》的思考与建议［J］．环境保护，2016，44（2）：30－34.

［49］於方，张衍燊，徐伟攀．《技术指南（总纲）》解读［J］．

环境保护，2016，44（20）：11 – 13.

［50］於方，齐霁，张志宏.《技术指南（损害调查）》解读［J］. 环境保护，2016，44（24）：16 – 19.

［51］黄忠顺.环境公益诉讼制度扩张解释论［J］. 中国人民大学学报，2016，30（2）：32 – 42.

［52］童光法.环境侵害的归责原则［J］. 东方法学，2015（3）：27 – 38.

［53］李金华.联合国环境经济核算体系的发展脉络与历史贡献［J］. 国外社会科学，2015（3）：30 – 38.

［54］巩固，孔曙光.生态文明概念辨析［J］. 烟台大学学报：哲学社会科学版，2014，27（3）：15 – 23.

［55］吕忠梅.生态文明建设的法治思考［J］. 法学杂志. 2014，35（5）：10 – 21.

［56］张新宝，庄超.扩张与强化：环境侵权责任的综合适用［J］. 中国社会科学，2014，219（3）：127 – 143，209.

［57］吕忠梅.生态文明建设的法治思考［J］. 法学杂志，2014（5）：10 – 21.

［58］胡卫.环境污染侵权与恢复原状的调适［J］. 理论界，2014（12）：111 – 120.

［59］孙佑海.健全完善生态环境损害责任追究制度的实现路径［J］. 环境保护，2014，42（7）：10 – 13.

［60］王灿发.论生态文明建设法律保障体系的构建［J］. 中国法学，2014（3）：34 – 53.

［61］王明远."环境法学的危机与出路：从浅层环境法学到深层环境法学"研讨会纪要［J］. 清华法治论衡，2014（1）：56 – 80.

［62］李挚萍．环境修复法律制度探析［J］．法学评论，2013（2）：103－109．

［63］陈红梅．生态损害的私法救济［J］．中州学刊，2013（1）：55－61．

［64］李挚萍．环境修复法律制度探析［J］．法学评论，2013（2）：103－109．

［65］焦艳鹏．生态文明视野下生态法益的刑事法律保护［J］．法学评论，2013（3）：90－97．

［66］冯汝．确立村民委员会环境公益诉讼原告资格的社会与法律基础［J］．中南大学学报：社会科学版，2013，19（3）：71－75．

［67］於方，张红振，牛坤玉，等．我国的环境损害评估范围界定与评估方法［J］．环境保护，2012（5）：25－29．

［68］柯坚．建立我国生态环境损害多元化法律救济机制：以康菲溢油污染事件为背景［J］．甘肃政法学院学报，2012（1）：101－107．

［69］张梓太，王岚．我国自然资源生态损害私法救济的不足及对策［J］．法学杂志，2012，33（2）：64－70．

［70］彭峰．环境法中"风险预防"原则之再探讨［J］．北京理工大学学报：社会科学版，2012，14（2）：126－130．

［71］王树义，刘海鸥．"环境污染责任"的立法特点及配套机制之完善［J］．湘潭大学学报：哲学社会科学版，2011，35（3）：60－63．

［72］刘家沂．论油污环境损害法律制度框架中的海洋生态公共利益诉求［J］．中国软科学，2011（5）：183－192．

［73］焦艳鹏．论刑法生态法益的概念及对生态犯罪的界

定 [J]. 刑法论丛, 2011, 28 (4): 30 -46.

[74] 刘翠, 刘卫先. 《国际油污损害民事责任公约》和《设立国际油污损害赔偿基金公约》体系下环境损害赔偿的局限性分析: 生态保护的视角 [J]. 海洋开发与管理, 2010, 27 (1): 41 -46.

[75] 黄锡生, 张磊. 生态法益与我国传统刑法的现代化 [J]. 河北法学, 2009, 27 (11): 54 -58.

[76] 朱晓燕, 秦宁. 论我国海洋生态损害刑事责任 [J]. 法学论坛, 2009, 24 (6): 98 -103.

[77] 姜春云. 跨入生态文明新时代: 关于生态文明建设若干问题的探讨 [J]. 求是, 2008 (21): 19 -24.

[78] 刘卫先. "塔斯曼海" 轮溢油污染案一审判决引发的思考 [J]. 海洋开发与管理, 2008 (5): 62 -70.

[79] 丁莞歆. 中国水污染事件纪实 [J]. 环境保护, 2007 (14): 83 -85.

[80] 牟彩霞. 船舶油污事故中海洋生态环境损害赔偿范围 [J]. 珠江水运, 2007 (1): 44 -47.

[81] 王金南, 於方, 曹东. 中国绿色国民经济核算研究报告 2004 [J]. 中国人口·资源与环境, 2006, 16 (6): 11 -17.

[82] 竺效. 论在 "国际油污民事责任公约" 和 "国际油污基金公约" 框架下的生态损害赔偿 [J]. 政治与法律, 2006 (2): 93 -99.

[83] 韩立新. 船舶污染造成的海洋环境损害赔偿范围研究 [J]. 中国海商法年刊, 2005, 16 (1): 214 -230.

[84] 陈泉生, 郑艺群. 法学研究范式变革之我见 [J]. 当代法学, 2005, 19 (1): 41 -43.

［85］李树华，田庆林. "塔斯曼海"溢油事故索赔案及其深远意义［J］. 交通环保，2004，25（4）：45 – 48.

［86］周训芳. 对"人与自然关系"进行法律定位的若干思考［J］. 华东政法学院学报，2004（3）：54 – 60.

［87］沈木珠. WTO 环境规则与我国环境法律制度的完善及创新思考［J］. 法律科学（西北政法学院学报），2003（4）：104 – 116.

［88］徐以祥. 论生态环境损害的补偿体系［J］. 西南政法大学学报，2003，4（2）：67 – 69.

［89］蔡守秋. 人与自然关系中的环境资源法［J］. 现代法学，2002，24（3）：45 – 60.

［90］李艳芳. 关于环境法调整对象的新思考：对"人与自然关系法律调整论"的质疑［J］. 法学家，2002（3）：81 – 87.

［91］李爱年. 环境保护法不能直接调整人与自然的关系［J］. 法学评论，2002（3）：74 – 78.

［92］李挚萍. 试论法对人与自然关系的调整［J］. 中山大学学报：社会科学版，2001，41（2）：100 – 108.

［93］宋家慧，刘红. 建立中国船舶油污损害赔偿机制的对策［J］. 交通环保，1999，20（5）：1 – 6.

［94］陈泉生. 论环境侵权的诉讼时效［J］. 环境导报，1996（2）：12 – 13.

［95］ALDERUCCIO, MARCELLO, CANTARELLA, etc. Identification of the operator responsible for the remediation of a contaminated site［J］. Environmental Forensics, 2019, 20（4）：339 – 358.

［96］PALEVIC, SPALEVIC, SKATARIC, etc. Environmental Responsibility of Member States of The European Union and Candidate

Countries [J]. Journal of Environmental Protection and Ecology, 2019, 20 (2): 886 – 895.

[97] POUIKLI, KLEONIKI. The multifaceted concept of the term "environmental damage" in the framework of the Directive 2004/35/EC on Environmental Liability (ELD) [J]. Desalination and Water Treatment, 2017, 63: 375 – 380.

[98] POUIKLI. Overview of the implementation of the directive 2004/35/EC on environmental liability with regard to the prevention and remedying of environmental damage at European level [J]. Desalination and Water Treatment, 2016, 57 (25): 11520 – 11527.

[99] FARINOS, Jesus. Enviromental social responsibility. Legal analysis of directive 2004/35/CE on enviromental responsability: The polluter pays. Differences with corporate social responsibility (CSR) [J]. Revista Boliviana De Derecho, 2016, 21.

[100] POZZO, BARBARA, VANHEUSDEN, etc. The Remediation of Contaminated Sites and the Problem of Assessing the Liability of the Innocent Landowner: A Comparative Law Perspective [J]. European Review of Private Law, 2015, 23 (6): 1071 – 1119.

[101] FENECH, CECILIA. Differentiation of nitrate sources: an environmental forensics approach [J]. Reviews in Environmental Science and Bio – Technology, 2014, 13 (1): 1 – 4.

[102] WILDE M. Environmental liability and ecological damage in European Law [J]. Journal of Environmental Law, 2009, 21 (2): 377 – 380.

[103] VAVROVA. The current demand for the insurability of liability for damage to the natural environment [J]. Agricultural

Economics – Zemedelska Ekonomika, 2009, 55 (1): 33 – 39.

［104］CZECH. Liability for environmental damage according to directive 2004/35/EC ［J］. Polish Journal of Environmental Studies. 2007, 16 (2): 321 – 324.

［105］ BARTELMUS, STAHMER, TONGEREN. Integrated environmental and economic accounting: framework for a SNA satellite system ［J］. Review of Income and Wealth, 1991, 37 (2): 111 – 148.

［106］HARDIN, The Tragedy of the Commons ［J］. Science, New Series, 1968, 162: 1243 – 1248.

电子文献

［1］最高人民法院. 指导案例 129 号: 江苏省人民政府诉安徽海德化工科技有限公司生态环境损害赔偿案 ［EB/OL］. http: //www. court. gov. cn/shenpan – xiangqing – 216911. html, 2020 – 01 – 14.

［2］ Restoration ecology ［EB/OL］. https: //en. wikipedia. org/wiki/Restoration_ecology, 2019 – 12 – 21.

［3］ Environmental remediation ［EB/OL］. https: //en. wikipedia. org/wiki/Environmental_remediation, 2019 – 12 – 21.

［4］生态环境部环境规划院. 中国绿色国民经济核算研究报告 2004 （公众版）［EB/OL］. http: //www. caep. org. cn/yclm/hjjjhs_lsgdp/tx_21977/200609/W020180921435930059839. pdf, 2019 – 12 – 21.

［5］ United Nations. Integrated Environmental and Economic Accounting 2003 ［EB/OL］. https: //unstats. un. org/unsd/environment/

seea2003. pdf, 2019 – 12 – 21.

[6] 生态环境部办公厅. 关于征求《生态环境损害鉴定评估技术指南 地表水与沉积物（征求意见稿）》意见的函 [EB/OL]. http：//www. mee. gov. cn/xxgk2018/xxgk/xxgk06/201911/t20191114 _ 742444. html, 2019 – 11 – 11.

[7] Directive 2004/35/CE of the European Parliament and of the Council of 21 April 2004 on environmental liability with regard to the prevention and remedying of environmental damage [EB/OL]. http：//data. europa. eu/eli/dir/2004/35/oj, 2019 – 06 – 26.

[8] 人民法院报. 最高法发布生态环境损害赔偿诉讼司法解释及典型案例 [EB/OL]. http：//www. court. gov. cn/zixun – xiangqing – 162482. html, 2019 – 06 – 06.

[9] 中国法院网. "2018 年推动法治进程十大案件" 揭晓 [EB/OL]. https：//www. chinacourt. org/article/detail/2019/03/id/3749923. shtml, 2019 – 03 – 07.

[10] 江苏省高级人民法院. 江苏法院 2018 年度十大环境资源审判典型案例 [EB/OL]. http：//www. jsfy. gov. cn/art/2019/05/24/66_97768. html, 2019 – 05 – 24.

[11] 生态环境部. 生态环境部法规与标准司、环境规划院负责人就《生态环境损害鉴定评估技术指南 土壤与地下水》有关问题答记者问 [EB/OL]. http：//www. mee. gov. cn/xxgk2018/xxgk/xxgk15/201812/t20181226_686051. html, 2018 – 12 – 26.

[12] 中国法院网. 依法审理海洋自然资源与生态环境损害赔偿纠纷案件，服务保障海洋生态文明建设 [EB/OL]. https：//www. chinacourt. org/article/detail/2018/01/id/3148137. shtml, 2018 – 01 – 05.

［13］中共中央办公厅 国务院办公厅印发《生态环境损害赔偿制度改革方案》［EB/OL］. http：//www. gov. cn/zhengce/2017 -12/17/content_5247952. htm，2017 - 12 - 17.

［14］环境保护部办公厅. 关于生态环境损害鉴定评估虚拟治理成本法运用有关问题的复函［EB/OL］. http：//www. mee. gov. cn/gkml/hbb/bgth/201709/t20170928_422701. htm，2017 - 09 - 15.

［15］李干杰. 让生态环境损害赔偿制度改革成为人民环境权益的坚实保障［EB/OL］. http：//www. mee. gov. cn/gkml/sthjbgw/qt/201712/t20171218_428063. htm，2017 - 12 - 18.

［16］刘婧. 最高法发布十件环境公益诉讼典型案例［EB/OL］. https：//www. chinacourt. org/article/detail/2017/03/id/2573898. shtml，2017 - 03 - 08.

［17］习近平主持召开中央全面深化改革领导小组第二十七次会议强调 强化基础注重集成完善机制严格督察 按照时间表路线图推进改革［EB/OL］. http：//www. mee. gov. cn/xxgk/hjyw/201608/t20160831_363326. shtml，2016 - 08 - 31.

［18］中共中央办公厅 国务院办公厅印发《生态环境损害赔偿制度改革试点方案》［EB/OL］. http：//www. gov. cn/zhengce/2015 - 12/03/content_5019585. htm，2015 - 12 - 03.

［19］中共中央关于全面推进依法治国若干重大问题的决定［EB/OL］. http：//www. gov. cn/zhengce/2014 - 10/28/content_2771946. htm，2014 - 10 - 28.

［20］夏军. 海上溢油事件考验中国环境法律［EB/OL］. https：//www. chinadialogue. net/article/show/single/ch/4433 - Losses - at - sea，2011 - 07 - 28.

[21] 甘培忠，汪劲．鲟鳇鱼、松花江和太阳岛：你们是否有权控诉人类行为对你们的侵害？[EB/OL]．http：//pkulaw. cn/CLI. A. 031828，2005．

[22] 陈杰．天津：污染海洋生态环境涉外索赔第一案 [EB/OL]．http：//www. people. com. cn/GB/shehui/1061/3090473. html，2004 - 12 - 30．

附录一 以虚拟治理成本法评估的民事案件

序号	文书编号	案件名称	审理法院
1	（2013）湖浔双民初字第278号	湖州市双林镇吴家庄村民委员会诉秦某国、叶某青等环境污染责任纠纷案	浙江省湖州市南浔区人民法院
2	（2013）吴江民初字第1809号	苏州市吴江区震泽镇人民政府诉上海沪光汽车运输有限公司环境污染责任纠纷案	江苏省苏州市吴江区人民法院
3	（2014）连环公民初字第00001号	连云港市赣榆区环境保护协会诉顾某成环境污染责任纠纷案	江苏省连云港市中级人民法院
4	（2014）连环公民初字第00002号	连云港市赣榆区环境保护协会诉王某杰环境污染责任纠纷案	江苏省连云港市中级人民法院
5	（2014）泰中环民初字第00001号	泰州市环保联合会诉江苏常隆农化有限公司、泰兴锦汇化工有限公司等环境污染责任纠纷案	江苏省泰州市中级人民法院

序号	文书编号	案件名称	审理法院
6	（2014）苏环公民终字第00001号	泰州市环保联合会诉江苏常隆农化有限公司、泰兴锦汇化工有限公司等环境污染责任纠纷案	江苏省高级人民法院
7	（2014）沂刑初字第365号	山东省沂源县人民检察院诉山东某化学有限公司等环境污染责任纠纷案	山东省沂源县人民法院
8	（2015）常环公民初字第1号	常州市人民检察院诉许某惠、许某仙环境污染责任纠纷案	江苏省常州市中级人民法院
9	（2015）德中环公民初字第1号	中华环保联合会诉德州晶华集团振华有限公司环境污染责任纠纷案	山东省德州市中级人民法院
10	（2015）民申字第1366号	泰州市环保联合会诉江苏常隆农化有限公司、泰兴锦汇化工有限公司等环境污染责任纠纷案	中华人民共和国最高人民法院
11	（2015）苏中环公民初字第00002号	中华环保联合会诉昆山君汉电子材料有限公司、胡某德等环境污染责任纠纷案	江苏省苏州市中级人民法院
12	（2015）泰中环公民初字第00003号	北京市朝阳区自然之友环境研究所诉泰州市沃爱特化工有限公司环境污染责任纠纷案	江苏省泰州市中级人民法院

续表

序号	文书编号	案件名称	审理法院
13	（2015）徐环公民初字第3号	中国生物多样性保护与绿色发展基金会诉刘某山环境污染责任纠纷案	江苏省徐州市中级人民法院
14	（2015）徐环公民初字第4号	中国生物多样性保护与绿色发展基金会诉卜某果、卜某全等环境污染责任纠纷案	江苏省徐州市中级人民法院
15	（2015）徐环公民初字第5号	中国生物多样性保护与绿色发展基金会诉陈某亮环境污染责任纠纷案	江苏省徐州市中级人民法院
16	（2015）徐环公民初字第6号	徐州市人民检察院诉徐州市鸿顺造纸有限公司环境污染责任纠纷案	江苏省徐州市中级人民法院
17	（2016）鄂1002民初1947号	荆州市沙市区人民检察院诉刘某福环境污染责任纠纷案	湖北省荆州市沙市区人民法院
18	（2016）鄂96民初18号	湖北省人民检察院汉江分院诉利川市五洲牧业有限责任公司环境污染责任纠纷案	湖北省汉江中级人民法院
19	（2016）吉02民初146号	自然之友诉中国石油吉林石化分公司环境污染责任纠纷案	吉林省吉林市中级人民法院
20	（2016）冀05民初8号	中国生物多样性保护与绿色发展基金会诉嘉晶玻璃有限公司环境污染责任纠纷案	河北省邢台市中级人民法院

序号	文书编号	案件名称	审理法院
21	（2016）辽 02 民初 470 号	中华环境保护基金会诉大化集团有限责任公司大连普湾新区松木岛化工分公司等环境污染责任纠纷案	辽宁省大连市中级人民法院
22	（2016）苏 01 民初 1203 号	江苏省环保联合会与江苏省人民政府诉德司达（南京）染料有限公司环境污染责任纠纷案	江苏省南京市中级人民法院
23	（2016）苏 01 民初 1313 号	南京市人民检察院诉江苏安伟再生资源有限公司、喻某伟等环境污染责任纠纷案	江苏省南京市中级人民法院
24	（2016）苏 05 民初 1 号	中华环保联合会诉江苏顺驰拉链有限公司、游某豹等环境污染责任纠纷案	江苏省苏州市中级人民法院
25	（2016）苏 05 民初 667 号	中华环保联合会诉徐某念、李某东、付某龙环境污染责任纠纷案	江苏省苏州市中级人民法院
26	（2016）苏民终 1357 号	徐州市人民检察院诉徐州市鸿顺造纸有限公司环境污染责任纠纷案	江苏省高级人民法院
27	（2016）皖 04 民初 135 号	中华环境保护基金会诉安徽淮化集团有限公司大气环境污染责任纠纷案	安徽省淮南市中级人民法院
28	（2016）皖 05 民初 113 号	中国生物多样性保护与绿色发展基金会诉马鞍山市玉江机械化工有限责任公司环境污染责任纠纷案	安徽省马鞍山市中级人民法院

续表

序号	文书编号	案件名称	审理法院
29	（2016）皖 1204 民初 2959 号	阜阳市颍泉区人民检察院诉阜阳义杰商贸有限公司、张某杰环境污染责任纠纷案	安徽省阜阳市颍泉区人民法院
30	（2016）渝 02 民终 772 号	重庆市绿联会诉恩施自治州建始县磺厂坪矿业公司环境污染责任纠纷案	重庆市第二中级人民法院
31	（2016）粤 01 民初 107 号	广东省广州市人民检察院诉张某山、邝某尧环境污染责任纠纷案	广东省广州市中级人民法院
32	（2016）粤 01 民初 51 号	广东省环境保护基金会诉焦某环境污染责任纠纷案	广东省广州市中级人民法院
33	（2016）粤 01 民终 14993 号	广州市番禺区石楼镇官桥村民委员会诉张某华、余某垣环境污染责任纠纷案	广东省广州市中级人民法院
34	（2016）粤 18 民初 32 号	广东省韶关市人民检察院诉郑某雄、邓某加环境污染责任纠纷案	广东省清远市中级人民法院
35	（2017）鄂 1002 刑初 236 号	湖北省荆州市沙市区人民检察院诉周某锋环境污染责任纠纷案	湖北省荆州市沙市区人民法院
36	（2017）鄂 1003 民初 1101 号	荆州市荆州区人民检察院诉湖南嘉旺牧业有限公司、黄某芳环境污染责任纠纷案	湖北省荆州市荆州区人民法院

序号	文书编号	案件名称	审理法院
37	（2017）鄂72民初1056号	湖北省人民检察院武汉铁路运输分院诉杨某青、周某环境污染责任纠纷案	武汉海事法院
38	（2017）赣10民初142号	江西省抚州市人民检察院诉时某、黄某生环境污染责任纠纷案	江西省抚州市中级人民法院
39	（2017）赣1129刑初132号	江西省万年县人民检察院诉曹某旺、曹某木等非法生产制毒物品及环境污染责任纠纷案	江西省万年县人民法院
40	（2017）京04民初73号	北京市人民检察院第四分院诉北京多彩联艺国际钢结构工程有限公司环境污染责任纠纷案	北京市第四中级人民法院
41	（2017）鲁01民初1467号	山东省生态环境厅诉山东金诚重油化工有限公司、山东弘聚新能源有限公司生态环境损害赔偿纠纷案	山东省济南市中级人民法院
42	（2017）鲁02民初1062号	山东省青岛市人民检察院诉青岛海来运冷轧薄板有限公司环境污染责任纠纷案	山东省青岛市中级人民法院
43	（2017）鲁02民初1064号	山东省青岛市人民检察院诉青岛平力金属制品厂环境污染责任纠纷案	山东省青岛市中级人民法院

序号	文书编号	案件名称	审理法院
44	（2017）鲁 03 民初 53 号	山东省聊城市人民检察院诉被告许某珍、刘某义、许某芳环境污染责任纠纷案	山东省淄博市中级人民法院
45	（2017）鲁 06 民初 8 号	山东省烟台市人民检察院诉王某殿、马某凯环境污染责任纠纷案	山东省烟台市中级人民法院
46	（2017）闽 02 民初 915 号	福建省环保志愿者协会诉叶某露环境污染责任纠纷案	福建省厦门市中级人民法院
47	（2017）苏民终 1772 号	中华环保联合会诉昆山君汉电子材料有限公司、胡某德等环境污染责任纠纷案	江苏省高级人民法院
48	（2017）苏民终 365 号	中国生物多样性保护与绿色发展基金会诉江苏宝众宝达药业有限公司等环境污染责任纠纷案	江苏省高级人民法院
49	（2017）皖民终 679 号	中国生物多样性保护与绿色发展基金会诉马鞍山市玉江机械化工有限责任公司环境污染责任纠纷案	安徽省高级人民法院
50	（2017）渝 01 民初 773 号	重庆市人民政府与重庆两江志愿服务发展中心诉藏金阁公司与首旭公司环境污染责任纠纷案	重庆市第一中级人民法院

序号	文书编号	案件名称	审理法院
51	（2017）粤 01 民初 201 号	中山市环境科学学会诉李某祥、苏某新环境污染责任纠纷案	广东省广州市中级人民法院
52	（2017）粤 01 民初 220 号	广东省环境保护基金会诉余某发、夏某林环境污染责任纠纷案	广东省广州市中级人民法院
53	（2017）粤 01 民初 223 号	广东省广州市人民检察院诉张某山、邝某尧环境污染责任纠纷案	广东省广州市中级人民法院
54	（2017）粤 72 民初 541 号	中山市海洋与渔业局诉彭某权、冯某林、何某生、何某森环境污染责任纠纷案	广州海事法院
55	（2017）粤民终 3092 号	广东省韶关市人民检察院诉郑某雄、邓某加环境污染责任纠纷案	广东省高级人民法院
56	（2017）浙 0824 民初 3843 号	浙江省开化县人民检察院诉衢州瑞力杰化工有限公司环境污染责任纠纷案	浙江省开化县人民法院
57	（2018）川 0124 刑初 822 号	四川省成都市郫都区人民检察院诉张某平环境污染责任纠纷案	四川省成都市郫都区人民法院
58	（2018）鄂 03 民初 6 号	湖北省十堰市人民检察院诉郧西县魏多成养猪专业合作社环境污染责任纠纷案	湖北省十堰市中级人民法院

续表

序号	文书编号	案件名称	审理法院
59	（2018）鄂 1022 刑初 268 号	湖北省公安县人民检察院诉刘某炎环境污染责任纠纷案	湖北省公安县人民法院
60	（2018）赣 0322 刑初 199 号	江西省上栗县人民检察院诉巢某平、乐某环境污染责任纠纷案	江西省上栗县人民法院
61	（2018）赣 03 民初 114 号	重庆两江志愿服务发展中心江西省萍乡市人民检察院诉萍乡萍钢安源钢铁有限公司环境污染责任纠纷案	江西省萍乡市中级人民法院
62	（2018）赣民终 189 号	中华环保联合会诉江西龙天勇有色金属有限公司污染环境污染责任纠纷案	江西省高级人民法院
63	（2018）冀 05 民初 35 号	邢台市人民检察院诉邢台市宁波紧固件有限公司、赵某辉等环境污染责任纠纷案	河北省邢台市中级人民法院
64	（2018）冀民终 758 号	中国生物多样性保护与绿色发展基金会诉秦皇岛方圆包装玻璃有限公司环境污染责任纠纷案	河北省高级人民法院
65	（2018）晋 09 刑终 308 号	山西省静乐县人民检察院诉河北省正定县全通运输有限公司等环境污染责任纠纷案	山西省忻州市中级人民法院

序号	文书编号	案件名称	审理法院
66	（2018）京民终 453 号	北京市人民检察院第四分院诉北京多彩联艺国际钢结构工程有限公司环境污染责任纠纷案	北京市高级人民法院
67	（2018）鲁 0102民初 8786 号	山东省生态环境厅诉山东利丰达生物科技有限公司环境污染责任纠纷案	山东省济南市历下区人民法院
68	（2018）鲁 15民初 486 号	聊城市人民检察院诉李某忠环境污染责任纠纷案	山东省聊城市中级人民法院
69	（2018）闽 0212刑初 665 号	福建省厦门市同安区人民检察院诉张某方环境污染责任纠纷案	福建省厦门市同安区人民法院
70	（2018）琼 01民初 737 号	海南省人民检察院第一分院诉澄迈中兴橡胶加工厂有限公司环境污染责任纠纷案	澄迈中兴橡胶加工厂有限公司
71	（2018）苏 0281刑初 1199 号	江苏省江阴市人民检察院诉张某甲、孙某环境污染责任纠纷案	江苏省江阴市人民法院
72	（2018）苏 0281刑初 1944 号	江苏省江阴市人民检察院诉江阴市铭晟管业有限公司环境污染责任纠纷案	江苏省江阴市人民法院
73	（2018）苏 02民初 411 号	江苏省无锡市人民检察院诉无锡和晶科技股份有限公司环境污染责任纠纷案	江苏省无锡市中级人民法院

续表

序号	文书编号	案件名称	审理法院
74	（2018）苏 03 民初 256 号	江苏省徐州市人民检察院诉苏州其安工艺品有限公司环境污染责任纠纷案	江苏省徐州市中级人民法院
75	（2018）苏 0581 刑初 982 号	江苏省常熟市人民检察院诉程志章环境污染责任纠纷案	江苏省常熟市人民法院
76	（2018）苏 05 民初 1192 号	中华环保联合会诉朱某根、谭某会环境污染责任纠纷案	江苏省苏州市中级人民法院
77	（2018）苏 0703 刑初 264 号	江苏省连云港市连云区人民检察院诉倪某、张某甲、颜某环境污染责任纠纷案	江苏省连云港市连云区人民法院
78	（2018）苏 09 民初 25 号	北京市朝阳区自然之友环境研究所诉江苏大吉发电有限公司环境污染责任纠纷案	江苏省盐城市中级人民法院
79	（2018）苏 1202 民初 6783 号	江苏省泰州市海陵区人民检察院诉周某扣环境污染责任纠纷案	江苏省泰州市海陵区人民法院
80	（2018）苏 8601 刑初 4 号	江苏省徐州市铜山区人民检察院诉董某环境污染责任纠纷案	江苏省徐州铁路运输法院
81	（2018）苏民终 1316 号	江苏省人民政府诉安徽海德化工科技有限公司环境污染责任纠纷案	江苏省高级人民法院
82	（2018）苏民终 75 号	中华环保联合会诉徐某念、李某东、付某龙环境污染责任纠纷案	江苏省高级人民法院

序号	文书编号	案件名称	审理法院
83	（2018）皖 0406 刑初 175 号	淮南市潘集区人民检察院诉付某春、刘某龙、任某红、杨某巧环境污染责任纠纷案	安徽省淮南市潘集区人民法院
84	（2018）湘 1081 刑初 109 号	湖南省资兴市人民检察院诉李某、申某、戴某成、蒋某元环境污染责任纠纷案	湖南省资兴市人民法院
85	（2018）渝 0112 刑初 1458 号	重庆市渝北区人民检察院诉重庆君织都印染有限公司环境污染责任纠纷案	重庆市渝北区人民法院
86	（2018）渝 01 民初 669 号	重庆市人民检察院第一分院诉重庆市昆仑化工有限公司环境污染责任纠纷案	重庆市第一中级人民法院
87	（2018）豫 01 民初 1260 号	山东环境保护基金会诉郑州新力电力有限公司环境污染责任纠纷案	河南省郑州市中级人民法院
88	（2018）粤 01 民初 707 号	东莞市环境科学学会诉何某朝、陈某江、袁某苍环境污染责任纠纷案	广东省广州市中级人民法院
89	（2018）粤 0608 刑初 545 号	广东省佛山市高明区人民检察院诉肇庆米克斯新材料科技有限公司环境污染责任纠纷案	广东省佛山市高明区人民法院
90	（2018）粤 5321 刑初 133 号	广东省新兴县人民检察院诉新兴县锦辉金属制品有限公司环境污染责任纠纷案	广东省新兴县人民法院

续表

序号	文书编号	案件名称	审理法院
91	（2018）粤民申 2234 号	广州市番禺区石楼镇茭塘东村民委员会诉陈某英环境污染责任纠纷案	广东省高级人民法院
92	（2018）粤民终 2224 号	广东省汕头市人民检察院诉汕头市金平区升平杏花屠宰场环境污染责任纠纷案	广东省高级人民法院
93	（2018）粤民终 2466 号	广东省广州市人民检察院诉张某山、邝某尧环境污染责任纠纷案	广东省高级人民法院
94	（2018）云 01 民初 32 号	中国生物多样性保护与绿色发展基金会诉云南泽昌钛业有限公司环境污染责任纠纷案	云南省昆明市中级人民法院
95	（2018）浙 0303 刑初 1189 号	浙江省温州市龙湾区人民检察院诉叶某安、侯某环境污染责任纠纷案	浙江省温州市龙湾区人民法院
96	（2018）浙 0521 刑初 424 号	浙江省德清县人民检察院诉张某伟环境污染责任纠纷案	浙江省德清县人民法院
97	（2018）浙 1022 刑初 327 号	浙江省三门县人民检察院诉浙江鸿升合成革有限公司环境污染责任纠纷案	浙江省三门县人民法院
98	（2018）浙 1121 刑初 221 号	浙江省青田县人民检察院诉温州市泽远环保工程有限公司等环境污染责任纠纷案	浙江省青田县人民法院

序号	文书编号	案件名称	审理法院
99	（2019）鄂 01 民初 6127 号	中华环保联合会、金华市绿色生态文化服务中心诉湖北雄陶陶瓷有限公司等环境污染责任纠纷案	湖北省武汉市中级人民法院
100	（2019）鄂 01 民初 6128 号	中华环保联合会诉湖北新明珠绿色建材科技有限公司等环境污染责任纠纷案	湖北省武汉市中级人民法院
101	（2019）鄂 72 民初 1220 号	湖北省人民检察院武汉铁路运输分院诉阳新网湖生态种养殖有限公司环境污染责任纠纷案	武汉海事法院
102	（2019）赣 0826 民初 1169 号	林某平、刘某财诉泰和县环境卫生管理所环境污染责任纠纷案	江西省泰和县人民法院
103	（2019）鲁 01 民终 6863 号	山东省生态环境厅诉山东利丰达生物科技有限公司环境污染责任纠纷案	山东省济南市中级人民法院
104	（2019）鲁 10 民初 125 号	山东省威海市人民检察院诉荣成市东山昌信渔具配件厂环境污染责任纠纷案	山东省威海市中级人民法院
105	（2019）鲁 14 民初 301 号	德州市人民检察院诉宋某荣、孔某明环境污染责任纠纷案	山东省德州市中级人民法院
106	（2019）闽 0481 民初 2061 号	福建省绿家园环境友好中心诉福建福维股份有限公司环境污染责任纠纷案	福建省永安市人民法院

续表

序号	文书编号	案件名称	审理法院
107	（2019）闽 0481 民初 3824 号	福建省绿家园环境友好中心诉永安市星星化学有限公司环境污染责任纠纷案	福建省永安市人民法院
108	（2019）闽民终 115 号	福建省环保志愿者协会诉叶某露环境污染责任纠纷案	福建省高级人民法院
109	（2019）青 02 民初 5 号	青海省海东市人民检察院诉平安鑫海资源开发有限公司环境污染责任纠纷案	青海省海东市中级人民法院
110	（2019）琼 72 民初 227 号	海南省海口市人民检察院诉海南中汇疏浚工程有限公司、陈某、海口浏源土石方工程有限公司环境污染责任纠纷案	海南省海口海事法院
111	（2019）苏 0205 刑初 1 号	江苏省无锡市锡山区人民检察院诉华某甲环境污染责任纠纷案	江苏省无锡市锡山区人民法院
112	（2019）苏 03 民初 338 号	江苏省徐州市人民检察院诉江苏泽龙石英有限公司环境污染责任纠纷案	江苏省徐州市中级人民法院
113	（2019）苏 05 民初 233 号	江苏省苏州市人民检察院诉王某新环境污染责任纠纷案	江苏省苏州市中级人民法院
114	（2019）苏 05 民初 355 号	中华环保联合会诉昆山市周市永纯水处理设备贸易部、黄某国等环境污染责任纠纷案	江苏省苏州市中级人民法院

序号	文书编号	案件名称	审理法院
115	（2019）苏 05 民初 357 号	中华环保联合会诉许某江、王某叶环境污染责任纠纷案	江苏省苏州市中级人民法院
116	（2019）苏 05 民初 57 号	中华环保联合会诉左某兵环境污染责任纠纷案	江苏省苏州市中级人民法院
117	（2019）湘民终 879 号	北京市丰台区源头爱好者环境研究所诉长沙天创环保有限公司环境污染责任纠纷案	湖南省高级人民法院
118	（2019）渝 05 民初 256 号	重庆市人民检察院第五分院诉重庆市鹏展化工有限公司、重庆瑜煌电力设备制造有限公司等环境污染责任纠纷案	重庆市第五中级人民法院
119	（2019）豫民终 1592 号	山东环境保护基金会诉郑州新力电力有限公司环境污染责任纠纷案	河南省高级人民法院
120	（2019）粤 03 民初 3509 号	北京市丰台区源头爱好者环境研究所等诉深超光电（深圳）有限公司环境污染责任纠纷案	广东省深圳市中级人民法院
121	（2019）粤 03 民初 3510 号	北京市丰台区源头爱好者环境研究所诉深圳市长园特发科技有限公司环境污染责任纠纷案	广东省深圳市中级人民法院
122	（2019）粤 0607 民初 6050 号	佛山市三水区乐平镇环境保护局诉邓某华、黎某丰等环境污染责任纠纷案	广东省佛山市三水区人民法院

序号	文书编号	案件名称	审理法院
123	（2019）粤20民终6329号	中山市围垦有限公司诉苏某新、李某祥等环境污染责任纠纷案	广东省中山市中级人民法院
124	（2019）粤51民初25号	广东省汕头市人民检察院诉汕头市德惠华服饰有限公司等环境污染责任纠纷案	广东省潮州市中级人民法院
125	（2019）粤51民初70号	广东省汕头市人民检察院诉汕头市羽丰布业有限公司环境污染责任纠纷案	广东省潮州市中级人民法院
126	（2019）粤51民初89号	广东省汕头市人民检察院诉汕头市澄海区维新漂染有限公司环境污染责任纠纷案	广东省潮州市中级人民法院
127	（2019）粤民终2420号	广东省汕头市人民检察院诉汕头市德惠华服饰有限公司等环境污染责任纠纷案	广东省高级人民法院
128	（2019）粤民终465号	广东省汕头市人民检察院诉江某忠环境污染责任纠纷案	广东省高级人民法院
129	（2019）云民终627号	中国生物多样性保护与绿色发展基金会诉云南泽昌钛业有限公司环境污染责任纠纷案	云南省高级人民法院
130	（2019）浙0521刑初161号	浙江省德清县人民检察院诉德清亮剑金属制品有限公司环境污染责任纠纷案	浙江省德清县人民法院

序号	文书编号	案件名称	审理法院
131	（2019）浙 06 民初 773 号	诸暨市人民检察院诉浙江山海环境科技股份有限公司、方某、杭州富阳开日再生资源利用有限公司等环境污染责任纠纷案	浙江省绍兴市中级人民法院
132	（2019）浙 06 民初 775 号	诸暨市人民检察院诉浙江山海环境科技股份有限公司、方某等环境污染责任纠纷案	浙江省绍兴市中级人民法院
133	（2019）浙 08 民初 505 号	江山市人民检察院诉姜某武环境污染责任纠纷案	浙江省衢州市中级人民法院
134	（2019）浙 08 民初 546 号	江山市人民检察院诉张某波环境污染责任纠纷案	浙江省衢州市中级人民法院
135	（2020）赣 08 民终 690 号	林某平、刘某财诉泰和县环境卫生管理所环境污染责任纠纷案	江西省吉安市中级人民法院
136	（2020）赣民终 737 号	重庆两江志愿服务发展中心诉萍乡萍钢安源钢铁有限公司、环境污染责任纠纷案	江西省高级人民法院
137	（2020）辽 06 民初 551 号	丹东市人民检察院诉常某环境污染责任纠纷案	辽宁省丹东市中级人民法院
138	（2020）辽 06 民初 552 号	丹东市人民检察院诉刘某环境污染责任纠纷案	辽宁省丹东市中级人民法院

续表

序号	文书编号	案件名称	审理法院
139	（2020）鲁 06 民初 432 号	金华市绿色生态文化服务中心诉烟台国润铜业有限公司环境污染责任纠纷案	山东省烟台市中级人民法院
140	（2020）黔 03 民初 391 号	遵义市人民检察院诉肖某波、肖某开环境污染责任纠纷案	贵州省遵义市中级人民法院
141	（2020）黔 05 民初 148 号	贵州省毕节市人民检察院诉大方绿塘煤矿有限责任公司环境污染责任纠纷案	贵州省毕节市中级人民法院
142	（2020）苏 01 民初 1067 号	江苏省苏州市人民检察院诉昆山优之嘉模具开发有限公司环境污染责任纠纷案	江苏省南京市中级人民法院
143	（2020）苏民终 158 号	北京市朝阳区自然之友环境研究所诉江苏大吉发电有限公司环境污染责任纠纷案	江苏省高级人民法院
144	（2020）渝 01 民初 894 号	重庆市人民检察院第一分院诉范某瑞环境污染责任纠纷案	重庆市第一中级人民法院
145	（2020）豫民终 1217 号	濮阳市人民政府诉聊城德丰化工有限公司环境污染责任纠纷案	河南省高级人民法院
146	（2020）浙民终 893 号	北京市丰台区源头爱好者环境研究所诉新昌县和兴纺织印染有限公司环境污染责任纠纷案	浙江省高级人民法院
147	（2020）最高法民申 2460 号	福建省环保志愿者协会诉叶某露环境污染责任纠纷案	中华人民共和国最高人民法院

续表

序号	文书编号	案件名称	审理法院
148	（2020）最高法民再 187 号民事裁定	重庆两江志愿服务发展中心诉安徽淮化集团有限公司环境污染责任纠纷案	中华人民共和国最高人民法院
149	（2021）闽 04 民终 150 号	福建省绿家园环境友好中心诉永安市星星化学有限公司环境污染责任纠纷案	福建省三明市中级人民法院
150	（2021）黔 04 民特 5 号	安顺市生态环境局与亿利生态贵州有限公司等申请确认仲裁协议效力	贵州省安顺市中级人民法院
151	（2021）皖 04 民初 50 号	重庆两江志愿服务发展中心诉安徽淮化集团有限公司环境污染责任纠纷案	安徽省淮南市中级人民法院
152	（2021）湘 0781 民特 11 号	常德市生态环境局与湖南龙腾生物科技有限公司申请确认仲裁协议效力	湖南省津市市人民法院
153	（2021）粤 05 民特 10 号	汕头市生态环境局诉汕头市澄海区捷英玩具厂环境污染责任纠纷案	广东省汕头市中级人民法院

附录二 以虚拟治理成本法评估的刑事案件

序号	文书编号	案件名称	审理法院
1	（2013）辰刑初字第443号	天津市北辰区人民检察院诉宋某生、李某庆等犯污染环境罪案	天津市北辰区人民法院
2	（2014）东刑初字第131号	山东省东平县人民检察院诉李某甲、徐某等犯污染环境罪案	山东省东平县人民法院
3	（2014）一中刑终字第78号	天津市北辰区人民检察院诉宋某生、李某庆等犯污染环境罪案	天津市第一中级人民法院
4	（2014）沂刑初字第365号	山东省沂源县人民检察院诉王某甲、沈某甲等犯污染环境罪案	山东省沂源县人民法院
5	（2015）滨刑初字第117号	山东省滨州市滨城区人民检察院诉田某松、窦某猛等犯污染环境罪案	山东省滨州市滨城区人民法院
6	（2015）滨刑初字第470号	山东省滨州市滨城区人民检察院诉焦某、孟某犯污染环境罪案	山东省滨州市滨城区人民法院

序号	文书编号	案件名称	审理法院
7	（2015）东刑初字第 93 号	山东省东平县人民检察院诉王某甲、王某乙等犯污染环境罪案	山东省东平县人民法院
8	（2015）姑苏环刑初字第 00009 号	江苏省苏州市姑苏区人民检察院诉徐某龙、徐某犯污染环境罪案	江苏省苏州市姑苏区人民法院
9	（2015）寒刑初字第 360 号	山东省潍坊市寒亭区人民检察院诉张某祥、朱某涛犯污染环境罪案	山东省潍坊市寒亭区人民法院
10	（2015）南刑初字第 186 号	河南省南乐县人民检察院诉潘某龙等八人犯污染环境罪案	河南省南乐县人民法院
11	（2015）温瑞刑初字第 1329 号	浙江省瑞安市人民检察院诉瑞安宝源化工有限公司、林某弟等犯污染环境罪案	浙江省瑞安市人民法院
12	（2015）武凉刑初字第 381 号	甘肃省武威市凉州人民检察院诉文某犯玩忽职守罪案	甘肃省武威市凉州区人民法院
13	（2016）冀 0591 刑初 109 号	河北省邢台经济开发区人民检察院诉李某光犯环境监管失职罪案	河北省邢台经济开发区人民法院
14	（2016）冀 0591 刑初 110 号	河北省邢台经济开发区人民检察院诉张某志犯环境监管失职罪案	河北省邢台经济开发区人民法院

续表

序号	文书编号	案件名称	审理法院
15	(2016) 鲁 0181 刑初 364 号	山东省济南市章丘区人民检察院诉白某某等犯污染环境罪案	山东省济南市章丘区人民法院
16	(2016) 鲁 1602 刑初 124 号	山东省滨州市滨城区人民检察院诉胡某、王某犯污染环境罪案	山东省滨州市滨城区人民法院
17	(2016) 鲁 1602 刑初 333 号	山东省滨州市滨城区人民检察院诉唐某春、王某勇犯污染环境罪案	山东省滨州市滨城区人民法院
18	(2016) 鲁 1625 刑初 218 号	山东省博兴县人民检察院诉路某某、温某某犯污染环境罪案	山东省博兴县人民法院
19	(2016) 苏 10 刑终 185 号	江苏省高邮市人民检察院诉德司达（南京）染料有限公司、王某等犯污染环境罪案	江苏省扬州市中级人民法院
20	(2016) 苏 1202 刑初 244 号	江苏省泰州市海陵区人民检察院诉陈某银犯污染环境罪、诈骗罪案	江苏省泰州市海陵区人民法院
21	(2016) 苏 12 刑终 282 号	江苏省泰州市海陵区人民检察院诉陈某银犯污染环境罪、诈骗罪案	江苏省泰州市中级人民法院
22	(2016) 豫 0926 刑初 262 号	河南省范县人民检察院诉李某冬、韩某梁犯环境监管失职罪	河南省范县人民法院
23	(2017) 鄂 1002 刑初 236 号	湖北省荆州市沙市区人民检察院诉周某锋犯污染环境罪案	湖北省荆州市沙市区人民法院

续表

序号	文书编号	案件名称	审理法院
24	(2017) 赣 1129 刑初 132 号	江西省万年县人民检察院诉曹某旺、曹某木等污染环境案	江西省万年县人民法院
25	(2017) 冀 0591 刑初 83 号	河北省邢台经济开发区人民检察院诉游某锋犯污染环境罪案	河北省邢台经济开发人民法院
26	(2017) 鲁 1602 刑初 174 号	山东省滨州市滨城区人民检察院诉李某印犯污染环境罪案	山东省滨州市滨城区人民法院
27	(2017) 鲁 1602 刑初 222 号	山东省滨州市滨城区人民检察院诉山东滨州协力化工有限公司、王某奇犯污染环境罪案	山东省滨州市滨城区人民法院
28	(2017) 鲁 16 刑终 92 号	山东省博兴县人民检察院诉路某某、温某某犯污染环境罪案	山东省滨州市中级人民法院
29	(2017) 皖 1204 刑初 47 号	安徽省阜阳市颍泉区人民检察院诉牛某义、张某杰犯污染环境罪案	安徽省阜阳市颍泉区人民法院
30	(2017) 粤 1323 刑初 454 号	广东省惠东县人民检察院诉林某某犯污染环境罪案	广东省惠东县人民法院
31	(2017) 粤 1972 刑初 2566 号	广东省东莞市第二市区人民检察院诉潘某全犯行贿罪、污染环境罪案	广东省东莞市第二人民法院
32	(2017) 粤 2071 刑初 1293 号	广东省中山市第一市区人民检察院诉彭某权、冯某林等犯污染环境罪案	广东省中山市第一人民法院
33	(2018) 川 0124 刑初 822 号	四川省成都市郫都区人民检察院诉张某平犯污染环境罪案	成都市郫都区人民法院

续表

序号	文书编号	案件名称	审理法院
34	（2018）鄂 1002 刑初 259 号	湖北省荆州市沙市区人民检察院诉向某军犯污染环境罪案	湖北省荆州市沙市区人民法院
35	（2018）鄂 1022 刑初 268 号	湖北省公安县人民检察院诉刘某炎犯污染环境罪案	湖北省公安县人民法院
36	（2018）赣 0104 刑初 435 号	江西省南昌市青云谱区人民检察院诉秦某兰、李某金、陈某银犯污染环境罪案	江西省南昌市青云谱区人民法院
37	（2018）赣 0322 刑初 199 号	江西省上栗县人民检察院诉巢某平、乐某污染环境案	江西省上栗县人民法院
38	（2018）赣 1021 刑初 184 号	江西省南城县人民检察院诉陈某尧、熊某文、周某江、范某兵、谢某江犯污染环境罪案	江西省南城县人民法院
39	（2018）赣 1102 刑初 494 号	江西省上饶市信州区人民检察院诉林某飞、王某舍、谢某勇、谢某辛涉嫌非法生产制毒物品罪	江西省上饶市信州区人民法院
40	（2018）晋 09 刑终 135 号	山西省静乐县人民检察院诉祁某、贾某犯危险物品肇事罪	山西省忻州市中级人民法院
41	（2018）晋 09 刑终 308 号	山西省静乐县人民检察院诉河北省正定县全通运输有限公司等污染环境案	山西省忻州市中级人民法院
42	（2018）鲁 01 刑终 54 号	山东省济南市章丘区人民检察院诉白某某等犯污染环境罪案	山东省济南市中级人民法院

序号	文书编号	案件名称	审理法院
43	（2018）鲁 1602 刑初 416 号	山东省滨州市滨城区人民检察院诉张某昌犯污染环境罪案	山东省滨州市滨城区人民法院
44	（2018）闽 0212 刑初 665 号	福建省厦门市同安区人民检察院诉张某方水污染案	福建省厦门市同安区人民法院
45	（2018）苏 0102 刑初 68 号	江苏省南京市鼓楼区人民检察院诉南京胜科水务有限公司、Z 某（郑某甲）等犯污染环境罪案	江苏省南京市玄武区人民法院
46	（2018）苏 0116 刑初 681 号	江苏省南京市栖霞区人民检察院诉金洙电子（南京）有限公司及被告人车某、张某、曾某等犯污染环境罪案	江苏省南京市六合区人民法院
47	（2018）苏 0116 刑初 819 号	江苏省南京市六合区人民检察院诉纳尔科工业服务（南京）有限公司、冯某忠、陈某朋、顾某犯污染环境罪案	江苏省南京市六合区人民法院
48	（2018）苏 0281 刑初 1199 号	江苏省江阴市人民检察院诉张某甲、孙某污染环境案	江苏省江阴市人民法院
49	（2018）苏 0281 刑初 1944 号	江苏省江阴市人民检察院诉江阴市铭晟管业有限公司	江苏省江阴市人民法院
50	（2018）苏 0281 刑初 507 号	江苏省江阴市人民检察院诉江阴市人立五金制造有限公司、朱某、沈某犯污染环境罪案	江苏省江阴市人民法院

续表

序号	文书编号	案件名称	审理法院
51	（2018）苏 0581 刑初 1492 号	江苏省常熟市人民检察院诉张某堂犯污染环境罪案	江苏省常熟市人民法院
52	（2018）苏 0581 刑初 982 号	江苏省常熟市人民检察院诉程某章犯污染环境罪案	江苏省常熟市人民法院
53	（2018）苏 0623 刑初 305 号	江苏省如东县人民检察院诉海安金阳热镀锌有限公司、蒋某平、王某、李某旺犯污染环境罪案	江苏省如东县人民法院
54	（2018）苏 0682 刑初 686 号	江苏省如皋市人民检察院诉中兴能源装备有限公司、陈某平、仇某龙、顾某标犯污染环境罪案	江苏省如皋市人民法院
55	（2018）苏 0703 刑初 264 号	江苏省连云港市连云区人民检察院诉倪某、张某甲、颜某水污染案	江苏省连云港市连云区人民法院
56	（2018）苏 0812 刑初 523 号	江苏省淮安市清江浦区人民检察院诉沈某兴等十四人犯污染环境罪案	江苏省淮安市清江浦区人民法院
57	（2018）苏 8601 刑初 4 号	江苏省徐州市铜山区人民检察院诉董某污染环境案	徐州铁路运输法院
58	（2018）苏刑申 91 号	江苏施美康药业股份有限公司犯污染环境罪案	江苏省高级人民法院
59	（2018）皖 0207 刑初 159 号	安徽省芜湖市鸠江区人民检察院诉安徽亚兰德新能源材料股份有限公司、被告人吕某国、丁某平等犯污染环境罪案	安徽省芜湖市鸠江区人民法院

序号	文书编号	案件名称	审理法院
60	（2018）皖0406刑初175号	安徽省淮南市潘集区人民检察院诉付某春、刘某龙、任某红、杨某巧污染环境案	安徽省淮南市潘集区人民法院
61	（2018）皖12刑终91号	安徽省阜阳市颍泉区人民检察院诉牛某义、张某杰、张某犯污染环境罪案	安徽省阜阳市中级人民法院
62	（2018）湘1081刑初109号	湖南省资兴市人民检察院诉李某、申某、戴某成、蒋某元犯污染环境罪案	湖南省资兴市人民法院
63	（2018）渝0112刑初1458号	重庆市渝北区人民检察院诉重庆君织都印染有限公司水污染案	重庆市渝北区人民法院
64	（2018）粤0608刑初545号	广东省佛山市高明区人民检察院诉吴某、何某、罗某犯污染环境罪案	广东省佛山市高明区人民法院
65	（2018）粤5321刑初133号	广东省新兴县人民检察院诉谢某贵犯污染环境罪案	广东省新兴县人民法院
66	（2018）浙0303刑初1189号	浙江省温州市龙湾区人民检察院诉叶某安、侯某水污染案	浙江省温州市龙湾区人民法院
67	（2018）浙0411刑初526号	浙江省嘉兴市秀洲区人民检察院诉姚某法等八人犯污染环境罪案	浙江省嘉兴市秀洲区人民法院
68	（2018）浙0681刑初458号	浙江省诸暨市人民检察院诉方某犯污染环境罪案	浙江省诸暨市人民法院

续表

序号	文书编号	案件名称	审理法院
69	（2018）浙 0681 刑初 698 号	浙江省诸暨市人民检察院诉某某犯污染环境罪案	浙江省诸暨市人民法院
70	（2018）浙 1022 刑初 327 号	浙江省三门县人民检察院诉浙江鸿升合成革有限公司污染环境案	浙江省三门县人民法院
71	（2018）浙 1121 刑初 221 号	浙江省青田县人民检察院诉温州市泽远环保工程有限公司、覃某建、徐某亭、周某豪、李某犯污染环境罪案	浙江省青田县人民法院
72	（2019）赣 0781 刑初 283 号	江西省瑞金市人民检察院诉辛某、杨某甲、杨某乙犯污染环境罪案	江西省瑞金市人民法院
73	（2019）赣 1102 刑初 19 号	江西省上饶市信州区人民检察院诉赵某富涉嫌犯非法生产制毒物品罪	江西省上饶市信州区人民法院
74	（2019）赣 1102 刑初 92 号	江西省上饶市信州区人民检察院诉罗某新涉嫌犯非法生产制毒物品罪	江西省上饶市信州区人民法院
75	（2019）晋 0881 刑初 105 号	山西省永济市人民检察院诉高某等十二人犯污染环境罪案	山西省永济市人民法院
76	（2019）晋 08 刑终 588 号	山西省永济市人民检察院诉高某等十二人犯污染环境罪案	山西省运城市中级人民法院
77	（2019）鲁 1725 刑初 5 号	山东省郓城县人民检察院诉常某金、张某侠犯污染环境罪案	山东省郓城县人民法院

续表

序号	文书编号	案件名称	审理法院
78	（2019）闽 0581 刑初 743 号	福建省石狮市人民检察院诉邱某茂、许某成犯污染环境罪案	福建省石狮市人民法院
79	（2019）青 0221 刑初 32 号	青海省海东市平安区人民检察院诉摆某、赵某、黄某犯污染环境罪案	青海省海东市平安区人民法院
80	（2019）苏 01 刑终 612 号	江苏省南京市六合区人民检察院诉纳尔科工业服务（南京）有限公司、冯某忠、陈某朋、顾某犯污染环境罪案	江苏省南京市中级人民法院
81	（2019）苏 01 刑终 849 号	江苏省淮安市清江浦区人民检察院诉沈某兴等十四人犯污染环境罪案	江苏省南京市中级人民法院
82	（2019）苏 0205 刑初 1 号	江苏省无锡市锡山区人民检察院诉华某甲污染环境案	江苏省无锡市锡山区人民法院
83	（2019）苏 0281 刑初 1835 号	江苏省常熟市人民检察院诉常熟市锦弘印染有限公司、周某元、顾某良、张某生犯污染环境罪案	江苏省江阴市人民法院
84	（2019）苏 0281 刑初 2441 号	江苏省无锡市惠山区人民检察院诉卞某有、张某高犯污染环境罪案	江苏省江阴市人民法院
85	（2019）苏 0281 刑初 91 号	江苏省江阴市人民检察院诉江阴虎达表面工程有限公司、刘某、何某、张某、徐某犯污染环境罪案	江苏省江阴市人民法院

续表

序号	文书编号	案件名称	审理法院
86	（2019）苏03刑终27号	江苏省徐州市铜山区人民检察院诉梁某犯污染环境罪案	江苏省徐州市中级人民法院
87	（2019）苏0682刑初501号	江苏省如皋市人民检察院诉徐某东犯污染环境罪案	江苏省如皋市人民法院
88	（2019）苏06刑终353号	江苏省如东县人民检察院诉马某平、武某成、聂某、李某等犯污染环境罪案	江苏省南通市中级人民法院
89	（2019）苏0724刑初466号	江苏省滨海县人民检察院诉滨海富某化工科技有限公司、王某兵犯污染环境罪案	江苏省灌南县人民法院
90	（2019）苏0724刑初67号	江苏省灌南县人民检察院诉孙某兵等犯污染环境罪案	江苏省灌南县人民法院
91	（2019）苏0724刑初82号	江苏省射阳县人民检察院诉滨海华某医化科技有限公司、孙某兵、王某、高某安犯污染环境罪案	江苏省灌南县人民法院
92	（2019）豫1081刑初538号	河南省禹州市人民检察院诉苏某许、侯某永犯非法采矿罪	河南省禹州市人民法院
93	（2019）粤0511刑初491号	广东省汕头市金平区人民检察院诉郑某某犯污染环境罪案	广东省汕头市金平区人民法院
94	（2019）粤0607刑初65号	广东省佛山市三水区人民检察院诉汤某、赵某勇、李某国、李某军等犯污染环境罪案	广东省佛山市三水区人民法院

续表

序号	文书编号	案件名称	审理法院
95	（2019）粤 0607 刑初 66 号	广东省佛山市三水区人民检察院诉何某华、王某快、赵某星犯污染环境罪案	广东省佛山市三水区人民法院
96	（2019）粤 06 刑终 832 号	广东省佛山市三水区人民检察院诉何某华、王某快、赵某星犯污染环境罪案	广东省佛山市中级人民法院
97	（2019）粤 06 刑终 833 号	广东省佛山市三水区人民检察院诉汤某、赵某勇、李某国、李某军等犯污染环境罪案	广东省佛山市中级人民法院
98	（2019）粤 1972 刑初 4759 号	广东省东莞市第二市区人民检察院诉张某良犯污染环境罪案	广东省东莞市第二人民法院
99	（2019）粤 1972 刑初 890 号	广东省东莞市第二市区人民检察院诉熊某徕犯污染环境罪案	广东省东莞市第二人民法院
100	（2019）浙 0521 刑初 161 号	浙江省德清县人民检察院诉德某亮剑金属制品有限公司	浙江省德清县人民法院
101	（2019）浙 05 刑终 120 号	浙江省湖州市吴兴区人民检察院诉湖州市病死害动物处置中心有限公司、施某、许某、俞某、傅某娟犯污染环境罪案	浙江省湖州市中级人民法院
102	（2020）赣 1129 刑初 44 号	江西省万年县人民检察院诉余某星犯污染环境罪案	江西省万年县人民法院
103	（2020）鲁 0681 刑初 14 号	山东省龙口市人民检察院诉赵某峰、张某春、单某磊、石某名、冉某刚犯污染环境罪案	山东省龙口市人民法院

续表

序号	文书编号	案件名称	审理法院
104	（2020）青02刑终7号	青海省海东市平安区人民检察院诉摆某、赵某、黄某犯污染环境罪案	青海省海东市中级人民法院
105	（2020）苏0102刑初40号	江苏省南京市浦口区人民检察院诉南京东佳复合保温器材有限公司、杨某明、袁某娟、薛某成、崔某兰犯污染环境罪案	江苏省南京市玄武区人民法院
106	（2020）苏0281刑初994号	江苏省常州市金坛区人民检察院诉孙某栋、包某强、郑某、刘某文、金某刚、顾某明犯污染环境罪案	江苏省江阴市人民法院
107	（2020）苏0508刑初25号	江苏省昆山市人民检察院诉昆山天昆兴精密模具有限公司/田某兴、田某犯污染环境罪案	江苏省苏州市姑苏区人民法院
108	（2020）苏0682刑初1007号	江苏省扬州市广陵区人民检察院诉冷某平、左某萍犯污染环境罪案	江苏省如皋市人民法院
109	（2020）苏0682刑初65号	江苏省海门市人民检察院诉朱某江、杨某平、张某强犯污染环境罪案	江苏省如皋市人民法院
110	（2020）苏0682刑初843号	江苏省南通市海门区人民检察院诉刘某平犯污染环境罪案	江苏省如皋市人民法院

续表

序号	文书编号	案件名称	审理法院
111	（2020）苏 0682 刑初 851 号	江苏省仪征市人民检察院诉扬州伟毅通用设备有限公司、陈某民、温某林犯污染环境罪案	江苏省如皋市人民法院
112	（2020）苏 0682 刑初 933 号	江苏省泰州市高港区人民检察院诉丁某、丁某朝犯污染环境罪案	江苏省如皋市人民法院
113	（2020）苏 0682 刑初 943 号	江苏省泰州医药高新技术产业开发区人民检察院诉杭某朋、杭某祥犯污染环境罪案	江苏省如皋市人民法院
114	（2020）苏 0682 刑初 971 号	江苏省泰兴市人民检察院诉蒋某碗、周某根、丁某路犯污染环境罪案	江苏省如皋市人民法院
115	（2020）苏 0724 刑初 266 号	江苏省涟水县人民检察院诉王某、杨某龙犯污染环境罪案	江苏省灌南县人民法院
116	（2020）苏 0724 刑初 290 号	江苏省涟水县人民检察院诉刘某东、刘某远犯污染环境罪案	江苏省灌南县人民法院
117	（2020）苏 0981 刑初 13 号	江苏省东台市人民检察院诉韩某军、张某唐、刘某余等犯污染环境罪案	江苏省东台市人民法院
118	（2020）湘 1121 刑初 269 号	湖南省祁阳县人民检察院诉唐某明犯污染环境罪案	湖南省祁阳县人民法院
119	（2020）渝 0112 刑初 246 号	重庆市渝北区人民检察院诉莫某彬犯污染环境罪案	重庆市渝北区人民法院

序号	文书编号	案件名称	审理法院
120	（2020）渝 0112 刑初 708 号	重庆市渝北区人民检察院诉钱某起犯污染环境罪案	重庆市渝北区人民法院
121	（2020）渝 05 刑终 831 号	重庆市江津区人民检察院诉重庆三班斧实木家具有限公司、凌某华犯污染环境罪案	重庆市第五中级人民法院
122	（2020）粤 0111 刑初 2462 号	广东省广州市白云区人民检察院诉柳某公、张某友犯污染环境罪案	广东省广州市白云区人民法院
123	（2020）粤 0605 刑初 2613 号	广东省佛山市南海区人民检察院诉陶某强、贺某林犯污染环境罪案	广东省佛山市南海区人民法院
124	（2020）粤 1322 刑初 381 号	广东省博罗县人民检察院诉博罗县福易达金属表面处理有限公司、曾某长、袁某福等犯污染环境罪案	广东省博罗县人民法院
125	（2020）粤 1971 刑初 5370 号	广东省东莞市第一市区人民检察院诉周某正犯污染环境罪案	广东省东莞市第一人民法院
126	（2020）粤 1971 刑初 5727 号	广东省东莞市第一市区人民检察院诉黄某平犯污染环境罪案	广东省东莞市第一人民法院
127	（2020）粤 1972 刑初 732 号	广东省东莞市第二市区人民检察院诉曹某刚犯污染环境罪案	广东省东莞市第二人民法院
128	（2020）粤 1972 刑初 832 号	广东省东莞市第二市区人民检察院诉冯某伟犯污染环境罪案	广东省东莞市第二人民法院

序号	文书编号	案件名称	审理法院
129	（2020）粤 1972 刑初 833 号	广东省东莞市第二市区人民检察院诉胥某娇犯污染环境罪案	广东省东莞市第二人民法院
130	（2020）粤 1973 刑初 2184 号	广东省东莞市第三市区人民检察院诉郑某茂犯污染环境罪案	广东省东莞市第三人民法院
131	（2020）粤 1973 刑初 2786 号	广东省东莞市第三市区人民检察院诉飞天马公司、被告人卢某明、黄某、黄某、官某全犯污染环境罪案	广东省东莞市第三人民法院
132	（2020）粤 1973 刑初 3825 号	广东省东莞市第三市区人民检察院诉吴某生犯污染环境罪案	广东省东莞市第三人民法院
133	（2020）浙 04 刑终 40 号	浙江省嘉兴市秀洲区人民检察院诉姚某法等八人犯污染环境罪案	浙江省嘉兴市中级人民法院
134	（2021）苏 0508 刑初 17 号	江苏省苏州市吴中区人民检察院诉郑某强、李某林犯非法买卖、储存危险物质罪	苏州市姑苏区人民法院
135	（2021）苏 0682 刑初 407 号	江苏省兴化市人民检察院诉顾某林、储某凤犯污染环境罪案	江苏省如皋市人民法院
136	（2021）苏 0682 刑初 455 号	江苏省兴化市人民检察院诉兴化市豪铭机械有限公司、马某亮犯污染环境罪案	江苏省如皋市人民法院
137	（2021）苏 0682 刑初 519 号	江苏省兴化市人民检察院诉泰州市瑞浩不锈钢制品有限公司、王某和犯污染环境罪案	江苏省如皋市人民法院

续表

序号	文书编号	案件名称	审理法院
138	（2021）苏 0981 刑初 596 号	江苏省建湖县人民检察院诉吴某付、吴某彬、吴某海犯污染环境罪案	江苏省东台市人民法院
139	（2021）粤 0605 刑初 2092 号	广东省佛山市南海区人民检察院诉徐某国、王某华、王某、曾某勇犯污染环境罪案	广东省佛山市南海区人民法院

后 记

　　本书写作开始于 2020 年上半年，其时正逢新型冠状病毒感染疫情暴发。搁笔之日，脑海中曾冒出一个念头，如果平行宇宙理论成立，那么也许会存在另一个宇宙，在那个宇宙的 2020 年，并没有发生新型冠状病毒感染疫情大流行，孟夏时节的逸仙校园里人头攒动，毕业生的笑脸遍布怀士堂前的大草坪；同样是在那个宇宙，2020 年全球温室气体排放没有骤减，野生动物也没有机会在人类暂时退出的街道上溜达……然而，对于当下的"我"而言，有意义的宇宙是这个"我"在 2009 年 10 月 22 日选择的宇宙。那一天，在给导师李挚萍教授的第一封电子邮件中，我立下了"用法治去拯救环境"的初心。

　　2014 年，我正式师从李挚萍教授攻读环境法博士学位，在李老师的引领下一步步走向环境法学的殿堂。求学过程中，我的博士论文选题几经更迭，本人一度陷入迷茫，甚至对环境法治实现之可能产生怀疑；在此期间，李老师对我的每一次选题都予以了足够的耐心与教诲，并勉励我在任何时候都不要放弃对环境法治实现的希望。在李老师的指导下，我得以参与地方环境立法的一些研究工作，也正是从这些研究工作中，我在实践意义上理解了环境法治，并重拾对环境法治实现的信心。巧合的是，《中华人民共和国环境保护法》在我入学当年修订通过，其后几年间环境司法迅速发展，环境损害鉴定评估方法在环境司法中的适用问题凸显。在李老师的指引下，我选择"虚拟治理成本法"作为研究的切入点，以环境司法运用为观照对象，确定了博士论文选题。论文的研究与写作过程中，李老师对我进行了悉心指导，最终促成了论文的完稿，本书也凝结了李老师的大量心血。师恩深重，铭感于心！

此外，我要感谢中山大学法学院、环境与资源保护法学研究所诸位老师在我求学期间给予的帮助与指导！感谢共度研学时光的同窗好友，与你们的交流让我获益良多！

感谢我的爱人和孩子，能在这个宇宙与你们相遇，是我的幸运！

感谢我的父母，让我在书香中成长，"书卷多情似故人，晨昏忧乐每相亲"，对阅读的喜好，是你们赠予我的可陪伴终生的礼物！感谢我的兄长，每次看到你的艺术创作，都会让我体会到在苦难与阳光之间坚定前行的力量！

最后，感谢时间！凡是过往，皆为序章！

刘　畅

2022 年 10 月于广州